云南大学"一带一路"沿线国家综合数据库建设项目
中国周边外交研究省部共建协同创新中心

联合推出

"一带一路"沿线国家综合数据库建设丛书 ｜ 林文勋 主编

企聚丝路
海外中国企业高质量发展调查
土耳其

刘学军 等 著

Overseas Chinese Enterprise and
Employee Survey in B&R Countries
TURKEY

中国社会科学出版社

图书在版编目（CIP）数据

企聚丝路：海外中国企业高质量发展调查．土耳其／刘学军等著．—北京：
中国社会科学出版社，2020.10

（"一带一路"沿线国家综合数据库建设丛书）

ISBN 978 – 7 – 5203 – 7272 – 5

Ⅰ.①企…　Ⅱ.①刘…　Ⅲ.①海外企业—企业发展—研究—中国
Ⅳ.①F279.247

中国版本图书馆 CIP 数据核字（2020）第 180235 号

出 版 人　赵剑英
责任编辑　马　明
责任校对　任晓晓
责任印制　王　超

出　　版　中国社会科学出版社
社　　址　北京鼓楼西大街甲 158 号
邮　　编　100720
网　　址　http://www.csspw.cn
发 行 部　010 – 84083685
门 市 部　010 – 84029450
经　　销　新华书店及其他书店

印　　刷　北京明恒达印务有限公司
装　　订　廊坊市广阳区广增装订厂
版　　次　2020 年 10 月第 1 版
印　　次　2020 年 10 月第 1 次印刷

开　　本　710×1000　1/16
印　　张　19.25
字　　数　278 千字
定　　价　90.00 元

《"一带一路"沿线国家综合数据库建设丛书》
编 委 会

总　　序

党的十八大以来，以习近平同志为核心的党中央准确把握时代发展大势和国内国际两个大局，以高瞻远瞩的视野和总揽全局的魄力，提出一系列富有中国特色、体现时代精神、引领人类社会进步的新理念新思想新战略。在全球化时代，从"人类命运共同体"的提出到"构建人类命运共同体"的理念写入联合国决议，中华民族为世界和平与发展贡献了中国智慧、中国方案和中国力量。2013 年秋，习近平主席在访问哈萨克斯坦和印度尼西亚时先后提出共建"丝绸之路经济带"和"21 世纪海上丝绸之路"的重大倡议。这是实现中华民族伟大复兴的重大举措，更是中国与"一带一路"沿线国家乃至世界打造政治互信、经济融合、文化包容的利益共同体、命运共同体和责任共同体的探索和实践。

大国之路，始于周边，周边国家是中国特色大国外交启航之地。党的十九大报告强调，中国要按照亲诚惠容理念和与邻为善、以邻为伴周边外交方针深化同周边国家关系，秉持正确义利观和真实亲诚理念加强同发展中国家团结合作。[①] 当前，"一带一路"倡议已从谋篇布局的"大写意"转入精耕细作的"工笔画"阶段，人类命运共同体建设开始结硕果。

---

① 习近平：《决胜全面建成小康社会　夺取新时代中国特色社会主义伟大胜利——在中国共产党第十九次全国代表大会上的报告》（2017 年 10 月 18 日），人民出版社 2017 年版，第 60 页。

在推进"一带一路"建设中，云南具有肩挑"两洋"（太平洋和印度洋）、面向"三亚"（东南亚、南亚和西亚）的独特区位优势，是"一带一路"建设的重要节点。云南大学紧紧围绕"一带一路"倡议和习近平总书记对云南发展的"三个定位"，努力把学校建设成为立足于祖国西南边疆，面向南亚、东南亚的综合性、国际性、研究型一流大学。2017年9月，学校入选全国42所世界一流大学建设高校行列，校党委书记林文勋教授（时任校长）提出以"'一带一路'沿线国家综合数据库建设"作为学校哲学社会科学的重大项目之一。2018年3月，学校正式启动"'一带一路'沿线国家综合数据库建设"项目。

一是主动服务和融入国家发展战略。该项目旨在通过开展"一带一路"沿线国家中资企业与东道国员工综合调查，建成具有唯一性、创新性和实用性的"'一带一路'沿线国家综合调查数据库"和数据发布平台，形成一系列学术和决策咨询研究成果，更好地满足国家重大战略和周边外交等现实需求，全面服务于"一带一路"倡议和习近平总书记对云南发展的"三个定位"。

二是促进学校的一流大学建设。该项目的实施，有助于提升学校民族学、政治学、历史学、经济学、社会学等学科的建设和发展；调动学校非通用语（尤其是南亚、东南亚语种）的师生参与调查研究，提高非通用语人才队伍的科研能力和水平；撰写基于数据分析的决策咨询报告，推动学校新型智库建设；积极开展与对象国合作高校师生、中资企业当地员工的交流，促进学校国际合作与人文交流。

项目启动以来，学校在组织机构、项目经费、政策措施和人力资源等方面给予了全力保障。经过两年多的努力，汇聚众多师生辛勤汗水的第一波"海外中国企业与员工调查"顺利完成。该调查有如下特点：

一是群策群力，高度重视项目研究。学校成立以林文勋书记任组长，杨泽宇、张力、丁中涛、赵琦华、李晨阳副校长任副组长，各职能部门领导作为成员的项目领导小组。领导小组办公室设在社科处，由社科处处长任办公室主任，孔建勋任专职副主任，陈瑛、许庆红任技术骨干，聘请西南财经大学甘犁教授、北京大学邱泽奇教授、北京大学赵耀辉教授、北京大学翟崑教授为特聘专家，对项目筹备、调研与成果产出等各个环节做好协调和指导。

二是内外联合，汇聚各方力量推进。在国别研究综合调查数据库建设上，我校专家拥有丰富的实践经验，曾依托国别研究综合调查获得多项与"一带一路"相关的国家社科基金重大招标项目和教育部重大攻关项目，为本项目调查研究奠定了基础。国际关系研究院·南亚东南亚研究院、经济学院、民族学与社会学学院、外国语学院、政府管理学院等学院、研究院在问卷调查、非通用语人才、国内外资料搜集等方面给予大力支持。同时，北京大学、中国社会科学院、西南财经大学、广西民族大学等相关单位的专家，中国驻各国使领馆经商处、中资企业协会、企业代表处以及诸多海外中央企业、地方国有企业和民营企业都提供了无私的支持与帮助。

三是勇于探索，创新海外调研模式。调查前期，一些国内著名调查专家在接受咨询时指出，海外大型调查数据库建设在国内并不多见，而赴境外多国开展规模空前的综合调查更是一项艰巨的任务。一方面，在初期的筹备阶段，项目办面临着跨国调研质量控制、跨国数据网络回传、多语言问卷设计、多国货币度量统一以及多国教育体系和民族、宗教差异性等技术难题和现实问题；另一方面，在出国调查前后，众师生不仅面临对外联络、签证申请、实地调研等难题，还在调查期间遭遇地震、疟疾、恐怖袭击等突发事件的威胁。但是，项目组克服各种困难，创新跨国调研的管理和实践模式，参与调查的数百名师生经过两年多的踏实工作，顺利完成了这项兼具开源性、创新性和唯一性的调查任务。

四是注重质量，保障调查研究价值。项目办对各国调研组进行了多轮培训，强调调查人员对在线调查操作系统、调查问卷内容以及调查访问技巧的熟练掌握；针对回传的数据，配备熟悉东道国语言或英语的后台质控人员，形成"调查前、调查中和调查后"三位一体的质量控制体系，确保海外调查数据真实可靠。数据搜集完成之后，各国调研组立即开展数据分析与研究，形成《企聚丝路：海外中国企业高质量发展调查》报告，真实展现海外中国企业经营与发展、融资与竞争、企业形象与企业社会责任履行状况等情况，以及东道国员工工作环境、就业与收入、对中国企业与中国国家形象的认知等丰富内容。整个调查凝聚了 700 多名国内外师生（其中 300 多名为云南大学师生）的智慧与汗水。

《企聚丝路：海外中国企业高质量发展调查》是"'一带一路'沿线国家综合数据库建设"的标志性成果之一。本项目首批由 20 个国别调研组组成，分为 4 个片区由专人负责协调，其中孔建勋负责东南亚片区，毕世鸿负责南亚片区，张永宏负责非洲片区，吴磊负责中东片区。20 个国别调研组负责人分别为邹春萌（泰国）、毕世鸿（越南）、方芸（老挝）、孔建勋和何林（缅甸）、陈瑛（柬埔寨）、李涛（新加坡）、刘鹏（菲律宾）、杨晓强（印度尼西亚）、许庆红（马来西亚）、柳树（印度）、叶海林（巴基斯坦）、冯立冰（尼泊尔）、胡潇文（斯里兰卡）、邹应猛（孟加拉国）、刘学军（土耳其）、朱雄关（沙特阿拉伯）、李湘云（坦桑尼亚）、林泉喜（吉布提）、赵冬（南非）和张佳梅（肯尼亚）。国别调研组负责人同时也是各国别调查报告的封面署名作者。

今后，我们将继续推动"'一带一路'沿线国家综合数据库建设"不断向深度、广度和高度拓展，竭力将其打造成为国内外综合社会调查的知名品牌。项目实施以来，尽管项目办和各国调研组竭尽全力来完成调查和撰稿任务，但由于主、客观条件限制，疏漏、错误和遗憾之处在所难免，恳请专家和读者批评指正！

《"一带一路"沿线国家综合数据库
建设丛书》编委会
2020 年 3 月

目　　录

引　言

　　土耳其共和国是一个跨越亚欧大陆的国家，其主要部分位于西亚的安纳托利亚半岛，一小部分位于东南欧的巴尔干半岛。土耳其的欧洲部分，即东色雷斯与安纳托利亚被马尔马拉海、博斯普鲁斯海峡与达达尼尔海峡所分隔（两海峡或统称土耳其海峡）[①]。土耳其西北与希腊和保加利亚为邻，东北与格鲁吉亚、亚美尼亚和阿塞拜疆的飞地纳西切万自治共和国为邻，东部是伊朗与伊拉克，南部是叙利亚。伊斯坦布尔是其第一大都市，首都为安卡拉。

　　土耳其人口82003882人[②]，由于2018年底的经济衰退，2019年预计国民生产总值（GDP）按购买力平价为2.274万亿美元，排名世界13位，人均GDP按购买力平价为27391美元，排名世界45位，实质GDP约7062.37亿美元，排名世界17位，人均实质GDP为8507美元，排名世界60位。[③] 总体上看属于中等收入国家水平。

[①] "Europe"（pp. 68 - 69）；"Asia"（pp. 90 - 91）："A Commonly Accepted Division Between Asia and Europe... is Formed by the Ural Mountains, Ural River, Caspian Sea, Caucasus Mountains, and the Black Sea with its Outlets, the Bosporus and Dardanelles", National Geographic Atlas of the World (7th ed.), Washington, D. C. : National Geographic Press, 1999.

[②] "The Results of Address Based Population Registration System, 2018", Turkish Statistical Institute, http：//www. tuik. gov. tr/Start. do；jsessionid = y1xhcJTNnwHwghhJn71hm0M1yxwbr6kLTVQNSfwQvL5bVpRh1h6c！298425837, 2019 - 2 - 1.

[③] "World Economic Outlook Database, April 2019", IMF. org. International Monetary Fund, https：//www. imf. org/external/pubs/ft/weo/2019/01/weodata/weorept. aspx？pr. x = 79&pr. y = 14&sy = 2017&ey = 2021&scsm = 1&ssd = 1&sort = country&ds = . &br = 1&c = 186&s = NGDPD％2CPPPGDP％2CNGDPDPC％2CPPPPC&grp = 0&a = , 2019 - 4 - 10.

土耳其 70%—80% 的公民认同自己为土耳其族，[①] 库尔德人则是国内最大的少数民族。库尔德人的人口规模一直颇具争议，据估计，这一数字占土耳其总人口 12% 至 25% 之间。[②] 在土耳其历史的不同阶段，其现代疆域范围内有不同古代文明居民所定居，[③] 包括亚述人、古希腊人、色雷斯人、弗里吉亚人、乌拉尔图人与亚美尼亚人。[④] 在这一地区，希腊化起始于亚历山大大帝的东征并持续至拜占庭时期，[⑤] 从 11 世纪开始，塞尔柱突厥人开始向这一地区迁移，而 1071 年塞尔柱突厥人在对拜占庭的曼齐刻尔特战役中的胜利则象征着土耳其的开端与奠基。[⑥] 塞尔柱罗姆苏丹国统治安纳托利亚直到 1243 年的蒙古入侵，随后其分裂为多个突厥人公国。从 13 世纪开始，奥斯曼人开始统一这些突厥人公国。在 1453 年穆罕默德二世征服君士坦丁堡后，塞利姆苏丹继续奥斯曼人的扩张。在苏莱曼大帝统治时期，奥斯曼帝国取得了大片东南欧、西亚与北非的土地，并因此成为世界强权之一。[⑦]

---

① "Toplumsal Yapı Araştırması 2006", KONDA Research and Consultancy, 2006, http://www.konda.com.tr/tr/raporlar/2006_09_KONDA_Toplumsal_Yapi.pdf, 2019 - 2.1.

② "Turkey", *The World Factbook*, Central Intelligence Agency, https://www.cia.gov/library/publications/the-world-factbook/geos/tu.html, 2019.3 - 10.

③ Douglas Arthur Howard, *The History of Turkey*. Greenwood Publishing Group, 2001, p. 23.

④ Sharon R. Steadman, Gregory McMahon, *The Oxford Handbook of Ancient Anatolia*: (*10, 000 - 323 BC*), Oxford: Oxford University Press, 2011, pp. 3 - 11, 37. Casson, Lionel, "The Thracians", *The Metropolitan Museum of Art Bulletin*, Vol. 35, No. 1, pp. 2 - 6, 1977, https://www.jstor.org/stable/3258667, 2019 - 8 - 9.

⑤ David Noel Freedman, Allen C. Myers, Astrid Biles Beck, *Eerdmans Dictionary of the Bible*. Wm. B. Eerdmans Publishing, 2011, p. 61.

⑥ Dogan Gürpinar, *Ottoman/Turkish Visions of the Nation*, *1860 - 1950*, Springer, 2013, p. 60.

⑦ Selcuk Aksin Somel, *The A to Z of the Ottoman Empire*, Scarecrow Press, 2013, p. 52.

　　土耳其是联合国成员国，是北约最早的成员国之一，也是国际货币基金组织与世界银行的成员国，同时也是经合组织、欧安组织、黑海经济组织、伊斯兰会议组织与G20的创始成员之一。在1949年成为欧安组织的第一批成员国之一后，土耳其在1963年成为欧共体合作成员，并于1995年加入欧洲关税同盟，2005年，与欧盟开启入盟谈判。此进程在2017年被欧盟以"土耳其倾向威权主义统治"之理由叫停。① 土耳其的经济和外交举措使得土耳其具有区域强国的地位，而其地理位置也在整个历史上赋予其地缘政治与战略上的重要性。② 土耳其是一个世俗化、单一制的前议会制国家，2017年1月21日以前，土耳其政治体制是以议会制代议民主制的共和体制为框架，奉行多党制，土耳其总理是政府的领导人。行政权由政府行使，立法权则属于政府及土耳其大国民议会，司法则独立于行政及立法。土耳其的政治体制以分权为原则。

　　2014年8月10日的总统选举，现任总理埃尔多安成功当选土耳其新总统，这是自由选举中少有的同时拥有民选总统、总理权力的政治家之一。某种意义上土耳其可以称得上中东最民主的伊斯兰国家，但因为土耳其政府以高压镇压库尔德人的关系，加上人权及新闻自由有倒退状况，因而被部分政治家视为伊斯兰主义国家。

　　在打击ISIS行动中，土耳其一直采取暧昧不明的态度，尤其国内不少人认为防堵什叶派力量扩张是第一要务而防止库尔德人独立是第二要务，这些目标中同为逊尼派的IS不完全是敌人，甚至能成为攻

　　① S. N. Eisenstadt, "The Kemalist Regime and Modernization: Some Comparative and Analytical Remarks", in J. Landau, ed., *Atatürk and the Modernization of Turkey*, Boulder, Colorado: Westview Press, 1984, pp. 3 – 16.

　　② "Chronology of Turkey-EU relations", *Turkish Secretariat of European Union Affairs*, Archived from the original on 15 May 2007, https://web.archive.org/web/20070515022203/http://www.abgs.gov.tr/en/tur-eu_ relations_ dosyalar/chronology.htm, 2019 – 6 – 5.

击什叶派国家（伊朗、伊拉克、叙利亚等）的力量，但土耳其同时又是北约成员，欧美不好正面指责。同时帮助什叶派的俄罗斯被土视为潜在敌人，2015 年土耳其击落俄罗斯战斗机事件后两国关系大幅交恶。2015 年 12 月俄国公布无人机大量空拍实况影片，证明土耳其向 IS 购买地下石油资助其恐怖活动。①

土耳其在 2016 年 7 月 15 日发生未遂军事政变，政府 8 小时内迅速镇压，总统埃尔多安指控是美国包庇的居伦运动领导人法图拉·居伦在外国指挥。此后土耳其国内持续了长达两年的紧急状态，政治自由骤然收紧，同时土国外交立场大幅转变，立刻与俄罗斯进入蜜月期并将之前击落战机事件归为"政变派的飞行员集体阴谋"，俄罗斯意图抵消乌克兰事件后西方围堵并取得黑海控制权，也片面接受土耳其的解释。从 2016 年 9 月开始，美军对库尔德族立场松动，允许土耳其进攻叙利亚境内库尔德族区，这被视为美国背叛库尔德族以交换避免土耳其倒向俄罗斯，② 之后反 IS 战争中西方支持库尔德族武装，最后还引发库尔德族独立建国公投，连带撬动了土境内的库尔德族分裂势力，双方开始走远，2017 年 9 月底土宣布向俄罗斯购买 S-400 防空导弹引起国际哗然，因为北约的目的就是对抗俄罗斯，而现在有北约国家开始与俄军事合作，③ 更担心导弹安装的技术交流中俄方技术员可能得以接触北约的军事装备与科技。可以说土耳其政治圈的优先事务列表上又发生了变动，避免再有外部干政是第一要务，打击库尔德反政府武装是第二要务，而防堵什叶派变成了遥远的第三要务。

2017 年土耳其通过宪法修正案将国家体制变更为总统制，新体

---

① 《俄公布土耳其买 IS 黑油证据》，2019 年 1 月 2 日，http://war.163.com/15/1204/08/B9VQ0FT600014OMD.html。

② 《央视——土耳其的大戏》，2019 年 1 月 2 日，https://www.youtube.com/watch?v=rFuE3q7A5x0。

③ 《央视——俄土走近》，2019 年 1 月 2 日，http://tv.cctv.com/2017/09/29/VIDExXQQbOD6bt7WC5KCvMSB170929.shtml。

制在 2018 年总统选举后生效。土耳其现政府的领导为隶属于正义与
发展党的总统雷杰普·塔伊普·埃尔多安，其上任后采取多种措施加
强了伊斯兰教的影响，并使得凯末尔主义影响力缩减，新闻自由亦遭
到破坏。① 而土耳其与西方的关系也更加扑朔迷离。

①　Rod Nordland，"Turkey's Free Press Withers as Erdogan Jails 120 Journalists"，The
New York Times，17 November 2016，https：//www. nytimes. com/2016/11/18/world/europe/
turkey-press-erdogan-coup. html，2019 - 8 - 1；Elliot Ackerman，"Atatürk Versus Erdogan：
Turkey's Long Struggle"，The New Yorker，16 July 2016，https：//www. newyorker. com/
news/news-desk/ataturk-versus-erdogan-turkeys-long-struggle，2019. 2 - 4.

第 一 章

土耳其历史概况

现代土耳其的前身是奥斯曼帝国。奥斯曼帝国于 1299 年建立，1453 年消灭拜占庭帝国；16—17 世纪，尤其是苏莱曼大帝统治时达到鼎盛时期，帝国版图地跨欧、亚、非三大洲。18 世纪在欧洲国家打击下，帝国开始衰落；第一次世界大战中参加同盟国，1918 年战败后，帝国解体，1923 年土耳其共和国建立。

第一节　奥斯曼帝国后期(1603—1923 年)

一　1603—1839 年：帝国后期的衰落

在强盛时期的最后一位苏丹艾哈迈德一世的统治之下，17 世纪早期的奥斯曼帝国的伊斯兰化进一步加快。由于奥地利无法从三十年战争中抽身，奥斯曼帝国在穆拉德四世时期得以大胆地进攻伊朗萨法维王朝，于 1638 年使巴格达再次归入帝国版图之内。随后在易卜拉欣骄奢的统治下，帝国发动了夺取克里特岛的战争，使帝国陷入了一段黑暗时期，财政受损，人民叛乱。这些情况在之后继位的穆斯塔法时期有所好转，境内的反叛运动被压制下去，帝国出现了短时间的复兴。

1683 年在维也纳战争中的惨败以及 1688 年来自西方世界的反攻，奥斯曼帝国内部危机四起，在内忧外患的政局之下，帝国最终决定签署 1699 年的《卡洛维茨条约》，放弃对匈牙利的控制权。1718 年彼得瓦顿一战促使奥斯曼帝国不得不与奥地利签下《帕萨罗维茨条约》，不仅使得帝国丧失了希腊的部分领土，还丧失了贝尔格莱德领地。此后，奥斯曼帝国经历了一个相对平静和繁荣的时期，这段时期（一直持续到1730年）被称为"郁金香时代"①。

1768年至1774年发生的对俄战争成为奥斯曼帝国历史上的一个转折点，昔日强大的帝国成了欧洲列强皆可征服的对象，这场长达6年的俄土战争最终以签署《库楚克开纳吉和条约》结束。1783年，在克里米亚发生冲突之后，俄国吞并了这个半岛。哈米德一世即位后意识到了问题的严重性，他认为奥斯曼帝国战败的原因是由于军事的落后，他们需要向西方学习先进的军事技术。为了夺回失去的克里米亚半岛，1787年奥斯曼帝国再次向俄国宣战，最终奥斯曼帝国还是以失败告终。

1789年塞利姆三世接任苏丹，也就是在这一时期帝国开始了西化的改革进程。塞利姆三世仿照埃及的穆罕默德·阿里，在博斯普鲁斯海峡组建了一支新的军队；然而出于种种原因，在穆斯塔法四世时期被废除了，而塞利姆三世也遭到了耶尼切里军团的暗杀。此后，在马哈茂德二世的执政岁月中，军队和现代化改革成为主旋律；1826年马哈茂德二世消灭了耶尼切里军团，此次行动被称为吉庆事件②。一支新军队在马哈茂德时期建立了起来。

1815年的巴尔干半岛爆发了一系列民族解放运动。1804年塞尔维亚起义后，1821年在俄国默许下，希腊的民族主义者开始了他们的反叛运动，在摩里亚半岛一位教职人员的带领下，对穆斯林发动了屠杀。奥斯曼帝国随即派遣军队镇压叛乱，并残忍地对希俄斯岛上的希腊人进行大规模屠杀。1828年沙皇进攻奥斯曼帝国，帝国毫无还手之力，只能献出黑海东岸来寻求和解。1831年亲法的埃及在穆罕默德·阿里的指挥下，入侵帝国领土。这一局势使得俄国决定保护奥

① ［英］诺曼·斯通：《土耳其简史》，刘昌鑫译，中信出版集团2017年版，第100页。

② 同上。

斯曼帝国以防止法国势力坐大，于是 1833 年俄土签订《温卡尔—伊斯凯莱西条约》，以方便俄国军队在帝国境内采取相应军事行动，也确立了俄国在奥斯曼事务中的地位。马哈茂德二世的西化改革提高了境内非穆斯林少数民族的地位，这也促成了 1838 年与英国的《巴尔塔李曼条约》的签订，该条约保障了英国的自由贸易制度。

二 1839—1876 年：坦泽马特时期

1839 年受过欧洲教育的阿卜杜勒·马吉德一世从父亲马哈茂德二世手中接任苏丹，继续其父的西化改革之路。1839 年花厅御诏的颁布标志着奥斯曼帝国坦泽马特时期的开始。坦泽马特（意思是"内部整顿"）指的是 1839 年到 1876 年的一个时期，政治精英们希望通过效仿欧洲来拯救衰颓中的帝国。

在这一时期，改革派们推出了一系列改革，包含法律、教育、文化、经济、政府结构和族群治理等多个方面。这些举措使帝国境内的非穆斯林群体的状况得到改善。1848 年，欧洲革命大爆发，许多自由派人士在革命失败后逃入奥斯曼帝国，阿卜杜勒·马吉德对他们进行了庇护，他们很快成为奥斯曼改革的推进力量。在此期间，俄土克里米亚战争于 1853 年爆发，出于对各自利益的考虑，1854 年 3 月英法两国对俄宣战。1856 年俄国财政崩溃，沙皇逝世。奥斯曼帝国与俄国签署了停战协议，赢得了长达 20 年之久的和平时代。

阿卜杜勒·阿齐兹的上台开启了第二个坦泽马特时代。1861 年奥斯曼银行成立，推动了奥斯曼地区多个省份的发展。1866 年苏丹建立了加拉塔萨雷中学，它是在坦泽马特时期建立的两所宏伟学校之一，另一所为美国人资助的罗伯特大学，位于今天的海峡大学。1867 年，阿卜杜勒·阿齐兹访问欧洲，"这次访问促进了行政管理方面的深远措施和 1867 年至 1871 年间的教育和军队改革"[1]。1875 年的奥

---

① Reşat Kasaba, *The Cambridge History of Turkey Volume Turkey in the Modern World*, New York, 2008, p. 12.

斯曼帝国在财政状况日益糟糕的情况下宣布破产，巴尔干半岛也在这个时期发生了叛乱，此时的帝国已经濒临崩溃的边缘了。

三　1876—1908 年：阿卜杜勒·哈米德二世统治时期

年轻的穆拉德五世在阿卜杜勒·阿齐兹被推翻之后成为奥斯曼帝国的新任苏丹，在青年奥斯曼人的改革推动下，于 1876 年颁布了第一部宪法，进行了选举并成立了第一届议会，宣布开始实行民主政治，这是奥斯曼历史上的第一个宪政时期。列强对奥斯曼帝国内政的干预以及各地民族主义的爆发，导致了帝国 19 世纪 80 年代晚期叛乱频发，尽管穆拉德五世对这一系列进行了谨慎的处理，但最终还是在执政数月之后被废黜，新苏丹是他的兄弟阿卜杜勒·哈米德二世。

1876 年，俄国想要废除克里米亚战争协定，再次进攻奥斯曼帝国。在各国列强的介入和干涉之下，各方于 1878 年国际会议上签署《柏林条约》，宣布保加利亚公国独立，同时将安纳托利亚东北部交由俄国统治。阿卜杜勒·哈米德二世一直希望建立一个只有穆斯林和土耳其人的国家，事实上《柏林条约》签订后，帝国疆域内的基督徒和犹太人已经不多了。虽然他执政期间解散了议会，实行了专制而又血腥的统治，但在教育和财政上仍有所建树。他兴办了女子学校和一些实用性的技术学校；1881 年帝国设立债务管理局，负责税收以及还债。

1890 年亚美尼亚民族主义运动迅速扩展。随着库尔德人与亚美尼亚人 1894 年爆发的大规模冲突，亚美尼亚民族主义运动再次高涨，并在 1896 年对奥斯曼帝国银行实行了一起恐怖袭击。1908 年危机四起的奥斯曼帝国爆发了反对沉重税款的骚动，在此环境之下青年土耳其党进行了一次反专制和反阿卜杜勒·哈米德二世统治的军事政变，这次军事政变彻底摧毁了这位不受欢迎的苏丹的统治根基，意味着阿卜杜勒·哈米德二世血腥专制的漫长黑夜已经过去了，自由的黎明已经到来①。

四　1908—1918 年：第二个宪政时期

1908 年 7 月青年土耳其党人发起的革命迫使阿卜杜勒·哈米德二世重新恢复帝国宪法，从而开启了第二个宪政时期，一直持续到1918 年奥斯曼帝国的战败。革命者们将他们的成就列入现代历史的三大"七月事件"之列：法国大革命、美国独立宣言和伟大的奥斯曼革命。1909 年阿卜杜勒·哈米德二世被废黜，第二个宪政时期不仅改变了奥斯曼晚期社会的面貌，也为土耳其共和国的建立奠定了基础，随后的十年通常被认为是从奥斯曼晚期到共和时代的过渡时期。

第一次世界大战爆发在奥斯曼帝国最为狼狈的时期，1912—1913年的巴尔干半岛战争消耗着帝国的人力、物力和财力，使得本就不乐观的财政状况变得更加糟糕。1913 年青年土耳其党人在帝国掌控了大权，在德国政府要求奥斯曼加入战争时，尽管青年土耳其党和奥斯曼内阁中的多数人都希望远离战争，但青年土耳其党中掌权的恩维尔力主加入战争，希望在战争中获得爱琴海的领土赔偿，收复阿拉伯半岛以及恢复对北非的控制。所以当两艘德国巡洋舰于 8 月 10 日被英国皇家海军追击到奥斯曼海岸时，恩维尔为它们提供了庇护。德国的经济援助加强了奥斯曼政府内亲德派的力量，这些亲德派起草了一份计划，想要对俄罗斯黑海港口城市发动突然袭击。1914 年 10 月，在德国海军将领的指挥下，奥斯曼海军执行了这项计划。青年土耳其党中央委员会和政府多数成员默认了这一行动计划，至此奥斯曼帝国卷入第一次世界大战。

1914 年 8 月，奥斯曼帝国军队有大约 38 个作战师共 60 万士兵，随后奥斯曼政府又征召了 260 万人。四年的战争中，奥斯曼方面的伤亡总数达到 75.5 万人，至少有 20 万人被英国和俄罗斯俘虏。到停战之日时，只有 32.3 万人还在战斗，其余 100 多万人成为逃兵在各处

① 黄维民、慕怀琴：《土耳其史话》，中国书籍出版社 2014 年版，第155 页。

劫掠。

战争中最悲惨的事件之一是安纳托利亚的许多亚美尼亚人被驱逐出境。奥斯曼政府决定将亚美尼亚人从战区（高加索前线）驱逐到叙利亚。驱逐伴随着野蛮的屠杀，在恶劣的气候和饥饿的情况下，大量亚美尼亚人失去了生命。

在战争还在进行时，协约国就奥斯曼帝国的分裂问题进行了详细的讨论，他们决心敲响"奥斯曼统治"的丧钟，肢解这个多民族的大帝国。1918 年 10 月 30 日的《摩德洛斯停战协定》不仅标志着战争的结束，而且标志着一个时代的结束，奥斯曼政府的投降和青年土耳其党主要成员的逃亡，结束了第二个宪政时期，也结束了整个奥斯曼帝国时期。

五 1918—1923 年：民族独立战争

1918 年秋天，随着英国向叙利亚北部挺进，以及协约国在巴尔干半岛取得胜利后，战败已成为必然。战后奥斯曼帝国军队的损失使得青年土耳其党声名狼藉，苏丹瓦希代丁继承王位成为穆罕默德六世，重新建立了宫廷权威，这也意味着青年土耳其党的政治垄断时期结束了。

1919 年 5 月，英国指使希腊侵略军占领了土耳其西部重镇伊兹密尔，土耳其人民反对侵略的武装斗争很快席卷了全国，他们的代表人物是穆斯塔法·凯末尔将军，因此这场民族独立战争也叫凯末尔革命。

土耳其反帝武装斗争爆发后，各地的商人、军官、官吏和伊斯兰教的代表成立了全国统一的护权协会并推举凯末尔为主席。在会议上还通过了护权协会的纲领，其主要内容有反对协约国帝国主义、争取国家独立、维护民族主权等。1919 年底，代表委员会迁往安卡拉，此后安卡拉便成为土耳其的政治中心。1920 年 1 月在伊斯坦布尔召开了土耳其议会，在选举时凯末尔派议员占了多数席位。议会通过了国民公约，宣布土耳其领土是一个不可分割的整体，土耳其应享有完全独立自由的权利。这个国民公约是反对帝国主义瓜分、维护民族独立和主权的宣言。

英国对土耳其民族运动的发展采取了镇压措施。1920 年 3 月，英国海军陆战队在君士坦丁堡登陆，苏丹政府在英国指使下解散了议会，逮捕了大多数议员，并把他们流放到马耳他岛。君士坦丁堡军事法庭缺席判处凯末尔等人的死刑，宣布凯末尔运动为叛乱。凯末尔派于 1920 年 4 月在安卡拉召开了新的议会，取名为"土耳其大国民议会"，凯末尔当选为主席。

1920 年 6 月英国用金钱和武器支持希腊军队进攻土耳其，占领了土耳其的一些城市，并开始向安纳托利亚的中心地区推进。8 月协约国强迫苏丹政府在巴黎近郊的色佛尔签订了和约。根据《色佛尔和约》，土耳其的属国和领土大部分被协约国瓜分，只留下安纳托利亚的一小部分地区，即安卡拉与黑海间的一块土地。帝国主义还控制了土耳其的财政和关税，《色佛尔条约》使土耳其沦为半殖民地国家。

1921 年夏天，希腊军队又发动了进攻，战线几乎逼近安卡拉城，政府机关开始撤退，土耳其处于危急状态。凯末尔重新改编了军队，拟订了新的作战计划，于 8 月 23 日展开了萨卡利亚河会战。这次战役进行了 20 多天，土耳其军队取得了胜利，巩固了土耳其的地位。1922 年 8 月土耳其军队发动了总反攻，很快就击溃了希腊军队，整个安纳托利亚地区被解放，苏丹穆罕默德六世逃上英国军舰请求保护。大国民议会宣布废黜苏丹，土耳其民族独立战争胜利结束。

最后一届奥斯曼内阁于 1923 年 11 月解散，安卡拉派遣代表团前往洛桑，会议于 11 月 20 日举行，围绕着非穆斯林的地位、外国商人和政府的经济特权、奥斯曼债务的重新分配以及新国家边界确定等问题进行谈判。在洛桑，土耳其承认了 1913 年巴尔干战争结束时奥斯曼政府接受的欧洲边界，但在此基础上做了一些调整和修改。会议决定将爱琴海南部的多卡尼斯群岛割让给意大利，将西安纳托利亚沿岸的岛屿割让给希腊，但北部的伊姆雷斯和特内多斯除外，东部与伊朗的边界仍然稳定。在民族解放运动期间与邻国和外国势力签署的条约构成了土耳其的南北边界，在东北部，巴统仍掌握在俄罗斯人手中，而土耳其则保留了卡尔斯和阿尔达汉。在南部，"摩苏尔仍然是一个有争议的地区，其最终归属在洛桑被搁置"①。新土耳其的面积是欧洲各国三年前承认给土耳其的两倍多。条款保护了外国群体和非穆斯林少数群体的权利，并与希腊达成一致协议，将安纳托利亚的希腊人迁移到希腊，而将希腊境内的穆斯林迁到安纳托利亚来②。

在战时军事失败、战后被瓜分占领的帝国危机下，《洛桑条约》的签署被认为是土耳其史上的伟大成就，该条约通常也被看作是奥斯曼帝国灭亡和解体的最终标志。

第二节　共和国时期（1923—2003 年）

一　1923—1928 年：共和国初期

1923 年 9 月，土耳其国父穆斯塔法·凯末尔建立人民党；1924 年该党更名为共和人民党。同年 10 月 29 日，土耳其共和国建立，凯末尔当选为首任总统。

共和国成立之后，凯末尔实施了一系列激进的世俗化改革，目的是将土耳其社会从封建和宗教的束缚下解放出来。主要内容包括：（1）改革国家体制。1922 年 11 月，废除苏丹制；1924 年 3 月，废除哈里发制。1928 年，土耳其通过修宪废除了伊斯兰教的国教地位。（2）改革法制。废除了伊斯兰教法规，并以欧洲国家法律为蓝本，制定了民法、刑法和商法三大法典，建立现代司法制度。（3）改革经济。以国家主义为指引，发展民族经济，建立国营企业，保护关税，控制外汇和外国投资；实施五年计划。（4）改革文化教育。建

---

① Reşat Kasaba, *The Cambridge History of Turkey Volume Turkey in the Modern World*, New York, 2008, p. 142.

② Ibid. , p. 143.

立世俗学校，加强非宗教的现代化教育和民族意识教育，传授西方科学技术；进行了文字改革，用拉丁字母代替阿拉伯字母。（5）改革社会习俗。废除一夫多妻制和各种传统陋习，提倡男女平等，抛弃封建时代装束，采用西式服装和礼仪。凯末尔引导的改革运动是一场意义深远的社会革命，巩固了新生的共和国。但改革忽视了普通民众的切身利益，具有明显的资产阶级局限性，土耳其社会仍然具有浓厚的封建和宗教色彩。此外，凯末尔改革引起保守势力的反对。1924 年，反对派组建进步共和党，但次年被宣布为非法，随即被解散。为缓解反对派的敌对情绪，凯末尔授意其助手费特希·奥克亚尔组建了一个反对党——自由共和党（LRP），其纲领与共和人民党相似。

经济方面，1925 年大国民议会废除什一税后改征农产品交易税，将土地私有制作为根本制度载入民法。恢复进出口贸易，颁布奖励兴办工业法保护、促进本国工商业发展。外国企业收归国有，兴修铁路。

侨民互换是该时期引人注目的一件大事，同样也是移民史上罕见的事件。土耳其与希腊交换侨民，希腊人（约 150 万）和亚美尼亚人（约 50 万）离开土耳其，约 50 万土耳其侨民从希腊迁回。另从巴尔干半岛和其他地方迁回的土耳其侨民有 100 余万[1]。迁回的侨民大部分为农民，少数为工商业者。

与奥斯曼帝国时期的多元化和大融合不同，凯末尔政府反对多元化，力图把土耳其建成一个族群同质化的现代民族国家。曾允诺在独立后给予库尔德人自治权的凯末尔并未兑现承诺，并大刀阔斧地开始了世俗化改革。1925 年，库尔德部落爆发谢赫·萨义德叛乱，以实现建立库尔德斯坦的目标。此次叛乱虽被迅速镇压，但此后多年，库尔德人多次发起较大规模的叛乱。

---

① 杨兆钧编著：《土耳其现代史》，云南大学出版社 1990 年版，第 84 页。

二 1929—1932 年：世界经济危机期间

1929 年，席卷全球的经济危机爆发，土耳其农产品在国际市场价格暴跌，农业和出口贸易遭受重大损失、货币严重贬值，无力偿付西方国家债务。政府暂停部分改革，国家干预经济。相关重要举措包括：实施国家主义政策，利用政府投资和本国资源发展民族工业，以满足国内市场需求。创办中央银行，并于 1930 年通过了"稳定土耳其货币价格法"，政府直接干预汇率，成立银行保护机构以稳定货币。暂停偿还债务，控制外汇出口，大力削减进口，补贴农产品价格，减少农民损失。[①] 经济危机期间的国家主义政策虽然取得了一定成效，但加剧了土耳其社会的阶级分化，大规模罢工事件频发，大量农民背井离乡，沦为雇工或雇农。

1931 年，大国民议会第三次选举凯末尔为共和国总统，伊斯麦特·伊诺努再任总理。大会闭幕后，共和人民党召开第三次代表大会，制定党纲和党章，凯末尔提出的六条原则被写入党纲。1937 年，六条原则被提升为六大主义（凯末尔主义）并被写进宪法第二条，最终成为土耳其政府制定政策的理论和指导思想。这六大主义分别是共和主义、民族主义、平民主义、国家主义、世俗主义和改革主义。

经济危机期间，土耳其采取和平外交政策，参加国际联盟，与希腊、法国、意大利、美国等签订友好条约，发展同苏联的政治、经济、文化交流。

三 1933—1939 年：向经济建设迈出第一步

自共和国建立以来，共和人民党一党专政倾向逐渐加强。1935 年共和人民党召开第四次大会，通过政党和政府合二为一的决议，正式确立一党专政。1938 年 11 月凯末尔病故，伊斯麦特·伊诺努继任总统，继续巩固一党专政。

---

① 杨兆钧编著：《土耳其现代史》，云南大学出版社 1990 年版，第 107 页。

1936 年意大利入侵埃塞俄比亚，占领阿尔巴尼亚，并与德国组成柏林—罗马轴心。1939 年 8 月 23 日苏联与德国签订《苏德互不侵犯条约》，1939 年德、俄瓜分波兰领土，英、法、土于同年 10 月在安卡拉缔结互助条约，土耳其正式加入英、法集团。

20 世纪 30 年代，土耳其借鉴苏联计划经济的经验，制订 1933 年至 1937 年的第一个五年计划，第二个五年计划原定于 1938 年至 1942 年实施，但随着二战的爆发，第二个五年计划化为泡影。第一个五年计划期间，土耳其吸纳英、苏两国贷款，轻工业得到发展。农业增产，金融、交通等方面都有一定发展。1936 年土耳其颁布《劳动法》，在一定程度上改善了国有企业和私营企业工人的劳动条件，缓和了劳资关系。

1936 年至 1939 年间，土耳其政府军对德西姆省（后改名为通杰利省）的库尔德人展开军事行动，导致万余人死亡。这一事件，被视为土政府对库尔德人的种族文化灭绝行动。

四 1940—1950 年：第二次世界大战及战后初期

1940 年法国战败，向德国投降，英国退守英伦三岛。1941 年 6 月 18 日，土耳其与德国签订为期 10 年的友好互不侵犯条约。同年 6 月 22 日，希特勒撕毁《苏德互不侵犯条约》并下令向苏联进攻，土耳其立即宣布中立。

为了争取土耳其对德参战或至少保持"善意的中立"，1941 年美国把土耳其列入《租借法案》受援国的名单中。1942 年，英国亦向土耳其施压，试图迫使其参加同盟国一方作战。1943 年 1 月底，丘吉尔访问土耳其，要求伊斯麦特·伊诺努政府参战。1944 年 1 月底，德军在列宁格勒会战中遭遇惨败，而盟军于同年 6 月在诺曼底登陆，纳粹德国的失败已是指日可待。1944 年 8 月，土耳其宣布停止向德国出口铬铁矿，但仍然没有对德宣战。1945 年 2 月，土耳其对德宣战，此时距欧洲战场的结束只剩下两个月时间。"最后一秒才挤上公共汽车"的土耳其，最终以战胜国的身份加入联合国。

　　苏联曾期望利用土耳其参战问题在黑海海峡问题的谈判中处于有利地位，但土耳其以战胜国身份加入联合国令苏联的希望落空。1945年3月，苏联对土耳其发动强大的宣传攻势，谴责土耳其在战争期间对苏联的敌对政策，并废除了苏土友好条约，土耳其危机形成。在随后召开的波茨坦会议上，黑海海峡问题和苏土关系成为讨论的重点。

　　整个二战期间，苏土关系的核心是黑海海峡问题。土耳其危机加剧了英美对苏联扩张的担忧。1947年3月，杜鲁门主义出台，美国转变其对土耳其和伊朗的政策，中东正式陷入冷战。土耳其随即向美国进出口银行贷款5亿美元，以恢复其工业和基础设施建设。1947年7月12日，土美签订军援协定，土耳其获得1亿美元军事援助。1948年，土美签订经济合作协定，土耳其加入马歇尔计划。加入该计划后，土耳其的粮食生产迅速增长，并成为重要的小麦出口国。

　　二战期间，土耳其虽然没有参战但军队人数迅速扩张到100余万人，军费支出倍增，农村劳动力大量参军，严重影响了粮食生产。二战结束后，土耳其国内矛盾激化，政治斗争更加激烈。1945年6月11日，大国民议会通过《土地改革法》①，农民有权购买归国家和地主所有的土地。同年，土耳其启动多党制与民主政治进程，民族振兴党、自由主义民主党、土耳其共产党等多个党派成立。1950年，大国民议会选举，新成立的民主党在大选中获胜，替代已执政27年的共和人民党当政，土耳其开启多党政治时期。

　　战后初期，土耳其教育处于缓慢状态。政府通过建设乡村师范学院培养小学教师，并颁布"大学法"给予大学行政、管理、教学等自治权。土耳其识字率逐年上升，知识分子与工人逐渐成为土耳其重要的政治力量。

五　1950—1970 年：冷战中的土耳其

1950年，新议会选举拉杰尔·拜亚尔为总统，阿德南·曼德列

---

　　①　杨兆钧编著：《土耳其现代史》，云南大学出版社1990年版，第212页。

斯为总理。民主党政府在行政上不同于前任。总统只是国家元首，不负责行政责任，实权交给总理组织的内阁行使，内阁对议会负责。民主党执政期间，针对反对党实施镇压，通过修改法律条款限制反对党和大学的权限，禁止党派合作、取缔反对派报刊。除反对派之外，民主党的政策同样引发党内部分成员不满。民主党在城市遭到普遍反对，但在农村则因实施了不少惠农政策而获得农民的普遍支持。同时，小工业者、商人的生活水平也较原来提高。1957 年大选时，民主党仍能获得 47% 的选票，从而继续执政。但从 1959 年开始，经济形势恶化。1960 年，民主党通过并实施了一项禁止所有政治活动及成立调查委员会的法案，所有报刊被关闭、共和人民党议员退出议会、游行示威频发。同年 5 月 27 日，土耳其武装部队司令古尔塞勒发动军事政变，逮捕了拉杰尔·拜亚尔总统、曼德列斯总理和内阁要员，实行军事管制。

曼德列斯执政期间，受惠于马歇尔计划，土耳其在军事和经济方面获得大量美国援助。1950 年 6 月，朝鲜战争爆发。曼德列斯政府积极响应美国号召，派军参战，尽管并未获得大国民议会认可。同年 10 月 17 日，土耳其第一旅共 5000 余名士兵在釜山登陆，随即参加战斗。到 11 月底，该旅已被中国人民志愿军基本击溃，丧失战斗力。

1952 年 2 月，土耳其加入北约。北约吸纳土耳其，是为了同苏联对抗。1953 年，苏联宣布放弃对土耳其的任何领土要求。1954 年至 1955 年，土耳其先后与巴基斯坦、伊拉克签订合作条约。1955 年 11 月，土耳其、伊拉克、伊朗、巴基斯坦和英国在巴格达举行会议，达成巴格达军事条约。

为避免独裁政党再次出现，土耳其于 1961 年颁布新宪法。1961 年宪法是土耳其第二部宪法，与 1924 年宪法相比，其主要区别在于，它把大国民议会由一院制改为两院制，另增设宪法法院。由于这部宪法削弱了总统的权力，国家权力转移到了内阁，并赋予政党和社会组织过多的自由，导致土耳其 20 世纪六七十年代的大部分时间陷入复杂的派系斗争，各种思潮泛滥、社会动荡混乱。致使土耳其军方于

1971 年和 1980 年两次发动政变，多党制的弊端暴露无遗。

经济上，土耳其制订"一五"计划，美国和西欧国家组成一个"援土财团"，共同贷款支持土耳其经济建设。"一五"期间土耳其国民生产总值年增长率达到 6.7%。整个 60 年代，土耳其农业增长缓慢，至 1970 年小麦年产量约 1000 万吨。1960 年政变后，土耳其对外政策上仍然亲美、亲西方，忠实于北约。在塞浦路斯问题上，土耳其与希腊紧张对峙，并引发土美关系紧张。与此同时，苏联愿为土耳其提供大量贷款，且不要求土耳其脱离北约。这使土耳其左右逢源，重新调整其对外政策：一方面仍留在北约，继续保持与美国的盟国关系；另一方面接受苏联的援助，土苏关系迅速发展。[①]

六　1970—1980 年：危机丛生的 70 年代

20 世纪 60 年代末，土耳其政治极端主义增长，极端派别涌现，社会、经济矛盾激化。1971 年初，雷米尔政府几乎瘫痪，同年 3 月 12 日，土最高军事司令部向杰夫代特·苏奈总统提出备忘录，要求尽快建立超党派政府，结束当前社会经济动荡的混乱局面。军方要求超党派政府在稳定社会的前提下，按照宪法规定实施土地、国民教育、税收等方面的改革。这次政变也被称为"备忘录政变"。超党派政府执政期间，面临着一系列急迫解决的问题，政局动荡、长期戒严、经济发展受阻、通货膨胀、示威游行时有发生。1974 年 9 月，超党派联合政府倒台，土耳其长期的政治危机开启。1975 年，苏莱曼·德米雷尔组织的联合政府上台。

恰在此时，塞浦路斯共和国发生政变。1974 年 7 月，叛乱分子组织了希腊军人政府，企图将塞浦路斯并入希腊。7 月 20 日，土耳其派兵到该岛北部，支持塞浦路斯的少数民族土耳其人，占领岛上约 38% 的领土，土希由此形成对峙局面。联合国安理会随即介入，但关

---

① Bülent Gökay, *Soviet Eastern Policy and Turkey, 1920 – 1991: Soviet Foreign Policy, Turkey and Communism*, Routledge, New York, 2006, p. 84.

于塞浦路斯希腊族人和土耳其族人问题的和平谈判至今无果。

20 世纪 70 年代，通货膨胀和经济萧条席卷了西方世界，与欧美关系紧密的土耳其国内物价飞涨、失业率居高不下。对塞浦路斯的军事开支则加重了土耳其的经济危机，民生凋敝，社会动荡，极端分子横行。1973 年 10 月，石油危机爆发，石油需求严重依赖进口的土耳其经济雪上加霜。至 1977 年，土耳其仍然物价飞涨，失业人口高达300 万。① 政治危机伴随着经济危机，土耳其政府制定了一系列稳定经济的政策，但碍于国内党派纷争，经济政策收效甚微。1978 年开始，经济危机稍有缓和，但恐怖活动达到前所未有的规模。政党之间的意识形态冲突也演变成政治恐怖主义，暗杀和流血事件迭出。库尔德分裂主义、伊斯兰复兴运动，加上尖锐的政治斗争令土耳其社会和政治充满变数。德米雷尔政府对迫切需要解决的问题无所作为。1980年 9 月，以总参谋长凯南·埃夫伦为首领的军事领导人宣布接管政府。政变之后，军方接管议会，国家进入紧急状态。军队禁止政党活动，逮捕各政党领导人。

20 世纪 70 年代的土耳其外交成就，主要有中土建交，土阿关系缓和，土美关系紧张，以及土苏关系强化。为赢得阿拉伯国家好感，土耳其主动疏远了以色列，并公开宣布支持巴勒斯坦人解放运动。除叙利亚之外，土耳其与其他阿拉伯国家往来友好。由于美国在塞浦路斯问题上倾向于希腊，美土关系陷入低谷。1975 年 2 月，美国暂停对土援助，并禁运武器，美土关系跌至冰点。1978 年，时任美国总统卡特取消对土禁运，双边关系开始回暖。1972 年 4 月，苏联最高苏维埃主席团主席波德戈尔内再次访问土耳其，双方发表了《土苏睦邻关系原则宣言》。1973 年 12 月，土苏签订了关于边界问题的 6 个文件，调整了土苏边界。1975 年至 1978 年土苏两国互访频繁。1978年，双方在莫斯科签署了划定苏土黑海大陆架界线的协定。

---

① 杨兆钧编著：《土耳其现代史》，云南大学出版社 1990 年版，第 346 页。

七 1981—2003 年：跨世纪的土耳其

1980 年政变后，军队接管政府，在一定程度上阻止了政治极端化的发展，稳定了社会秩序。1982 年 7 月，新宪法草案出台。与1962 年宪法相比，1982 年宪法在一定程度上限制了公共生活领域公民的权利和自由；限制言论、新闻出版的自由，限制工会的自由；同时，加强了总统和国家安全委员会的权力。

1983 年，在军方的严密干预之下，土耳其实施民主选举。各党派在参加选举之前需要经讨军方的严格审核，最终只有二个政党进入当年 11 月举行的选举，即军方组建的民族民主党（NDP）、军方为赢取左派选票而支持的人民党（PP），以及获得军方许可的祖国党（MP）。最终，祖国党获得45％的选票，赢得大选。军方组建的民族民主党却只获得23％的选票，大大削弱了军方干政的力量。

1987 年，土耳其取消党禁，再次举行大选。虽然祖国党再次获胜，但德米雷尔领导的正确道路党、比伦特·埃杰维特领导下的民主左翼党（DLP）、埃尔达勒·伊诺努的社会民主民粹党（SDPP）、繁荣党（WP）各有斩获，成为土耳其政坛的新势力。在 1991 年的大选中，祖国党败选，德米雷尔领导的正确道路党胜出。1991 年 11 月，德米雷尔被授命组阁，出任正确道路党和社民党联合政府总理。联合政府制定了一系列具有自由主义倾向的政策，在一定程度上推进了民主化进程。

在 1995 年的大选中，具有伊斯兰色彩的政党繁荣党获胜。由繁荣党组建的联合政府表现出较强的民粹主义和保守主义色彩。为了抑制繁荣党的权力和宗教激进主义的传播，1997 年 2 月，土耳其军方再次干预国家安全委员会召开会议，并制定了一系列法令以减少伊斯兰化的影响，加强世俗体系。此次政变被称为"后现代政变"。与以往的政变不同的是，此次政变后军方并未组建军政府并向民主过渡，而是以更加积极和直接的方式干预政治。一般认为，此次政变是共和主义、世俗主义与宗教激进主义的公开较量。

20 世纪 90 年代，土耳其出现严重通货膨胀。1999 年和 2001 年，严重的经济危机两度袭击土耳其，土耳其经济一度濒临崩溃。2001 年 5 月，土耳其军方以宗教意识浓厚、挑战世俗原则为由取缔了宗教政党"土耳其美德党"，曾任伊斯坦布尔市市长的雷杰普·塔伊普·埃尔多安在此之前宣布退党。同年 8 月，埃尔多安与美德党主张革新的少壮派共同创建了正义与发展党（AKP）并任主席。联合政府对经济形势的恶化束手无策，政治和社会危机进一步加剧，而民众对世俗政党的信心严重动摇。在此背景下，正义与发展党迅速壮大，影响不断扩大。2002 年 11 月，该党在提前举行的议会大选中异军突起，以 34.3% 的得票率赢得大选，一举成为建国 79 年来第一个在议会占据多数议席并单独组阁、具有伊斯兰宗教背景的政党。2003 年 3 月，埃尔多安出任土耳其总理。执政后，埃尔多安政府经济上倡导市场经济，对外实行全方位外交，得到了民众的广泛拥戴，土耳其迅速摆脱了经济与社会危机。

第 二 章

埃尔多安执政以来土耳其的内政外交

第一节　埃尔多安执政以来的土耳其内政

一　世俗化的发展方向

土耳其世俗化国家的原则是在国父阿塔图尔克·凯末尔所提出的立国与治国理念中所确立的，被归结为凯末尔主义。在1931年共和人民党大会上被概括为六项原则，即共和主义：反对封建君主专制主义，坚持资产阶级共和国的国体；民族主义：保卫土耳其民族独立，并争取提高土的国际地位；平民主义：人民主权，国家的最高权力属于全体公民，在法律面前一律平等；国家主义：即在国家监督下建立、发展并保护民族工商业，坚持经济的自主和独立；世俗主义：摆脱伊斯兰神权势力对国家政治和社会生活的束缚；改革主义：反对盲目保守，坚持不断进行社会经济改革。这些原则不仅凯末尔毕生奉行并为共和人民党所继承，同时也被作为土耳其国家的基本准则列入了1937年宪法，[①] 因此成为现代土耳其共和国的政治制度、思想基础与行为准则。[②]

凯末尔主义在国家政权问题上最重要的特点是国家和社会的世俗

① 彭树智：《凯末尔和凯末尔主义》，《历史研究》1981年第5期。

② 郭长刚等：《列国志·土耳其》，社会科学文献出版社2015年版，第49页。

化，其根源在于现代土耳其的前身奥斯曼帝国封建制度的基石，是以苏丹制和哈里发制为代表的王权与教权的结合，因此凯末尔主义中除了共和主义与平民主义外，还特别强调"世俗主义"。作为土耳其的国策，世俗主义一直贯穿了历部宪法，伊斯兰教势力被排除出政治公共空间。然而，随着20世纪70年代国际与地区形势的变化与土国内世俗主义者与伊斯兰主义者的权力角逐，伊斯兰主义逐渐进入政治权力空间。而伊斯兰教的影响随之扩大，① 对于凯末尔主义，尤其是其立国根基的世俗主义来说，不啻为一种挑战。实际上自80年代以来，无论是军方还是中产阶级中，都有一大批认同将伊斯兰教与民族主义相融合的知识分子。

鉴于土耳其95%的人信仰逊尼派伊斯兰教，宗教对于普通民众不仅仅是个人信仰，而且本身也是构建认同归属、道德伦理与生活方式的一部分，因此土耳其以国家排斥宗教为代表的世俗化是难以再在民主化时代维系的。民主化时代宗教因其极强的基层组织能力，必然导致宗教的政治化。随着军政府的结束，政治解严与民主化的推行，宗教势力的公共性与组织能力得以参与政治空间，国家对宗教势力管制放松，而在土耳其，宗教势力因之能够组织政党，这也是20世纪90年代以来伊斯兰政党蒸蒸日上的重要原因。

2003年上台的正义与发展党（以下简称"正发党"），无疑是一个伊斯兰政党，受到宗教团体与新兴的有虔诚信仰的中产阶级的支持。然而相比伊斯兰主义政党，正发党更愿意将自己定义为一个保守民主主义政党，正如2003年正发党主席埃尔多安所言："我们接受如下原则作为我们党的基石：土耳其共和国拥有统一、完整且团结的架构，是世俗、民主的法治国家"，并在党章中声明："本党将宗教视为人类最重要的机制之一，而世俗主义是民主制的前提以及自由与良

---

① 严天钦、石坚：《土耳其伊斯兰复兴与现代认同》，《宗教学研究》2012年第3期。

知的保障。本党反对将世俗主义解释和扭曲为宗教的敌人。"①

　　然而从某种程度来说，今天的土耳其世俗化已经不再是凯末尔主义下积极国家干预的世俗主义，而演变成一种国家抱持中立态度，宗教团体自由竞争，宗教势力进入公共空间并干预社会问题，借助政治理论代言自身利益，而国家一视同仁的消极的世俗主义。埃尔多安声言："世俗主义的第一个维度是国家不应该按照宗教法构建，世俗主义的第二个维度是，国家应该保持中立，要平等对待各种不同的宗教信仰，并应该成为个人的宗教和信仰自由的保护者。世俗主义是共和国的基础性、不可分割的原则。"② 通过对世俗精神在言辞上的继承与对其内涵的修正，正发党将世俗主义界定为维系社会和平与妥协的机制，为信仰和崇拜的表达提供机会和自由，从而将宗教势力在公共领域的回潮与个人宗教信仰的自由结合起来，事实上改变了凯末尔主义对于世俗化原则的定义。

　　土耳其的激进的世俗主义先天具有的精英主义情结，也同时导致土耳其世俗化从来不是以政府的无为中立为标志的。宗教事务局对全国清真寺与伊玛目的管理，其目的正在于政府通过将宗教人士纳入行政管理从而控制宗教势力。然而管理宗教事务的宗教事务局本身却具有两面性：一方面，它本身是世俗政府用以控制宗教而建立的；但另一方面，对土耳其宗教事务局来说，该部门存在感取决于伊斯兰教法与世俗法律冲突的强度。伊斯兰教法与世俗法律的冲突越大，其存在感越强；伊斯兰教法与世俗法律的冲突越小，其存在感越弱；如果伊斯兰教法与世俗法律没有冲突，该部门就没有存在的必要。因此，作为世俗政府行政体制一部分的土耳其宗教事务局，一直有着伊斯兰主义的倾向。

　　自 2003 年以来，埃尔多安政府以政府对宗教应当中立为由，使得土耳其国家的世俗主义政策从激进的世俗主义转向了被动的世俗主

---

① M. Hakan Yavuz, *Secularism and Muslim*, *Democracy in Turkey*, pp. 149, 152, 153.

② Ibid. , p. 159.

义。2016 年修宪后，埃尔多安及正发党在公众场合提及宗教的频率骤然增加，尤其是新西兰清真寺枪击案后，埃尔多安屡次在国内大型集会中播放枪击案视频，并声称要让枪击案凶手"血债血偿"，公然以伊斯兰教保护者的形象自居，虽然其目的是为即将到来的地方选举助威，但其影响则有进一步破坏土耳其共和国世俗化原则的可能性。

然而当前，土耳其世俗政体并无实质性的改变。未来土耳其世俗化政府的发展前景，更多地取决于埃尔多安个人。土耳其的伊斯兰复兴主要是社会文化意义上的复兴，世俗主义并未在根本上被挑战或撼动，没有发生根本性的变化。而且，埃尔多安自己显然不是霍梅尼式的人物，没有那样的宗教权威和威望。其权力也不足以与土耳其国父凯末尔相比。就笔者亲身经历而言，在伊斯坦布尔的公众场所，凯末尔的肖像依然无处不在，影响巨大。在确立新总统制后，埃尔多安的权力确实有很大扩张，具有某些威权特征，但却远不足以从法制、社会、文化等方面全面伊斯兰化，充其量做一些细微的改变，在某些领域做到让伊斯兰标志合法化。比较而言，正发党、埃尔多安并没有从根本上挑战土耳其的世俗主义原则，只不过随着土耳其民众政治参与的增加，温和的伊斯兰主义者最终在通过政党政治控制政府/国家的意义上取得了成功，尤其是与繁荣党相比，其成功就更加明显。另外，正发党的独特之处是走向了政治的"个人化"，也就是推出和塑造了埃尔多安这个极具个人魅力的政治领袖，也许埃尔多安有着走向某种威权形态的可能性，但是土耳其世俗主义与伊斯兰主义的发展，有极大可能只不过使得宗教势力在公共空间获得一定自由，而伊斯兰主义则从激进走向温和，以认同世俗国家的政党面目出现，走上土耳其政治舞台的现象逐渐常态化。

二 军队干政态势

土耳其军队历来有干政的传统，其根源于土耳其立国之初凯末尔本人的军官出身与对军队的掌控，及其后长期个人专断统治与一党政治，因之军队始终是世俗化精英所掌握的重要力量。军队承担着为世俗化国家纠偏与确定航向的作用。从 1960 年到 1997 年，土耳其军方共发动四次成功的军事政变，政变的主要理由皆为捍卫共和国的世俗主义原则。然而自正发党当政以来，土耳其军队对政坛的干涉呈现出影响力式微的趋向。

1980 年军事政变后，土耳其实行了三年军政府管制，并留下了一部军队影响甚深的 1982 年宪法。自此之后，土耳其军队得以在国家框架内干预政治事务，通过控制国家安全委员会，军方可以向文官政府提出建议，而这些建议通常都会被文官政府所采纳。而由于国家安全委员会秘书长一直由现役将军或司令担任，故而国家安全委员会把控在军人手中。根据 1982 年宪法，部长理事会必须优先考虑国家安全委员会的意见，而国家安全委员会秘书长有权进入任何文官机构，并有权监督国家安全委员会提交给部长理事会的建议的执行情况。因此，实际上通过国家安全委员会，以及其他一些军队在文官政府中的职位，军方得以监督文官政府的行政，并深度介入政治事务。[①]

因此，自 1982 年以来的文官政府一直在试图修改宪法及国家制度，限制军方对政治的干涉。在正发党执政前，军队在政治中的影响力已得到逐步限制。1999 年 6 月，军队法官不再担任国家安全法院的法官。2001 年 10 月，大国民议会修改了宪法，增加了国家安全委员会中文官政府的代表，部长理事会对于国家安全委员会的意见也不必再"优先考虑"，同时，自 2003 年起，国家安全委员会秘书长一职也不必为现役将领担任。自埃尔多安执政以来，埃尔多安政府也有意削减军队对政治的影响。一方面，正发党没有步繁荣党的后尘，主动割裂自己与伊斯兰主义的关系，以"保守民主"自居，使得军队无法借世俗化向正发党发难；另一方面，埃尔多安积极推动土耳其加入欧盟的进程，以欧盟标准为由，进行国内民主改革，削减军队对政府的影响力。

2007 年土耳其军队总参谋长在军方网站上发布了关于总统选举

[①]　郭长刚等：《列国志·土耳其》，社会科学文献出版社 2015 年版，第207 页。

的警告通知，警告正发党候选人居尔当选总统有可能危及土耳其世俗政体，但并未得到公众的支持，反而引起公众对军队干政的猜疑。随后居尔当选总统并通过2007年宪法修正案。而2008年在军队授意下最高上诉法院总检察长要求宪法法院取缔正发党，最终未能如愿。这些都标志着军队对政府影响力的下降。随着2013年埃尔多安政府对《国内职责法典》的修改，强调军方对付外来威胁的作用，去除军方对内政的干涉，鲜明地体现了土耳其军方地位的变化。

2016年7月15日土耳其军队发动的未遂政变，反映了以军队为代表的世俗主义以非常手段清除民选上台的伊斯兰主义，重归政治舞台的愿望。[①] 综观土耳其历次军事政变，一般是军队总参谋长与海陆空及宪兵司令达成一致，按预谋计划进行行动，但2016年未遂政变领导并非高层将领，仅仅是参谋部一部分军官，其人数有限，没有得到其他军种尤其是陆军的支持。其实政变最终失败，就在于忠于政府的军队对政变军人的镇压。如果说未能取得军队一致支持，是这次政变失败的直接原因的话，这次政变准备不足的根本原因，则在于军队相对于文官政府，无论是民意还是政治影响力都有所下降。

此次政变后，埃尔多安政府大肆清洗政治反对派，不仅逮捕超过7万人，开除超过14万公务员，而且开除数万军人，其中还包括数百名将军级别的官员，[②] 同时指责避居美国的居伦运动领导人法图拉·居伦为幕后主使，向美国申请引渡。同时，土政府宣布进入紧急状态，并连续七次延期，至2018年7月才解除，其间甚至通过了一轮影响深远的宪法修正案公投。通过这些措施，埃尔多安牢牢控制住政局，压制并驯服军方，使得土耳其呈现出某种威权主义特征，而军队对于政治领域的影响力自此荡然无存。

---

① 《土耳其政变完整经过及其时间轴（图）》，2019年6月1日，http：//news. ifeng. com/a/20160717/49367225_ 0. shtml?_ zbs_ baidu_ bk。

② 《土耳其缉捕千余名参与2016年未遂政变的嫌疑人》，2019年5月20日，ht-tps：//www. chinacourt. org/article/detail/2019/02/id/3727377. shtml。

正发党自 2002 年上台执政以来，虽然有着温和的伊斯兰主义倾向，但并未直接挑战土耳其世俗主义原则，同时，其奉行的新自由主义经济政策为土耳其带来了年均 6%—9% 的经济增长率。虽然在 2013 年伽齐公园抗议后正发党在国际上和国内声望都有所降低，但正发党十余年来执政成果基本是积极的，其在执政中积累的很高声望与强大的民意支持，是正发党地位稳固的基石。2016 年未遂政变后，以正发党为代表的文官政府占据了绝对优势，而军队与世俗主义者传统控制的司法部门经过清洗与改革，其地位逐渐弱化，不足以对正发党造成威胁。虽然难以断言土耳其军队干政的顽疾就此治愈，但在可以预见的时期内，土耳其军队再无强力干政的可能了。

三 埃尔多安执政以来的宪法修改

由政变后军政府主导的 1982 年宪法，至今经过大大小小 17 次修正案，而其中 10 次都是在正发党执政以来实现的。从取得政权的第一天起，正发党就一直在推动宪法修正案，这使得 1982 年宪法至今已经有三分之一以上条款被修订。① 这些宪法修正案，也以 2010 年为界，具有不同的侧重点：2010 年以前的宪法修正案，主要着力点在改革土耳其政治体制，以期符合欧盟入盟标准，在这一口号下，正发党着力于扩大土耳其民主，以对抗军队与传统精英对自身的威胁。2010 年以后的宪法修正案，以 2017 年的总统制改革为标志，主要着力点在于扩大行政机关，特别是总统的权力。这其中影响最大的是 2007 年施行总统直选的修正案、2010 年改革司法的修正案和 2017 年总统扩权的修正案。

正发党寻求大幅度修改现行宪法的起因是 2007 年总统选举所引发的宪法危机。在塞泽尔总统任期结束时，执政的正发党在议会中拥有足够的多数票以提名候选人。而根据 1982 年宪法（第 102 条）明

---

① 李艳枝：《试论正义与发展党执政以来的土耳其修宪公投》，《外国问题研究》2017 年第 3 期。

确规定的总统选举程序，总统选举最多可以在议会举行四轮。前两轮投票的多数票需要超过议会法定人数的三分之二，虽然正发党很难得到超过三分之二多数票，但按照议会规则，正发党将有可能在第三轮或第四轮投票中通过简单多数总统选举。在第一轮选举中，由于反对党的抵制，正发党候选人提名没有达到三分之二的法定人数，共和人民党将此案提交宪法法院，法院裁决认定正发党的选举违宪。因为在第一轮选举中没有取得法定票数（367 票），正发党候选人阿卜杜拉·居尔未能当选。这一僵局迫使议会按照宪法要求重新举行选举。①

对此，正发党对新情况做出反应，提出了一套宪法修正案。该提案将议会立法期限从五年缩短到四年，并提议民选共和国总统，总统最长可以任两个五年任期。反对党代表认为，修正案意图建立一种半总统制，因为普选将增加已经被赋予广泛宪法权力的总统一种独立的政治影响力。虽然自 1980 年以来，中右派政党领导人长期以来就一直主张建立总统制或半总统制。②

2007 年 5 月 25 日，塞泽尔总统将宪法修正案发回议会重新审议。塞泽尔总统认为，改变总统的选举方法并不仅仅是一个简单的程序上的改变，而是与宪法所主张的政治制度直接相关的改革。认为在没有充分考虑和审议的情况下，不应仓促进行这类政治制度的根本变革。③大国民议会逐字重新审议了修正案。除关于将立法期限从五年缩短为四年的第 1 条外，所有条款均以超过所需三分之二多数（即 367 票）

---

① Ergun Özbudun, "Why the Crisis over the Presidency", *Private View*, No. 22, Autumn 2007, pp. 48 – 51; Ergun Özbudun, "Cumhurbaşkanı Seçimi ve Anayasa" [The presidential election and the Constitution], *Zaman* (daily), 17 January 2007; and "Anayasa Mahkemesi ve Demokrasi" [The Constitutional Court and democracy], *Zaman* (daily), 3 May 2007.

② Serap Yazıcı, *Başkanlık ve Yarı-Başkanlık Sistemleri: Türkiye İçin Bir Değerlendirme* [Presidential and semi-presidential systems: An assessment for Turkey] (Istanbul: İstanbul Bilgi Üniversitesi Yayınları, 2002), pp. 159 – 163.

③ Sezer's statement, 25 May 2007, 3/1281, *Minutes of the GNAT*, Period 22, Legislative Year 5, Vol. 159, Session 113, 26 May 2007.

获得通过。①

塞泽尔总统随即向宪法法院提起违宪指控，然而，宪法法院在 2007 年 7 月初的裁决中驳回了违宪指控。② 因此，塞泽尔总统只能将已经通过的宪法修正案（第 5678 号法律）提交全民公投，最终修正案在公投中得到通过。7 月议会选举，正发党获得了 46.7% 的选票和议会 550 个席位中的 340 席。在 8 月新的大国民议会举行的第三轮总统选举中，阿卜杜拉·居尔在总共 448 票中以 339 票当选为土耳其第十一任总统。③

自 2007 年宪法危机后，正发党就力图制定一部新先法，但此时国内各政党并未就制宪问题达成一致，回应者寥寥，因而正发党在 2010 年 3 月独立提交以加入欧盟、促进民主为依据的宪法修正案，其最主要的针对对象，就是军队势力与司法体系。该修正案主要针对 1982 年宪法中 20 余个条款，内容涉及公民的权利与自由、大国民议会改革、司法体系改革、行政体系改革、削弱军权和经济规划六个部分，其中对于司法体系的改革与对军权的削弱是这次修宪的重点，而其他内容，更像是对欧盟入盟要求的回应。

而修正案中备受争议的部分是对于司法体系和军队系统的改革。修正案规定违法违宪的军事人员将送交民事法庭审理。同时改革国家安全委员会，成立新的无军方背景的国家安全委员会。同时改革宪法法院，将法官总数从 15 名增加到 17 名，限制法官任期为 12 年，65 岁强制退休，并扩充总统对法官的任命权。正发党推行削减军方力量的修正案，同时将法检系统控制在行政力量手中，不啻为 2007 年宪法危机和 2008 年险遭取缔后的一种自保行为。

2016 年 7 月的未遂政变后，埃尔多安加强对反对派的清洗，国家

---

①　Sezer's statement, 25 May 2007, 3/1281, *Minutes of the GNAT*, Period 22, Legislative Year 5, Vol. 159, Session 118, 31 May 2007.

②　Constitutional Court decision, E. 2007/72, K. 2007/68, 5 July 2007, *Resmi Gazete* [Official Gazette], 7 August 2007, No. 26606.

③　Minutes of GNAT, Period 23, Legislative Year 1, Session 6, 28 August 2007.

紧急状态持续长达两年，其间，对于军队系统，居伦运动成员的清洗扩大到对所有异见分子，大批公职人员被捕或被开除，使得埃尔多安清扫了修宪障碍。2016 年 12 月 10 日，正发党与民族行动党共同提交宪法修正案，该案未能达到修宪所需议会三分之二多数票。随后议会将草案付诸全民公投，最终在所有投票的 4750 万人中，修宪阵营赢得 51.4% 的选票，宪法修正案以微弱优势获得通过。[①]

1982 年宪法中行政权属于总统和内阁，但实际行政由总理和内阁执掌，虽然 1982 年宪法中，为保证世俗主义精英的地位而强化了总统的任命权，但总体上坚持自 1924 年宪法以来的议会制原则。根据新修正案，则总统将成为国家元首和政府首脑，执掌内政外交的权力，总统有权同意或否决议会通过的议案，或将其付诸全民公投。总统亦可以发布行政法令，行政法令一经发布，其效力等同于普通立法，总统亦可以宣布紧急状态或解散议会进行重新选举。同时，总统对议会通过的议案具有否决权，而议会则需要全体议员的三分之二绝对多数才能推翻总统的否决，总统的权力甚至大于典型总统制国家的美国总统。同时，为了进一步削减军队的影响力，撤销除了纪律法庭以外所有军事法庭。在和平时期将不再有军事法庭，使得军队将受到文官系统控制下的司法管辖。[②]

正发党在修宪的过程中，除了常用的议会多数票方式，在短短十余年中出现了三次以公民投票决定修宪的状况，这一方面体现出正发党游刃有余的成熟的政治手腕，总能以合适的手段达到自己的目的；另一方面却也恰恰体现出土耳其的民粹主义倾向与民主制度的不完善。公民投票作为决定重大事项的选择方式之一，在许多西方现代国家都有先例，但是作为终极民主的最终解决方案，公投不宜过多、过

---

① MD. Muddassir quamar, "The Turkish Refercndum and Its Impact on Turkey's Foreign Policy", May 22, 2017, http://www.e-ir.info/2017/05/22/theturkish-referendum-and-itsimpact-on-turkeys-foreign-policy/, 2019 年 6 月 1 日。

② 李游、韩隽：《土耳其修宪转向总统制的动因及影响》，《国际论坛》2018 年第 6 期。

于频繁。正发党凭借其伊斯兰政党深入基层的组织能力，执政的经济社会发展成就与民粹主义话术相结合的意识形态鼓动，在议会斗争不利的情况下屡次将宪法草案通过公民投票强行予以通过，必然造成大量的不满。

宪法作为国家根本大法，其修订一直具有较高的门槛，需要获得代表民意的大国民议会超过三分之二多数通过，但如若付诸公投，则只需要取得投票总数的简单多数即可。2017 年变更体制的重大宪法决定，在公投中仅以刚刚过半的优势通过，这说明有很多人并不认可对宪法的修改。从其结果来说，无论是宪法修正案本身，还是修宪公投这一形式，都是对于土耳其民主制度的破坏。

第二节 埃尔多安执政以来的土耳其外交

正发党及埃尔多安从 2002 年执政上台以来，其外交表现颇为耐人寻味。大致以 2011 年为界，前期其奉行"零问题"外交，与周边多国改善关系，并寻求积极加入欧盟，在与美俄保持良好关系的同时，又奉行一定程度的独立外交。从 2011 年起土耳其深入介入阿拉伯之春中的中东邻国，其外交呈现出某种程度的民粹主义与教派主义倾向，而后与欧盟和美国渐行渐远，与以色列、沙特、埃及、叙利亚、利比亚等邻国交恶，而与俄罗斯和伊朗却呈现出越走越近的趋向。

一 土欧关系

土欧关系是土耳其外交的中心内容，加入欧盟一直是土耳其外交的第一大目标。以"保守民主"政党面目上台的正发党，其前期改革与修宪的一大理由就是土耳其需要符合加入欧盟的"哥本哈根标准"，2004 年土耳其通过一系列包括废除死刑在内的改革，同年 12 月欧洲理事会给予土耳其以积极的评价，并于 2005 年 10 月 3 日起开启土耳其入盟谈判。入盟谈判开始后，土欧之间的主要争议在于塞浦路斯问题，除此之外，欧盟对于土耳其的改革努力表示赞赏，2013年10月16日欧盟委员会提交报告，对2010年土耳其修宪实行的改革评价积极，从而重启与土耳其的入盟谈判。

然而从2010年开始，土耳其在阿拉伯之春后的中东政策逐渐与欧盟利益背离。2016年未遂政变发生后，埃尔多安维持国家紧急状态并对反对派进行大肆清洗的行为引来了欧盟的批评。2017年4月，土耳其修宪公投前夕在荷兰、德国等地的造势活动引发当地政府担忧与禁止，更引发了土耳其与欧盟的矛盾，进一步加大了土耳其入盟的障碍。从目前的情况看，土耳其对欧盟的政治立场较为强硬，种种迹象表明，土耳其有可能放弃寻求加入欧盟，至少对加入欧盟不再像过去那样渴望。埃尔多安政府的逐渐民粹化与威权化，既是土欧关系不和谐的重要因素，也是埃尔多安能够有底气正面对抗欧盟的原因。经历长达十余年的入盟谈判，土欧双方互信并未得到提高，反而随着土耳其对宗教的输出，民主体制的倒退而互生龃龉。从2017年以来，土耳其各方面都在或主动或被动地远离"哥本哈根标准"，土欧双方在未来极有可能依然存在若干重大分歧，保持着纸面上的盟友关系，但双方关系却难以更进一步。

二　土美关系

土耳其是美国在中东的传统盟友，也是北约重要的成员之一。2002年正发党执政后，土耳其外交政策进行了重大调整，开始向积极而独立的外交政策转变。在2003年的伊拉克战争问题上，由于土美之间分歧过大，土耳其大国民议会反对美国经土耳其领土进攻伊拉克，引起了美国的不满。但土耳其对美国的利益依然有所照顾，在伊拉克战争中允许美国使用因吉尔利克空军基地，且未对美国入侵伊拉克的行为提出反对意见。2009年，美国总统奥巴马在访问土耳其时将美土关系界定为"模范伙伴关系"并认为，土耳其将在西方和伊斯兰世界都占有一席之地，在中东地区将发挥重要作用，评价土耳其为"作为一个伊斯兰国家，土耳其对于促进东西方的相互理解和维护世界和平与稳定都发挥了关键性作用"[1]。

然而实际上 2010 年阿拉伯之春后，土耳其与美国在许多问题上态度便渐行渐远。土美双方在对待伊朗问题上分歧很大，美国并不乐见土耳其与伊朗改善关系，同时，随着土耳其深度介入中东国家事务，美土之间在埃及问题上也发生分歧，美国不乐见土耳其对穆斯林兄弟会的支持，在叙利亚问题上，土耳其与美国支持的库尔德人武装发生冲突。土耳其一直要求美国停止在叙利亚内战中向库尔德人民保卫军提供支持，在 2016 年未遂政变发生后，土耳其一直要求美国引渡居住在美国的法图拉·居伦，认为其是政变的幕后主使，但美国以证据不足为由拒不配合，[2] 虽然在 2017 年土耳其修宪公投通过后，美国总统特朗普致电埃尔多安表示祝贺，但土美之间关系日趋紧张。2018 年 8 月，特朗普宣布向土耳其出口的钢和铝分别征收 50% 和 20% 的惩罚性关税，里拉对美元汇率应声下跌，国内通胀严重，失业率高企，而经济整体陷入收缩。

2017 年土耳其甚至与俄罗斯签署购买不能与北约系统兼容的 S -400 防空导弹系统的协议，并因此遭到美国极力反对与威胁。然而土耳其与美国的关系在安全上高度捆绑，即便土美关系受到冲击，土耳其依然是美国在中东地区最稳定和最重要的合作伙伴，在短期内，土美联盟虽然会受到美国全球战略调整，以伊朗为代表的地区问题及两国国内民族主义问题所影响，但土美联盟本身对土耳其具有重要性，土耳其不可能放弃其与美国和北约的关系。

三 土俄关系

在 2002 年正发党执政前，土俄关系一直不温不火，兼具对抗与

---

① 郭长刚等：《列国志·土耳其》，社会科学文献出版社 2015 年版，第 278 页。

② 严天钦：《修宪公投对土耳其外交政策走向的影响》，《国际论坛》2018 年第 6 期。

合作。正发党执政后，土耳其开始奉行独立的外交政策，与美国拉开关系，尤其是 2003 年土耳其拒绝美国越过土耳其边境发动对伊拉克的打击后，土俄关系逐渐改善并紧密。俄罗斯为土耳其重要的出口市场，为土耳其建筑公司与商品的主要出口地，且每年俄罗斯赴土耳其的游客也为土耳其带来大量收入。2009 年土耳其总统阿卜杜拉·居尔访问俄罗斯，两国关系明显升温，土俄签署协议，宣布"双方致力于深化友谊和全方位合作"，双方互信有所增强。

在叙利亚内战开始后，土耳其支持反政府武装打击边境的库尔德人，与俄罗斯支持叙利亚阿萨德政府的立场发生冲突。土俄在叙利亚问题上的立场严重对立，尤其在巴沙尔总统去留问题上各执一词。土耳其还强烈反对俄空袭叙境内"伊斯兰国"目标的军事行动，认为此举不仅使巴沙尔政权更加稳固，还使土耳其建立禁飞区的目标落空。为此，土不仅拒绝俄战机过境，还一再对俄战机"侵犯"土耳其领空发出威胁。2015 年 11 月 24 日，土耳其 F-16 战机击落一架在土叙边境的俄罗斯苏-24 战机，此举引起俄罗斯对土耳其大规模制裁。在得不到北约盟友有效支持的情形下，2016 年 6 月 27 日土耳其就击落俄方战机一事正式向俄罗斯道歉。此后，土俄关系迅速回暖升温。2017 年，埃尔多安与普京前后 9 次会晤，[①] 2017 年土耳其签署购买俄罗斯 S-400 防空导弹协议则无疑是向俄罗斯示好。在土美关系与土欧关系逐渐恶化的大背景下，土耳其强化了与俄罗斯和伊朗的关系，三方在诸多场合协调立场。这也印证了全球局势正在发生的深刻变化：以美国为首的西方霸主地位发生动摇，俄罗斯的影响力则呈现出某种扩大的趋势。

四　土耳其与中东邻国关系

土耳其与中东邻国的关系，在 2011 年之前，主要以零问题外交

---

① 李秉忠、涂斌：《埃尔多安时代土耳其外交的转型及其限度》，《西亚非洲》2018 年第 2 期。

为主。在 2011 年后，土耳其开始积极干涉邻国事务，与多国关系出现恶化，零问题外交破产。正发党的外交政策，前期基本秉承达武特奥卢的外交思想，其主要含义为，在新世纪国际格局发生变化之时，亚太国家地位逐渐上升，世界力量开始由西向东转移，因此土耳其不能仅仅满足做西方国家的仆从与地区国家，而应当发挥其沟通东西的作用。具体政策上应当坚持土耳其国家利益至上原则，维持土美战略盟友关系，积极推动土耳其加入欧盟，巩固土耳其在中亚、高加索与中南欧的影响力，并与周边国家交好，维护良好的周边环境，并积极推广世俗民主的"土耳其模式"。在零问题外交实行之初，土耳其外交自主性有所提升，对外影响力提高，与周边国家关系也不断得到改善，无论与中东国家还是欧盟美国，都实现了睦邻友好。

然而自阿拉伯之春以来，土耳其外交局面开始受到挑战。阿拉伯之春被土耳其视作推销其民主模式，展示土耳其大国地位的历史机遇，地区政策从零问题外交转向了积极干预主义。土耳其以民主之名积极支持利比亚、埃及与突尼斯的反政府武装，与叙利亚关系完全中断，并深陷叙利亚内战，在穆尔西政权被推翻后，土耳其与塞西政权交恶，而利比亚新政府对土耳其干涉内政的指责则使得土耳其与利比亚关系走向冷淡。由于以色列袭击土耳其救援船事件，土耳其政府与以色列关系亦随之降温。土耳其与周边邻国陷入紧张状态使得土耳其地区影响力大为削弱，在中东地区面临被孤立的尴尬境地。①

土耳其对于中东的积极干预政策短期内不会结束，与周边国家关系的紧张状态还将持续下去。值得注意的是，在宗教思潮与保守主义回流的形势下，埃尔多安自视为中东的盟主与伊斯兰教的保护者，在 2019 年新西兰清真寺枪击案上与新西兰、澳大利亚交恶，其外交形势不容乐观。

---

① 唐志超、张瑞华：《迷失在中东漩涡中的大国梦——土耳其内政外交的现实困境》，《当代世界》2015 年第 12 期。

第三节　埃尔多安执政基础分析

一　埃尔多安执政的基本盘

埃尔多安与正发党都来自被取缔的伊斯兰主义政党"繁荣党"，但正发党与众多被取缔的伊斯兰主义政党不同之处在于其灵活的内外政策。正是这些政策调整支持了正发党长达 17 年的统治，并形成了如今土耳其政党制度中的"主导政党"模式。埃尔多安的执政基础有三块：首先是取得了宗教势力与虔诚贫穷的民众的支持，其次是得到了安纳托利亚新兴的、有宗教倾向的中产阶级的支持，最后则是以政策调整和妥协，得到了传统精英与城市中产阶级一定程度的认可。

伊斯兰主义在土耳其一直伴随底层民意，随着 1980 年军事政变及军政府的右倾，伊斯兰主义者与不满政府、受到侵害的普通民众结合起来，因此，20 世纪 80 年代以后伊斯兰政党的执政方略中，一般都带有加强底层福利及利益等左翼色彩。1994 年，伊斯兰政党繁荣党在安卡拉、伊斯坦布尔等多个城市的地方选举中胜出，1996 年更是在议会大选中胜出，成为执政党。其最主要的支持者就是来自底层的穷人与工人阶级，其政纲则包括在自由市场的原则下，推行集体企业，反对金融牟取暴利，全民就业与全民工会化。在宗教的外表下，体现出浓厚的左翼特征。这本质上是反对 1980 年军政府以来建立的以新自由主义为基础的，世俗主义政治精英所建立的体制的，因此 1997 年军方发动软政变，逼迫繁荣党下台。[①] 繁荣党下台后数年，土耳其政府一直不够稳定，而伊斯兰背景的正义与发展党异军突起，在土耳其民族主义回潮，中东本位主义思想兴起的情形下，2003 年伊拉克战争中美国的单边主义行动引起了土耳其民众的反感，标榜独立

---

① 张跃然：《土耳其政变一周年—昔日的"中东之光"如何一步步走到今天?》，澎湃新闻，https://www.thepaper.cn/newsDetail_forward_1733400，2019 年 6 月 20 日。

外交的正发党适逢其时，其高票当选属情理之中。

正发党在执政后加快了国企的私有化步伐，并主张在经济领域开展全面的反腐斗争并建立公平、合理、有效的税收制度，引进外资，努力减少失业，发展对外贸易，增加出口，减少地区间发展不平衡，使各地区的经济潜力得以充分发挥并保证经济的长期、可持续性发展，并与欧盟、世界银行及国际货币基金组织等发展多边关系以促进国家经济发展。① 通过这些措施，土耳其经济迅速发展，政府在安纳托利亚地区的城镇化建设使得大量安纳托利亚保守的、有宗教倾向的农民成为新兴中产阶级，他们成为埃尔多安坚定的支持者。而对于国企的私有化改革不仅得到了传统大资本家的支持，也得到了中小企业家的支持，并因此为土耳其经济增添了活力。随着土耳其大量新兴中产阶级的出现，传统的受教育程度较高，也更为拥护世俗化的城市中产阶级反而有边缘化的趋向。②

随着正发党执政基本盘从穷人扩展到中产阶级，正发党先后控制议会、政府与总统职位，其统治越发牢固，而其伊斯兰色彩也渐趋显现出来。从关于大学头巾禁令的宪法修正案，到对土耳其世俗主义定义的重新诠释，无一不是对传统世俗主义精英的警告。2016年未遂政变后，伴随着两年的国家紧急状态与对反对派、军队、政府、大学世俗主义者的清洗，世俗主义者对土耳其政局的影响更加式微。裹挟着底层与中产阶级支持的民意，埃尔多安通过了2017年宪法修正案，并宣布提前大选，成为土耳其更改总统制后第一位实权总统。总的来看，无论是三次宪法修正案公投，还是数次议会大选与总统大选，埃尔多安的基本盘始终是穷人与新兴中产阶级。这些人对于世俗化并没有那么敏感，而一个伊斯兰倾向的具有左翼色彩的政党，刚好成为他们利益的最佳代言人。埃尔多安权力稳固的

① 郭亚敏：《令人关注的土耳其正义与发展党》，《当代世界》2003年第11期。
② 程珊、贾国栋：《埃尔多安胜选总统的原因及其政府面临的挑战分析》，《商丘职业技术学院学报》2015年第3期。

过程，或许很难说是土耳其民主的巩固过程，却一定可以看作是文官政府向军队夺权的胜利，同时也是土耳其广大普通民众对世俗主义精英不满的爆发。

二　土耳其政治体制的困境

正发党执政下土耳其政治体制的发展却并不健康。从 2002 年到 2010 年，正发党在力求自保，巩固自身地位的过程中颁布的数个宪法修正案与改革，使得土耳其民主程度确实有所改善，由于温和世俗化与零问题外交，改善周边关系的努力初见成果，一时间"土耳其模式"甚嚣尘上。从 2013 年以后，特别是 2016 年未遂政变以后，由于与世俗主义者的和解不再存在，埃尔多安政府转而寻求传统伊斯兰主义的支持，以民粹主义的威权主义的面目示人，巩固自己底层群众与新兴中产阶级的基本盘，而土耳其民主则发生了倒退。

让人很难想到的是，在正发党执政之初，美国曾对土耳其有着非常积极的看法。美国总统布什在 2004 年伊斯坦布尔北约峰会上甚至发表演说称赞土耳其，称其为其他国家的榜样，是欧洲通往更广泛世界的桥梁；土耳其的成功对欧洲和中东地区的进步与和平的未来至关重要①。

然而曾经备受赞誉的土耳其模式根植于土耳其 30 年来的自由主义政策，是"伊斯兰自由主义"，其是民主、自由市场资本主义与伊斯兰教的结合，这也是 21 世纪初西方媒体与许多国家对土耳其的看法：土耳其不仅仅是一个成功的、不断增长的经济体，同时也是一个自由化的民主国家，而这一国家同时融入了伊斯兰教，伊斯兰教成为土耳其民主的一部分，而非其挑战。土耳其模式被西方国家视为对抗伊朗模式的武器。其最主要特征就是，温和的伊斯兰主义者们愿意接受普世的西方价值观，秉持与宪法一致的世俗主义原则，奉行积极却

---

① Cihan Tuğal, *The Fall of the Turkish Model*, *How the Arab Uprisings Brought Down Islamic Liberalism*, New York: Verso, 2016, p. 3.

不过度扩张的外交政策；并将过去技能较为缺乏，地位较低的工人与小商人纳入自由市场与全球化，从而赢取支持。

但是在伽齐公园抗议事件后，正发党与城市中产阶级及世俗主义的和解破裂，埃尔多安不得不乞灵于传统伊斯兰主义以增强自身合法性。以 2013 年为界，埃尔多安政府对待异见人士开始越来越多地使用暴力与伊斯兰话语，而这也导致正发党与世俗主义精英的嫌隙越来越深。最终导致未遂政变的发生，可以看作是双方的摊牌。正发党与世俗主义者和解的破裂，本身也意味着其此后的政策必然带有越来越多的威权色彩与宗教色彩。于是未遂政变后的大肆清洗，2017 年总统扩权，破坏民主原则的宪法修正案与 2019 年埃尔多安秉持伊斯兰主义对新西兰与澳大利亚的抨击，土耳其在温和伊斯兰主义者统治下，迈向自由主义与民主开放的进程就此结束。

从根源上来说，自土耳其共和国立国，世俗主义原则就是以凯末尔为首的精英为国家朝向现代化而制定的人为规制，从来不是土耳其国家自然发展的逻辑结果，因此伊斯兰教在底层大众中的影响力一直超过世俗主义者，这就导致当 20 世纪 80 年代伊斯兰潮随着伊朗伊斯兰革命的成功而席卷中东时，各式各样的伊斯兰主义者反而代表了那些从来不具备发言权的底层民众的利益。正发党上台后在世俗主义与伊斯兰主义之间走钢丝的行为，本质上是不可持续的。新自由主义改革的得利者是新兴中产阶级与世俗精英，但正发党的基本盘却是被新自由主义改革所损害的底层群众。在经济平稳发展中隐藏的矛盾一定会在经济下行时期爆发。正发党的伊斯兰属性决定其不可能融入世俗主义者的体制力量，最终只能选择一条与世俗主义者为敌的民粹主义道路。

三 未来土耳其政治发展的趋向

正发党执政之初的根基是穷人与工人阶级，在随后的几年中由于施政得当，温和民主的政策得到了新兴中产阶级的支持与世俗主义者的谅解。随着 2016 年未遂军事政变及其后的清洗，正发党彻底与世俗主义者翻脸。而其之所以能够获得底层民众与新兴中产阶级的支持，在于此期间大体上土耳其保持了良好的经济增长率，土耳其人均GDP 比正发党执政前翻了三番，因此，即便在备受争议的 2017 年宪法修正案通过后，当年 6 月大选埃尔多安依然赢得了总统宝座。然而自 2018 年 8 月美国启动对土耳其制裁以来，土耳其里拉在短期内对美元贬值超过 30%，① 以美元计价，在 8 个月时间里土耳其人均收入跌至原来的 50%。② 美国对土耳其的贸易战不过是土耳其本币崩溃、经济困难的诱因，其直接原因在于过去十余年为保持土耳其经济高速增长而实行的宽松的货币政策与财政政策。

土耳其经济困难严重损害了正发党十余年来最坚定的支持者——底层群众与新兴中产阶级的利益，而政府应对经济困难的手段乏力导致了对政府的信心丧失。2019 年 3 月底的土耳其地方选举对正发党政府无疑是一个危险的信号。执政的正发党声称此次选举事关土耳其的生死存亡，选举前进行了前所未有的动员，充分调用了执政党掌握的众多资源，来巩固埃尔多安的权力和影响力。然而，选举的结果并不理想。此次选举中，正发党及其盟友获得了 51.63% 的选票，共和人民党获得了 38% 的选票。③

虽然在其他市区选举中正发党及其盟友依然占有优势，尽管有媒体一面倒地支持性报道，尽管有经济管理部门倾力"配合"，反对党共和人民党仍然拿下了全国六大城市中的五个，而这五座城市人口合计占土耳其人口总数的 40%。④ 其后由于伊斯坦布尔的选举结果过于

---

① 《土耳其里拉为何暴跌》，2019 年 5 月 20 日，http：//finance. sina. com. cn/stock/usstock/c/2018 - 08 - 13/doc-ihhqtawx5841142. shtml。

② 《2018 年四季度土耳其生产总值环比下滑 2.4%》，2019 年 5 月 30 日，http：//www. guannews. com/xinwen/124875. html。

③ 李秉忠、尼科斯·克里斯托菲斯：《土耳其近期地方选举及其政治影响》，《福建师范大学学报》2019 年第 3 期。

④ 梅新育：《土耳其地方选举或成 2019 新兴市场危机起点》，《第一财经日报》2019 年 4 月 9 日第 A11 版。

接近，正发党向土耳其最高选举委员会申诉，并获得最高选举委员会要求伊斯坦布尔重新选举的支持。2019 年 6 月，共和人民党候选人伊马姆奥卢在伊斯坦布尔举行的重新选举中击败由埃尔多安支持的正发党候选人、前总理、大国民议会议长伊尔德勒姆，以 54.03% 的选票胜出，① 并赢得 35 年来最高的得票率。

　　笔者在 2019 年 3 月底地方选举前夕恰在伊斯坦布尔，亲身感受到了正发党对此次选举的重视。街头电线杆、路灯杆与公路两旁的大型广告牌上满是正发党的竞选广告，绝大多数是总统埃尔多安与候选人伊尔德勒姆的特写照片，竞选台词是"伊斯坦布尔，一座爱情的城市"，联系到埃尔多安早年在伊斯坦布尔生活的经历，大打同乡牌。而反对党的竞选海报则零零星星分布在各种不起眼的位置。笔者仅仅在马斯拉克高速入口处见到数张略有些肮脏、幅面偏小的海报。

　　无论对执政党，还是反对党，这次地方选举都具有指向意义，而普通民众对政治的关心，则正是在经济困境中求变的体现。在伊斯坦布尔 3 月的地方选举中，投票率约为 88%，已经非常之高，而在 6 月 23 日重新选举中，伊斯坦布尔投票率更是高达 99%，② 意味着这座 1600 万人口的大城市几乎所有有选举权的人都在这天放下了一切，去参与选举，去决定自身的命运。而最终人民的选择是对执政党投下不信任票。

　　虽然地方选举并非决定了正发党在 2023 年总统大选中无缘宝座，但失去占全国 18% 人口与 30% GDP 的第一大选区，显示正发党的选举基础不再坚实。自 2009 年以来，正发党带领土耳其走出经济低谷的主要方式就是长期执行高投入低利率政策，并通过加大对房地产和基础设施的投资拉动经济增长，而一旦失去稳定的财源，这样的

---

① CNN, Erdogan likes to say, "whoever wins Istanbul, wins Turkey." His party's defeat is a crushing blow, https://edition.cnn.com/2019/06/23/europe/istanbul-election-analysis-intl/index.html, 2019 – 6 – 24.

② Ibid..

经济政策恐将难以维持，未来几年土耳其经济恐怕将面临更大的困境，而尽管有数年时间可以从容布局，更有行政机关的力量，但土耳其经济如若得不到有效的恢复，正发党在下次大选中失利的可能性将会增大。

第 三 章

土耳其当前宏观经济概述

由于2018年8月货币危机的影响，土耳其2018年的实际GDP增长速度大幅减缓。2019年里拉对美元将贬值，因为尽管经济环境更加稳定，但对新兴市场风险恐惧情绪的增加将对汇率产生影响。而更加宽松的财政政策导致2018年预算赤字占国内生产总值的1.9%（2017年为1.5%）。预计2019年到2023年，保守的资产负债表支出计划将与预算赤字保持大致相同的水平，约占GDP的2%。土耳其里拉对美元的贬值提高了出口竞争力，抑制了进口，因此，经常项目赤字将在2019年到2023年（与2017年相比）收缩。

总的来看，土耳其当前宏观经济形势有若干影响稳定的因素，主要是土耳其国内政治暴力冲突风险增加，与西方盟友关系不确定性增加，一直以来土耳其较高的通胀率以及2018年的衰退造成的影响难以在短期内摆脱。但长期来看，得益于土耳其良好的公共财政状况，2020年后土耳其经济有可能恢复较高的增长速度。而土耳其里拉对美元贬值的情形将一直持续到2019年，虽然短期来看，汇率的激变推高了通胀水平，造成了土耳其经济的不稳定因素，然而随着金融市场与生产领域的逐渐稳定，这反而有利于土耳其外贸，将促使土耳其经济恢复与发展。

第一节　土耳其政府之经济政策及趋势

土耳其政府过去专注于国内权力斗争和外交政策挑战，阻碍了优化商业和投资环境所需的经济改革。尽管如此，由于土耳其在中东国家中公共财政稳固、银行业资本充足、私营部门充满活力和多样化，该国经济虽几度面临政治不稳定和全球金融市场动荡，仍表现出了其适应能力。

2016 年 7 月未遂政变后，高度宽松的政策态势加剧了财政和外部失衡。政治不确定性愈演愈烈、全球流动性收紧以及与美国关系紧张，导致了 2018 年 8 月的货币危机。埃尔多安在过去 10 年大力支持的促进经济增长的政策，在未来一段时间内（2019—2023 年）仍然占据主导地位，然而其要点在于必须控制通胀并进行财政管控。此种政策将继续对货币政策、宏观调控、公私资本投资和社会支出等方面产生重要影响。土耳其政府广受指责的任人唯亲和腐败、人岗搭配不当（高失业率的一个主要因素）和逃税等弊端不太可能在 2019—2023 年间得到解决，因为对于土耳其政府来说，支撑经济高速增长（部分是为了避免社会动荡）仍将是首要任务。

如果发生严重的经济或金融危机，土耳其的选择仍将有限，以沙特为首的海湾合作委员会（GCC）似乎不愿为其提供财政支持。这是因为土耳其正在与伊朗建立更紧密的关系，而沙特阿拉伯与伊朗存在政治与战略竞争。此外，在沙特记者贾马尔·哈舒吉于 2018 年 10 月在土耳其最大城市伊斯坦布尔的沙特领事馆被谋杀后，土耳其与沙特阿拉伯的关系进一步恶化。与此同时，国际货币基金组织向土耳其提供的一项计划可能包含政府认为不可接受的条件，并与埃尔多安的民族主义、反西方言论背道而驰。同时，欧盟提供财政援助的可能性很小，特别是因为在这个问题上，欧盟成员国之间不可能达成共识。因此，目前似乎只有中国有能力向土耳其提供财政援助。这些援助可能是中国"一带一路"倡议的一部分。"一带一路"旨在推动亚欧之间的交通基础设施建设，在未来几十年促进贸易和互联互通。

公共财政历来是土耳其经济最稳健的方面之一。预算赤字和公共债务与国内生产总值（GDP）的低比率反映了过去谨慎财政政策的积极作用。尽管今年颁布了一系列的减税措施，官方也承诺缩减预算，但政府在国防、安全、基础设施、公共就业和社会福利方面支出的增加，将导致 2018 年的赤字占 GDP 的比例从 2017 年的 1.50% 扩大到 1.90%。此项措施将对资产负债表产生一定影响，对土耳其的财政政策应采取谨慎的态度。然而随着经济的复苏，在这一政策影响下，赤字将会逐步减小，到 2023 年将占 GDP 的 1.50%。

尽管 2018 年 8 月货币危机引发了经济动荡，政府还在 6 月大选前向部分民众发放了各种救济。2018 年底中央政府债务与 GDP 的比例基本稳定在 27.90%（2017 年底为 28.30%）。随着宏观经济状况回暖和预算赤字减少，到 2023 年底这一比例将小幅下降至 25.20%。

2018 年 9 月 13 日，土耳其中央银行货币政策委员会（MPC）将其主要政策利率，即一周回购（回购协议）贷款利率从此前的 17.75% 上调至 24.00%。货币政策委员会的决定回应了里拉对美元汇率 8 月大幅下跌以及年度消费价格通胀创纪录上升。然而，央行融资的平均成本可能高于主要政策利率。该行保留以隔夜拆借利率向银行体系提供部分资金的选择权，该利率较此前一周回购利率高出 1.5%—3%。

预计 2019 年至 2020 年，央行将逐步降低政策利率，以应对不断下降的通胀压力和金融市场状况回暖。预计在 2021—2023 年之间央行无法实现 5% 的通胀目标。这反映了政府支持经济增长的坚定立场；保持名义利率低于有望降至 5% 通胀目标，这给央行带来了压力。

第二节 土耳其未来经济增长前景

2017 年，由于政府刺激措施、政府信贷担保、银行扩大信贷的政治压力、出口竞争力提高以及全球需求回升，实际 GDP 增速大幅加快（从 2016 年的 3.30%）上升至 7.30%。然而，经济增长的激增加剧了内外失衡。这些失衡加上政策的不可预测性，外国投资者担心中央银行的独立性，对短期资本流入的依赖，发达经济体中上升的利率环境以及与美国的外交争端，导致了 2018 年 1—8 月里拉对美元贬值约 40%，直到 9 月才开始复苏。里拉的大幅贬值导致消费品价格通胀日益严重，增加了企业的投入成本，提高了外币计价债务的偿债成本。国内利率和风险溢价的上升进一步阻碍了经济发展。

2018 年 9 月的高频指标表明，在货币危机之后，经济增速放缓。继第二季度小幅增长（同比增长 5.70%，低于 2017 年全年的 7.30%）之后，2018 年第三和第四季度以及 2019 年第一季度的经济逐季收缩。尽管预计未来几个季度不良贷款会增加，信贷供应将受到影响，但这一增长状况并没有反映出严重银行业危机可能带来的影响。

2018 年全年土耳其经济增速放缓至 3.10%，预计 2019 年国内生产总值增速仅为 1%，这主要是基数效应的结果。随着经济复苏和闲置产能消耗殆尽，预计 2020 年土耳其全年经济增长率将回到 4.90%。到 2021—2023 年，经济平均增速将达到 4%，与预期的潜在增长率大致相符。

表 3 - 1 土耳其 2014—2020 年经济增长预测表①

国内生产总值	2014a	2015a	2016a	2017a	2018b	2019c	2020c
名义国内生产总值（十亿美元）	932.90	857.50	861.70	848.40	742.90	719.70	804.20
名义国内生产总值（十亿里拉）	2041.60	2332.40	2602.50	3095.00	3607.70	4112.10	4620.20
实际国内生产总值的增长率（百分比）	5.20	6.00	3.30	7.30	3.10	1.00	4.90

① 货币基金组织；国际货币基金组织；土耳其统计研究所；世界银行，转引自 https://www.eiu.com/public/signup.aspx，2019 年 6 月 12 日。

国内生产总值	2014a	2015a	2016a	2017a	2018b	2019c	2020c
国内生产总值的支出（实际变化百分比）							
个人消费	2.90	5.50	3.70	6.00	3.20	0.00	5.30
政府消费	3.10	3.40	9.70	5.10	3.50	4.00	5.00
固定投资总额	5.30	8.90	2.40	7.70	3.30	-1.80	6.50
商品和服务的出口	8.20	4.20	-1.80	11.80	1.60	4.70	4.20
商品和服务的进口	-0.40	1.80	3.80	10.20	1.00	-1.30	8.60
国内生产总值的来源（实际变化百分比）							
农业	0.60	9.40	-2.60	4.90	2.00	2.50	3.00
工业	5.50	5.00	4.60	9.10	4.50	4.30	4.00
服务业	6.30	5.50	3.10	7.60	2.60	-0.90	5.70
人口与收入							
人口（百万）	77.00	78.30	79.50	80.70	81.90	83.00	83.80
人均国内生产总值（按购买力平价计算）	23996	24779	25189	27131	27938	28363	30160
记录的失业率（平均值；百分比）	10.00	10.30	10.90	10.90	11.00	12.00	11.60
财政指标（占国内生产总值的百分比）							
中央财政收入	20.80	20.70	21.30	20.40	20.40	20.40	20.60
中央财政支出	22.00	21.70	22.40	21.90	22.20	22.60	22.70
中央政府收支差额	-1.10	-1.00	-1.10	-1.50	-1.90	-2.20	-2.10
公共债务总额	30.00	29.10	29.20	28.30	27.90	27.10	26.50
价格及金融指标							
里拉对美元的汇率（年度末）	2.32	2.91	3.52	3.78	5.62	5.73	5.75
里拉对欧元的汇率（年度末）	2.82	3.17	3.71	4.53	6.49	6.96	6.90
消费者价格指数（年度末；百分比）	8.20	8.80	8.50	11.90	20.30	12.60	8.40
M1货币存量（变动百分比）	12.60	20.70	22.80	17.70	21.60	17.00	16.40
贷款	13.20	13.70	14.70	15.80	23.70	22.30	15.70

续表

国内生产总值	2014a	2015a	2016a	2017a	2018b	2019c	2020c
经常账户（百万美元）							
贸易差额	-63593	-48128	-40892	-58955	-48366	-42043	-47163
商品：出口离岸价格	168926	151970	150161	166159	176751	186050	208370
商品：进口到岸价格	-232519	-200098	-191053	-225114	-225117	-228093	-255533
服务差额	26675	24228	15263	19938	24124	27597	30767
营业收入额	-8239	-9651	-9181	-11054	-12577	-13560	-14436
非营业收入额	1513	1442	1673	2714	2369	2237	2452
经常账户余额	-43644	-32109	-33137	-47357	-34449	-25769	-28380
外债（百万美元）							
债务额	408203	396752b	406497b	451860b	451765	452214	492867
债务还本付息额	55900	23788b	75382b	76684b	75466	72685	78909
本金偿还额	41372	11900b	60889b	60496b	53605	49104	55727
利息支付额	14528	11888b	14492b	16189b	21861	23581	23182
国际储备（百万美元）							
国际储备总额	127307	110527	106106	107657	87061	92306	98139

* a：实际数据，b：经济学人智库的估计，c：经济学人智库的预测。

一 土耳其金融业

2018 年 11 月，由土耳其中央银行计算的金融服务信心指数从 10 月跌至历史最低的 137.60 点上升至 140.10 点；100 点以上的数据表示乐观，100 点以下则表示悲观。这一指数反映出外界对土耳其金融业信心有所恢复。

接受土耳其中央银行调查的银行机构报告称，在过去的三个月，对各银行机构的服务需求发生了下降，但预计未来的三个月将会有所好转，尽管从利润上并不能反映出来。调查结果反映了一个更为稳定的金融环境，里拉汇率已从 8 月份货币危机期间的 1 美元兑 7 里拉的低点回升至约 1 美元兑 5.30 里拉。

随着金融信心的回升，市场利率似乎已达到峰值。根据土耳其中央银行的数据，在截至 11 月 9 日的一周内，所有到期的新设立里拉计价定期存款的平均利率为 23.50%，低于截至 9 月 21 日的当周 25% 的峰值。同样，新开的以里拉计价的银行信贷利率也从高点回落，截至 11 月 16 日当周为 26%—36%，而六周前为 29%—39%。然而，尽管银行持续吸引存款和从海外借款，但它们的成本已经上升，且信贷质量仍然令人担忧。虽然不良贷款仍然只占全部信贷的 3.60% 左右，但许多公司已经重组了债务或寻求与债权人达成协议。

政府鼓励银行重组企业债务，以作为支持商业所做出努力的一部分。11 月 21 日，银行监管局（BRSA）修正了 8 月 15 日的一项规定，取消一项禁止利率远低于市场利率的条款以及在债务重组背景下提供额外融资的条款。银行对发放新贷款仍持谨慎态度，高利率和未来的不确定性持续制约着信誉良好借款人的需求。银行监管局（BRSA）的数据显示，在截至 11 月 16 日的三个月里，以里拉计价的银行信贷（不包括对金融业的贷款）下降了 4%，降至 1.3585 万亿里拉（2590 亿美元）。这些数据显示，即尽管存在明显的下行风险，但金融行业应能相对较好地挺过 8 月份的货币危机。

二　土耳其通胀问题及其发展

根据土耳其统计学会（Turkstat）的数据，11 月份消费者价格指数（CPI）环比下降 1.40%。消费者价格指数年通货膨胀率由 10 月份的 25.20% 回落至 21.60%。2018 年，通货膨胀率已飙升至 15 年来新高，主要是由于里拉对美元汇率在 8 月份大幅贬值，以及全球油价走高。然而 11 月，由于里拉近期的部分复苏、油价下跌、汽车和耐用品销售税下调以及国内需求低迷，导致物价上升放缓。在交通运输品类之中，价格环比下降 6.50%，其中汽车价格下降 13.60%，汽油价格下降 5.60%。日用商品价格环比下降 2.90%，家具及陈设类价格下降 7.70%，家用电器价格下降 3.60%。由于新鲜水果、肉类和奶制品降价，波动较大的食品价格环比下降 0.70%。大多数其他品类的商品和服务价格也有所下降或小幅上涨，但由于季节性原因，服装和鞋类价格又上涨了 2.40%。而居民消费品价格指数的下降，也许预示着自汇率变化以来的通胀上涨趋势得到有效遏止。除非情况发生逆转，否则里拉的复苏和油价的下跌将在未来几个月一定程度上缓解通货膨胀的压力，尤其是如果政府最近持续进行间接税削减，并在其他税种和公共部门价格方面实行克制的情况下。然而，当前的高通货膨胀率将持续影响定价决策。里拉之前的疲软可能仍会产生一些后续影响。预计未来几个月的总体年通胀率将保持在 20% 左右，然后会在 2019 年第二季度迎来大幅下降。

表 3 - 2　　　　　　　　2017—2018 年土耳其居民消费价格指数

	2017 年		2018 年										
	11 月	12 月	1 月	2 月	3 月	4 月	5 月	6 月	7 月	8 月	9 月	10 月	11 月
居民消费价格同比变化（%）	13.00	11.90	10.40	10.30	10.20	10.90	12.20	15.40	15.80	17.90	24.50	25.20	21.60
环比变化（%）	1.50	0.70	1.00	0.70	1.00	1.90	1.60	2.60	0.60	2.30	6.30	2.70	-1.40
食物及软饮料同比变化（%）	15.80	13.80	8.80	10.30	10.40	8.80	11.00	18.90	19.40	19.70	27.70	29.30	25.70
环比变化（%）	2.10	1.50	1.70	2.20	2.00	-0.20	1.50	6.00	-0.30	0.10	6.40	3.20	-0.70
衣物及鞋类同比变化（%）	11.30	11.50	12.60	11.80	10.70	12.00	11.20	1.10	11.90	13.60	17.20	18.50	16.90
环比变化（%）	3.80	-2.40	-6.00	-4.10	1.00	5.20	0.00	-3.10	-1.60	4.00	12.70	2.40	
家用、水电气及其他燃料同比变化（%）	9.80	9.60	10.20	9.50	9.50	10.60	11.20	11.30	12.80	16.30	21.80	25.70	24.80
环比变化（%）	1.20	0.80	2.30	0.50	0.40	1.30	1.00	-1.10	1.10	3.90	5.60	4.10	0.50
日用品同比变化（%）	12.80	12.70	13.50	15.70	15.40	16.80	16.90	12.00	20.30	23.80	37.30	37.90	32.70
环比变化（%）	0.90	1.20	2.40	1.20	0.90	1.20			4.60	11.40	3.40	-2.90	
交通同比变化（%）	18.60	18.20	16.00	13.20	13.40	16.50	20.00	18.90	24.20	27.10	36.60	32.00	21.00
环比变化（%）	2.00	1.70	1.30	0.30	0.80	3.50	2.30	2.20	1.10	4.50	9.10	-0.80	-6.50

资料来源：Turkish Statistical Institute（Turkstat）。

早在 2018 年 8 月里拉对美元汇率大幅下跌之前，通货膨胀率已经居高不下，远高于央行的官方 5% 的中期目标；2017 年平均通胀率为 11.10%。2019 年，货币危机和全球商品价格上涨使通胀愈演愈烈，10 月份通胀率同比创历史新高，达到 25.30%（11 月通胀开始放缓，同比为 21.60%），推动 2019 年的平均通胀率达到 16.80%（2017 年为 11.10%）。

2019 年上半年，通货膨胀率仍将保持高位，随着里拉对美元汇率的普遍稳定、全球油价上涨受限以及现有闲置产能，通货膨胀将逐步缓和。平均而言，预计 2019 年的通胀率为 16.60%，将略低于 2018 年的水平。2020 年通货膨胀将继续维持平稳态势，平均通货膨胀率预计为 9.10%。这是由于美国经济放缓，全球石油价格下跌，并且兑美元汇率（名义上）仅小幅贬值。在 2021—2023 年，通胀率预计将稳定在平均 7.30% 的水平，仍然高于中央银行 5% 的中期目标。这几年的经济增长将接近经土耳其潜在经济增长率（限制上行的通胀压力）。

三 土耳其里拉对美元汇率

2017 年里拉对美元平均贬值近 18%。2018 年全年里拉进一步贬值，平均贬值率约为 25%（以票面价值计算）。里拉在 2018 年 1—8 月大幅贬值，8 月 13 日汇率一度达到 1 美元兑 7.20 里拉。在经历了 9 月份的大幅回暖后，预计里拉对美元汇率在今后一段时期将大体维持稳定。这种预测不是没有依据的，因为美国和土耳其紧张关系的缓和，里拉对美元汇率的贬值使活期账户赤字大幅减少，配合紧缩的货币政策立场，将有助于汇率在近期内保持稳定。

2019 年里拉对美元继续贬值，尽管速度比 2018 年慢得多。国内经济和金融形势正常化将给汇率提供支持。然而，随着中美双边贸易战的影响逐步扩大，全球经济降温导致新兴发达经济体出现预期的衰退，发达经济体央行收紧货币政策态势。因此，预计 2019 年的平均汇率为 1 美元兑 5.70 土耳其里拉。2019 年汇率的风险可能会上升。土耳其经济在 2018 年至 2019 年经历了意料之中的下滑之后，在 2020 年应该会开始更加显著地增长，预计 2020 年里拉对美元的汇率将基本保持稳定。此后，在 2021—2023 年，预计里拉对美元名义汇率将逐步走低，到 2023 年底将达到 1 美元兑 6.30 土耳其里拉。

四 土耳其失业率

2017 年末，土耳其就业增长开始放缓，而随着该国货币对美元和欧元大幅贬值，加之通货膨胀和利率上升，目前就业增长率正进一步放缓。所有的这些原因都导致国家内需下降，并且让许多公司陷入财务困境。土耳其统计学会基于调查的数据显示，2018 年 8 月，有 2930 万人（数据未经调整）从事着某些形式的就业，较 2017 年同时期增加 41 万人。考虑到土耳其人口以每年略微低于 2% 的稳定速度增长，相对疲软的就业增长并不足以跟上劳动力的增长。结果导致失业人数上升了 26.60 万，达到 370 万。有 220 万人尚未包含在失业数据中，这些人可以找到工作，但出于某种原因，他们并没有找到。8 月，季节性调整后的失业率达到 11.20%，根据土耳其统计学会（Turkstat）的说法，这是 15 个月以来的最高值。

2018 年 8 月，制造业就业率较 2017 年同比增长 5.10%，但农业和困境中的建筑业分别下降了 4.30% 和 9.10%。服务业占所有就业岗位的一半以上，其就业率较 2017 年同比增长 4.30%。在食宿方面，可能由于强大的游客需求，其就业率上升较高，达到 9.10%。

在季节性调整后的基础上，自从 2017 年 12 月和 2018 年 2 月的 9.90% 触底之后，失业率一直在持续攀升。经季节性调整后的数据消除了就业市场的显著季节性变化，这些变化在夏季的诸如农业和旅游业的产业尤为明显。

由于经济活动的放缓，失业率上升的趋势看来还要持续好几个月。2019 年 9 月的工业生产指数同比（时间性调整后）和环比（时间性与季节性调整后）下降了 2.70%。10 月经季节性调整后的制造业产能利用率掉了 0.80 个百分点，下降至 75%，与此同时，经济信心指数从 9 月的 71 跌到了 9 年以来的最低值 67.50（悲观与乐观的态度分水岭为 100）。综上所述，土耳其 2019 年的失业率预计可能达到 12%。

五　土耳其国际收支概况

根据土耳其中央银行的国际收支数据，2018 年 9 月份经常项目余额显示盈余 18 亿美元，而 2017 年同期赤字为 44 亿美元。2018 年前 9 个月，经常项目赤字为 300 亿美元，而 2017 年同期为 313 亿美元。

土耳其的贸易和经常项目赤字结构庞大，依靠净资本流入维持外汇储备，并在货币对美元或欧元贬值时支持里拉。然而，由于 8 月份里拉的大幅贬值，经济活动的预期相应降低，抑制了进口需求。因此，贸易逆差明显缩小。贸易差额的缩小与季节性的高旅游收入同时出现，旅游收入是服务平衡的最重要组成部分。因此，2018 年 8 月和 9 月出现了异常的经常项目盈余。

表 3 - 3　　　　　　　　　土耳其国际收支情况表① 　　　　（单位：百万美元）

	2013 年	2014 年	2015 年	2016 年	2017 年	2018 年 1—2 月	2019 年 1—2 月
国际收支平衡	-63642	-43644	-32109	-33137	-47357	-31291	-29992
对外贸易差额	79917	63593	48128	40892	58955	-40987	40932
劳务收支	23618	26675	24228	15263	19938	15585	18990
基本收入余额	-8620	-8239	-9651	-9181	-11054	-7780	-8397
次级收入余额	1277	1513	1442	1673	2714	1891	347
固定资产账户	72512	42057	10522	22981	38391	33969	-4201
储备资产变动	-9911	468.0	11831	-813	8207	469	16886
净误差	1041	1119	9756	10969	759	-3147	17307

＊ 负数表示增加。

就国际收支而言，9 月份的贸易逆差仅为 8.25 亿美元，而 2017 年 9 月为 67 亿美元。贸易部 10 月份的初步贸易数据显示，出口同比

---

① 资料来源：土耳其中央银行，转引自 https：//www.eiu.com/public/signup.aspx，2019 年 6 月 12 日。

增长13%，进口同比下降24%，这意味着经常项目也可能在10月份产生盈余。

尽管经常账户出现盈余，但9月份资本进一步净流出，尽管里拉最近恢复了2019年早些时候对美元损失的部分价值。这主要是由于银行在海外持有更多外币，并偿还外国贷款。根据国际收支数据，9月份官方外汇储备减少了81亿美元。据土耳其央行每周发布的数据显示，外汇储备总额（不包括黄金）从9月28日的670亿美元降至10月19日的653亿美元，随后在11月2日回升至692亿美元。

土耳其活期账户赤字占GDP的比重从2017年的5.6%降至2018年的4.6%，因为里拉对美元贬值会抑制进口（由于国内需求减小）并提高出口竞争力。在2019—2023年，预计平均年度经常账户赤字将会减少至GDP的3.60%。由于里拉贬值，使得土耳其外贸竞争力显著提高，从而缓解了通货膨胀，再加上闲置产能的出现，将在中期促进出口，减少进口。

土耳其宏观经济在2018年由于前期积累的诸多问题未能得到有效解决，在对美贸易争端的背景下得以发酵，促成了2018—2019年土耳其里拉对美元的大幅度贬值及其连锁影响导致的土耳其经济的衰退。从土耳其历年发展情况来看，其在政治稳定性与通胀率、失业率的控制上难以达到预期目标，但在公共财政上风险不大。随着土耳其里拉对美元汇率的日趋稳定，土耳其外贸形势将得到改善，土耳其经济有望恢复较高水平发展。然而，国内政治的不明朗前景与土耳其和西方盟友彻底翻脸的可能性，使得土耳其未来宏观经济不确定性增加。对于中国企业来说，在土投资无疑具有一定风险，对于土耳其未来几年的发展，综合各方数据与分析，应持审慎乐观之态度。

第 四 章

中国—土耳其关系的历史与现状

地处亚洲大陆东西两端的中国和土耳其，虽然地理上相距遥远，但历史上一直保持着友好交往。中华人民共和国的建立为中土关系翻开了新的历史篇章。虽然两国在 1971 年 8 月就正式建立了外交关系，但在冷战背景下，中土关系的发展并不顺利，政治、经济和文化往来都处于一种低水平状态。直到冷战结束后，随着国际形势和中土国内情况的变化，两国关系才出现了较快发展的势头。近 20 年来，中国与土耳其关系发展迅速，已进入了一个以战略合作伙伴关系为标志的新阶段。但与此同时，两国关系中的一些矛盾和问题也开始凸显。新的形势需要中土两国高瞻远瞩，妥善处理分歧，致力于构建互利双赢的新型战略合作关系。

第一节　早期的敌对状态

土耳其共和国于 1923 年 10 月建立。1934 年 4 月，土耳其与当时的中华民国签署了《中土友好条约》，两国正式建立了外交关系。1949 年 10 月中华人民共和国成立后，土耳其政府奉行"亲美、反苏、反共"的对外政策，拒绝承认新中国。由于受冷战时期国际大格局的影响，从中华人民共和国建立到 20 世纪 60 年代中期，中国与土耳其一直处于互相敌对的状态，主要表现在以下几方面：（1）土耳其紧跟美国的反共立场，认为中华人民共和国不具备国际法意义上的"合法性"，因此拒不承认新中国，继续与中国台湾国民党政府保持着"外交关系"。1958 年 4 月，土耳其总理曼德列斯还到中国台湾进行过"国事"访问，受到台方隆重接待。（2）朝鲜战争爆发后，土耳其不仅追随美国在联合国投票支持谴责中国是"侵略者"的决议，而且还派兵参加"联合国军"，在朝鲜战场上与中国人民志愿军兵戎相见。（3）中国新疆和平解放后，穆罕默德·伊敏、艾沙·玉素甫·阿布泰金等一批"疆独"分子逃到国外，20 世纪 50 年代初先后经印度克什米尔等地辗转来到土耳其。土耳其不仅收容了这些"疆独"分子，还支持他们成立"东突厥斯坦流亡者协会"等组织，创办《东突厥斯坦之声》等刊物，从事分裂中国的活动。①

朝鲜战争中，土耳其是派兵参加"联合国军"的 16 个国家之一，也是唯一参战的中东国家，出兵人数排在美、英、加之后居第四，其出兵的理由是"不对抗联合国多数国家的意愿"。1950 年 9 月，土耳其派出了由 5090 人组成的一个步兵旅前往朝鲜，于 10 月抵达釜山港，11 月在军隅里战役中与中国人民志愿军相遇，土军遭到重创。土军采取轮换制，先后派出了三批部队，总计 1.5 万人。朝鲜战争中，土军共伤亡 3514 人（其中阵亡 741 人），244 人被俘。②有学者分析，土耳其之所以积极派兵参加朝鲜战争，并非它在朝鲜有什么利益，而且它主要也不是针对中国的。因为早在 7 月土耳其就决定出兵朝鲜，而直到 10 月中国人民志愿军才入朝参战。土耳其的行动更多的是针对苏联，它希望以此来讨好美国和西方，换取一张加入"北约"的入场券。③然而，土耳其出兵朝鲜，使中土两个民族

---

① 董漫远：《中国与土耳其关系的历史与未来》，《阿拉伯世界研究》2010 年第 4 期，第 53—58 页；潘志平、王鸣野、石岚：《"东突"的历史与现状》，民族出版社 2008 年版，第 133 页。

② 肖宪等：《土耳其与美国关系研究》，时事出版社 2006 年版，第 105—106 页。

③ Yitzhak Shichor, *Ethno-Diplomacy*：*the Uyghur Hitch in Sino-Turkey Relations*, the East-West Center, Honolulu, 2009, p. 9.

第一次在战场上兵戎相见，在双方心理上都留下了长期的负面影响。在中国看来，土耳其是敌视中国的反动派，是美帝国主义忠实的"帮凶"和"走狗"，并公开支持土耳其国内的左派运动。而在土耳其人眼中，红色中国也是"邪恶的敌人"和"幼稚的共产主义信仰者"。①

1952 年 2 月，土耳其如愿以偿地被接纳进入北约，并获得了大量"美援"。土耳其也为美国提供了多个军事基地，驻土美军达 1.5 万多人，土美关系也变得更加紧密，这也意味着中土之间更加敌对。中国对土耳其追随美国的政策进行了激烈的抨击，称曼德列斯政府为美帝国主义在中东的"宪兵"：

> 曼德列斯政府是美帝国主义一手扶植和大力支持的，这个政府多年以来一直执行着出卖民族利益的卖国政策，把土耳其变成为美国的附庸国，而使两千七百万人民陷于水深火热之中。美帝国主义一向把曼德列斯政府看作是推行其扩张侵略和战争政策的重要工具，特别是作为进攻社会主义阵营的跳板和镇压中东民族独立运动的宪兵。……美国在土耳其不但设有星罗棋布的基地，派有大批的驻军，美国的"专家"和"顾问"渗入到土耳其几乎每一个政治、经济和军事部门，严密地控制着土耳其的每一根脉管。②

毛泽东在一次讲话中也点了曼德列斯的名，他说："当前世界上最大的帝国主义是美帝国主义，在很多国家有它的走狗。帝国主义所支持的人，正是广大人民所唾弃的人。蒋介石、李承晚、岸信介、巴蒂斯塔、赛义德、曼德列斯之流，或者已经被人民所推翻，或者将要

---

① 《人民日报》社论：《支持土耳其人民》，1960 年 5 月 5 日第 4 版；昝涛：《中土关系及土耳其对中国崛起的看法》，《阿拉伯世界研究》2010 年第 4 期，第 60 页。

② 《人民日报》社论：《美帝国主义从土耳其滚出去》，1960 年 5 月 4 日第 1 版。

被人民所推翻。"① 果然，1960 年 5 月 27 日，土耳其军队发动政变，逮捕了总理曼德列斯，次年对其实施绞刑处决。中国报纸欢呼"又一美国走狗倒台"，并称这是"土耳其青年和人民的胜利"。然而，以古尔塞勒为首的军人政府很快就宣布土耳其将继续奉行亲美外交政策，继续留在"北约"和"中央条约组织"，也无意同苏、中发展关系。显然，这一时期的中土关系已成为冷战的牺牲品。

第二节　中国与土耳其建交

从 20 世纪 60 年代中期开始，中土关系出现了松动。这主要是因为：中国 1964 年成功爆炸了原子弹、与部分欧洲国家建交，中国的国际环境大为改观；土耳其国内一些人对政府追随西方、敌视中国的外交政策提出批评，新上台的人民党政府对外交政策进行了调整。土新政府认识到，土中之间并无根本的利害冲突，中国国际地位的提高需要土改变对华政策。中土双方通过一些渠道，试图改善与对方的关系。从 1965 年到 1971 年，两国记者和贸易代表团进行了多次互访。1966 年土耳其发生大地震，中国通过中国红十字会向灾区捐款捐物，土方表示了感谢。同年，中国国际贸易促进会派团访问土耳其，双方签订了贸易协定和经济技术合作协定。但双方改善关系的势头因中国国内的"文革"而中断。

进入 20 世纪 70 年代后，中土交往重新开始升温。这主要是因为：其一，中国"文革"最混乱的阶段已过去，中国领导层开始采取"一条线"的抗苏战略，加快了与包括土耳其在内的一批亲美国家改善关系的步伐。其二，土耳其也调整了其对外政策，决心改善与

---

① 毛泽东：《接见伊拉克、伊朗、塞浦路斯三国代表团时的谈话》（1960 年 5 月 9日），载《建国以来毛泽东文稿》（第 9 册），中央文献出版社 1996 年版，第 183—184 页。

中国的关系。人民党领导人埃杰维特发表讲话，称土耳其"不仅要同苏联，也要同其他社会主义国家发展友好关系"。其三，1969 年尼克松发表关岛讲话，既缓和同苏联的关系，中美关系也逐渐开始解冻，为中土关系的改善创造了重要条件。1971 年，中国政府总理周恩来两次接见土耳其的友好人士和经贸代表团，双方加快了相互接触和改善关系的步伐。

1971 年 8 月 4 日，中土两国代表在巴黎签署建交公报，宣布两国根据尊重独立、主权、领土完整、不干涉内政、权利平等和互利的原则，决定自即日起建立外交关系。土耳其政府承认中华人民共和国政府为中国的唯一合法政府。同日，土耳其断绝与中国台湾当局的所谓"外交"关系，中国台湾驻安卡拉"使馆"降格为"经济与文化代表处"，驻伊斯坦布尔"总领馆"降格为"商贸办事处"。除土耳其外，1971 年中国还与科威特、伊朗、黎巴嫩和塞浦路斯另外 4 个中东国家建立了外交关系。中土建交是两国关系史上的重大事件，既符合两国的利益，也顺应了时代潮流。两国关系以建交为起点，进入了逐渐增加相互了解、探索实质性合作的新阶段。

1971 年 10 月，土耳其在 26 届联合国大会上对恢复中国合法席位的 2758 号决议投了赞成票，对美日"重要问题"提案投弃权票。1972 年 4 月，中土两国分别在安卡拉和北京互设大使馆，中国首任驻土耳其大使刘春和土耳其首任驻中国大使努里·埃伦先后到任。1978 年 6 月，中国外交部部长黄华访问了土耳其，这是建交以来双方之间的首次高层访问。土总理埃杰维特、外交部部长厄克钦分别与黄华会见和会谈。当年 11 月，中国全国人大常委会副委员长乌兰夫也率团访问了土耳其。1981 年 12 月，土外交部部长蒂尔克曼首次访华，这也是对黄华外长 1978 年访土的回访。

建交后的 20 年里，中土双边关系在冷战阴影下缓慢发展。其间，中国开始实行改革开放政策，外交的重点是从发达国家获取资金与技术，以及联合第三世界国家，反对霸权主义，维护世界和平。土耳其厄扎尔政府自 80 年代中期开始执行经济改革和对外开放政策，其外交重点是维护与美国的盟友关系，发展与欧洲国家和中东国家经贸关系及抵御苏联的威胁。① 这一时期中土双边关系的基本特点表现为政治关系发展较快，而经济关系却发展缓慢。土耳其虽然断绝了与中国台湾当局的外交关系，但与中国台湾当局仍保持着较多经济往来。1986 年，中国台湾当局在土耳其伊斯坦布尔设立了"远东贸易服务中心办事处"，1989 年中国台湾当局又在其首都安卡拉设立了"台北经济文化协会办事处"，1990 年，土耳其与中国台湾地区双边贸易额超过 3 亿美元，1992 年达到 3.5 亿美元。

建交后中土两国间交往逐渐增多。双方相继签署了《中土贸易协定》《中土领事条约》《相互保护投资协定》《民事、商事和刑事司法协助协定》《避免双重征税和防止偷税协定》《中土海运协定》等一系列协定。1982 年 12 月土耳其总统埃夫伦访华和 1984 年 3 月中国国家主席李先念访土，1985 年 7 月厄扎尔总理访华，紧接着 1986 年 7 月赵紫阳总理访土。两国建立了不定期政治磋商机制，巩固了联合防苏这一战略默契，推动了中土政治关系的发展。土耳其一直奉行一个中国政策，与中国台湾地区只保持经贸关系和民间往来。② 1989 年春夏之交北京发生政治风波，土耳其采取了与以美国为首的西方国家迥然不同的立场，认为他国无权干涉中国内政，并呼吁解除对中国的制裁。中国方面也投桃报李，对土耳其与希腊在塞浦路斯的争端、库尔德政策等问题上严守中立。

但经贸关系发展却一直较为缓慢。尽管中土 1982 年建立了经济、工业和技术合作委员会这一协调机制，并就增加双边贸易、加强电力合作签署了备忘录，但到建交 14 年后的 1985 年，中土双边贸易额仅为 1 亿美元，到 1988 年才增至 3.3 亿美元，而同年中国与土耳其邻国伊朗的贸易额却超过了 10 亿美元。中土经贸关系发展滞后主要有两个

---

① 卜爱华：《土耳其的投资环境与政策》，《国际贸易》1995 年第 8 期，第 26—27 页。

② 黄维民：《中东国家通史·土耳其卷》，商务印书馆 2002 年版，第 325 页。

原因：一是双方均把发展关系的重点锁定在政治领域，双方又都把对外经济关系重点放在欧、美、日等发达国家；二是双方都属于发展中国家，经济上的互补性不强。显然，从建交到冷战结束的大部分时间里，中土间除了联合抗苏这一政治利益外，其他的共同利益并不多。

第三节　冷战后双边关系的快速发展

冷战结束为中土调整双边关系带来了新的动力。一方面，苏联威胁的消失解除了束缚中土发展双边关系的手脚；另一方面，冷战后凸显出一些需要双方共同面对和合作的全球性或地区性问题，如中亚新独立国家、中东和平进程、阿富汗问题、伊拉克战争、反恐合作等。

这一时期，两国政治关系顺利发展，高层互访大量增加。从1995年至2015年的20年间，中土高层领导人多次互访：土耳其总统德米雷尔（1995年）、总理埃杰维特（1998年）、正义与发展党主席埃尔多安（后担任总理和总统，2003年）、总统居尔（2009年）、总理埃尔多安（2012年）、总统埃尔多安（2015年）先后访问中国。中国国家主席江泽民（2000年）、总理朱镕基（2002年）、总理温家宝（2010年）、国家副主席习近平（2012年）、国家主席习近平（2015年）也先后访问了土耳其。两国议会（人大、政协）领导人和外交部长的互访也十分频繁。这些访问表明两国政治关系良好。[①]

作为两个发展中的地区大国，中国和土耳其均着眼于未来，希望通过相互合作，在国际舞台上发挥与自己政治、经济和军事力量相称的作用。

对于中国来说，土耳其的重要性主要体现在两个方面，一是地缘政治，二是经贸伙伴。土耳其的地缘战略位置十分重要，它地跨欧亚

---

① 参见肖宪《当代中国—中东关系》，中国书籍出版社2018年版，第391—392页。

两大洲，控制着黑海进入地中海的咽喉要道。土耳其还是一个涉及三个重要地区的区域性大国：它既是一个中东伊斯兰国家，也是一个北约成员国和准欧盟国家，同时它还是一个与中亚有着密切关系的突厥语国家。这种"中东、欧洲、中亚"三位一体的身份，是其他任何国家所不具备的。而这三个地区对中国都具有重要的现实意义：中东是当代国际政治的热点地区，中东石油对中国的发展至关重要；北约是全球最强大的军事组织，欧盟也是中国最重要的贸易伙伴；中亚则紧邻中国，与中国有着十分紧密的安全和经济合作关系。

尽管中土两国并不接壤，中间隔着亚洲大陆，但 1999—2001 年的"瓦良格"号事件使中国对土耳其作为欧亚桥梁的地缘政治重要性有了新的认识。1998 年，一个中国企业从乌克兰买下了苏联未完成的"瓦良格"号航空母舰。该舰没有动力，中方想用拖轮将其拖过土耳其黑海海峡前往中国时，却遭到了土方拒绝，理由是"船体过大、影响海峡正常通航"，但据说背后还有美国和北约对土施加的压力。中国与土耳其为此进行了长达 15 个月的谈判，最后在中方满足了土方提出的多项条件（包括中国承诺每年安排 100 万旅游者访土、向土提供经济援助）之后，土耳其才于 2001 年 12 月放行"瓦良格"号。[①]"瓦良格"号事件固然反映了各方的利益博弈，但也凸显了土耳其的地缘战略重要性。

而对于土耳其来说，中国的重要性也是不言而喻的。首先，中国是一个政治大国，是联合国安理会五大常任理事国之一。土耳其在许多方面都需要中国的支持，其中包括经常在联合国会议上涉及的中东问题、塞浦路斯问题、库尔德问题等。其次，中国是一个经济大国，现已成为世界第二大经济体，中国的市场、资金、技术都是土耳其希望合作的内容。最后，中国是一个亚洲大国。近年来土耳其在外交上

---

① "瓦良格"号经改装后，2012 年更名为辽宁号，成为中国海军的第一艘航空母舰。参见《瓦良格号回国始末》，http：//war. news. 163. com/09/1016/18/5LP23APR00011 MSF. html。

"转向东方"，希望加强与亚洲，尤其是东亚的关系，中国可成为其进入东亚的方便之门。同时，中国作为上海合作组织的发起国和东道国，也可为土耳其进一步在中亚发挥作用提供方便。

在许多国际及地区问题上，中土都持相同或相近的立场，如双方承诺将致力于打击一切形式的国际恐怖主义、民族分裂主义、宗教极端主义，加强在该领域的合作。[①] 在中东和谈问题、阿富汗问题、伊拉克问题和伊朗核问题上，双方也都持相同或相近的立场，因为中东的和平与稳定符合两国的利益。在涉及两国自身的一些重大问题上相互支持，如土耳其加入欧盟、反恐和中国的台湾问题等，双方彼此都给予支持。正是在此基础上，2010 年 10 月中国总理温家宝访问土耳其时，双方发表联合声明，宣布正式将两国关系提升为战略合作关系，在事关对方核心利益的问题上相互支持，全面提升各个领域的合作水平。

在近年中国的外交关系中，根据与对象国的友好合作程度，以及对象国的地理区位，分别将其定位为全面战略合作伙伴关系、全面战略伙伴关系、战略合作伙伴关系、战略伙伴关系、全面合作伙伴关系等不同层级。中国的"战略合作伙伴关系"国家主要是那些位于中国的周边或者"大周边"，而且与中国有较多经济往来的国家。除土耳其外，印度、韩国、阿富汗、斯里兰卡等也是中国的"战略合作伙伴"国家。

第四节　中土经贸关系

土耳其不仅地缘战略位置十分重要，其经济实力亦不容小觑。土耳其国土面积 78.4 万平方公里，人口 8081 万，全球排名第 18 位。2017 年土耳其 GDP 总量为 8511 亿美元，全球排名第 17 位，因此也是世界大国俱乐部 G20 的成员。2017 年土耳其的人均 GDP 为 10541

---

① 《人民日报》2002 年 4 月 17 日第 1 版。

美元，从全球来看也算是一个较大规模的中等发达国家，在中东地区则是数一数二的大国。

冷战结束后，中土两国政府都把发展双边经贸关系放在重要位置，经贸合作发展迅速。中国总理朱镕基 2002 年 4 月访问土耳其时，与土总理埃杰维特签署了《中土海关事务合作互助协定》等 4 个协定，两国建立了土中经济合作委员会，将交通、电力、冶金、电信等领域作为双方经贸合作的重点。自 20 世纪 90 年代以来，双边贸易飞速发展。1988 年中土贸易额仅为 3.3 亿美元，1999 年突破 10 亿美元大关，10 年间增长了 3 倍。从 2000 年至 2010 年，双边贸易额又从 12 亿美元猛增到 151 亿美元，10 年间增长了 13 倍。2018 年中土双边贸易额 215.5 亿美元，其中中国对土出口 177.9 亿美元，自土进口 37.6 亿美元。目前，中国已成为土耳其全球第二大贸易伙伴（第一为欧盟）和第一大进口来源地。土方领导人还表示希望把中土双边贸易额提升至 500 亿美元，中土贸易前景广阔。

表 4-1　　　　　　　　1990—2018 年中国与土耳其贸易额①　　　　（单位：万美元）

年份	进出口总额	出口额	进口额
2018	2155465	1779055	376310
2016	2156505	1861705	294800
2014	2301085	1930546	370540
2012	1909557	1558456	351101
2010	1511058	1194204	316854
2008	1256925	1060631	196293
2006	806924	730328	76595
2004	341267	282129	59138
2002	137783	108904	28879
2000	120464	107789	12675

① 参见肖宪《当代中国—中东关系》，中国书籍出版社 2017 年版，第 377 页，以及《中国与土耳其 2018 年双边经贸概况》，中国驻土耳其经商参处网站。

续表

年份	进出口总额	出口额	进口额
1998	70185	65907	4278
1996	50072	40661	9411
1994	64839	18455	46384
1992	17747	6892	10855
1990	9020	4926	4094

中国向土耳其出口的主要商品为机电产品、纺织品和金属制品。这三类商品占 2016 年中国向土耳其出口总额的 74.10%，其中仅机电产品就占中国向土耳其出口额的一半以上。除这三类商品外，化工产品、家具玩具制品等也是中国向土耳其出口的大类商品。而在中国从土耳其的进口中，矿产品一直是最主要的商品，2016 年占中国从土进口总额的 57.20%；化工产品是中国从土进口的第二大类产品，在进口中的比重为 9.30%；纺织品为第三大类产品，所占比重为 8.80%。

双边贸易大幅增长对两国来说都是一件好事。但随着双方贸易量的增加，中土之间严重的贸易不平衡问题也凸显出来。从表 4–1 可以看出，中土贸易不平衡始自 90 年代中后期，以后逐年扩大。1995 年，中土贸易总额为 5.75 亿美元，其中土耳其从中国进口 4.31 亿美元，土耳其对中国出口 1.44 亿美元，土方的逆差只有 2.87 亿美元。2010 年时，中土双边贸易额为 151.10 亿美元，其中土耳其自中国进口 119.40 亿美元，而土耳其对华出口为 31.60 亿美元，土方逆差 87.80 亿美元。到 2014 年时，中土贸易额为 230.10 亿美元，其中土耳其自中国进口 193.10 亿美元，对中国出口仅为 37.10 亿美元，土方逆差高达 156 亿美元。[①]

中土贸易之所以会出现巨大的逆差，主要是两方面的原因：一是

---

① 如果按土耳其方面的统计，土中贸易逆差更大。2014 年，土中贸易额为 277.40 亿美元，其中土耳其自中国进口 248.80 亿美元，对中国出口 28.60 亿美元，土方逆差为 220.20 亿美元。参见王勇、希望、罗洋《"一带一路"倡议下中国与土耳其的战略合作》,《西亚非洲》2015 年第 6 期，第 70—86 页。

中国对土耳其产品的需求很小，主要是少数特色资源类产品，而中土产业结构趋同，双方商品的竞争性大于互补性，中国产品具有较大的比较优势和市场竞争力；二是中国、土耳其均把欧盟作为目标市场。土耳其与欧盟1996年就建立了关税同盟，一些土贸易公司从中国的进口商品，再利用土欧关税同盟之便，转卖到欧洲市场，从中谋取差额利润，这也使得中土贸易不平衡不断加大。

贸易不平衡问题在一定程度上影响到了两国关系。几乎每位访华的土耳其官员都要谈贸易逆差问题，敦促中方采取措施，实现贸易平衡。土耳其国务部长库尔夏德·图兹曼2006年访华时认为中国的高关税是导致贸易不平衡的原因："我们的海关关税非常低，平均关税只有3%—3.4%；相反，当同一个产品出口到中国市场的时候，关税却高达20%—40%。"2009年土总统阿卜杜拉·居尔访华时，也表示希望中国加大在土投资，增加到土耳其旅游的人数，扩大中国市场向土商品开放。[1] 贸易不平衡也导致中土间贸易争端和摩擦急剧增加。土耳其对中国商品采取了多种限制性措施，包括反倾销、保护措施、实施配额等多种手段。而一些对中国不友好的土耳其政客一再就双边贸易不平衡问题攻击中国。[2]

中国方面对这一问题也很重视。早在2010年初，中国商务部部长陈德铭就访土与土方探讨解决贸易不平衡问题，表示不希望扩大对土贸易顺差，并提出四点建议：一是中方积极扩大自土的进口，促进中土贸易平衡发展；二是扩大中土相互投资；三是扩大中土经济技术合作，推动工程承包和项目融资；四是加强合作，妥善处理贸易摩擦。2018年11月，在中国举办的首届国际进口博览会上，中国苏宁公司同土方签署了购买5亿欧元商品的协议。土耳其的樱桃、开心

---

① 土耳其外交部：《土—中商务和经济关系》，2009年8月15日，http://www. mfa. gov. tr/turkey's-commercial-and-economic-relations-with-china. en. mfa。

② 昝涛：《中土关系及土耳其对中国崛起的看法》，《阿拉伯世界研究》2010年7月第4期。

果、橄榄油等高品质农产品也逐步进入中国市场。总之，在双方的共同努力下，中土贸易不平衡的问题有望逐步得到解决。

第五节　投资和工程承包

土耳其的经济开放程度高，总体营商环境较好，并致力于吸引外来投资。近年来中国与土耳其之间除了双边贸易快速发展外，双向投资和中国企业在土工程承包也在稳步增长。

据中国商务部的数据，2007 年中国对土耳其非金融类直接投资仅为 161 万美元，到 2012 年为 1 亿美元，2013 年 1.7 亿美元，2014 年 1 亿美元，2015 年 1.86 亿美元，2016 年 4611 万美元，2017 年 4289 万美元；截至 2017 年底，中国累计在土直接投资额为 13.01 亿美元。中国企业投资领域不断扩展，从传统的矿业向农业、制造业、交通、能源、电信、金融等扩展。2016 年土耳其来华直接投资 3205 万美元，2017 年 1750 万美元。截至 2017 年底，土在华共投资了 810 个项目，累计投资额为 2.60 亿美元。

土耳其是中国企业在中东地区重要的工程承包市场之一，近年来完成的工程项目和承包金额都在稳步增长。据中国商务部统计，2015 年，中国在土耳其工程承包合同额为 31.65 亿美元，营业额 13.39 亿美元；当年派出各类劳务人员 4634 人，年末在土耳其劳务人员为 6740 人。2016 年，新签工程承包合同额 6.60 亿美元，完成营业额 21.50 亿美元；2017 年新签工程承包合同额 8.28 亿美元，完成营业额 12.04 亿美元；2018 年新签工程承包合同额 11.60 亿美元，完成营业额 6.70 亿美元。截至 2018 年底，中国在土累计签订工程承包合同额已达 200 亿美元，完成营业额 144.90 亿美元。[①]

---

① 中华人民共和国商务部：《中国土耳其经贸合作简况》，http://www.mofcom.gov.cn/article/jiguanzx/201902/20190202836073.shtml。

截至 2017 年 2 月，在土耳其境内中方投资的公司共计 849 家，主要集中在电信、金融、交通、能源、采矿、制造、农业等领域。拥有中国资本的土耳其公司超过 600 家。中国的一些大型企业都对土耳其进行了投资，如华为技术有限公司（通信）、浙江能源集团（能源）、中国铁路建设公司（交通运输）、中轻资源（采矿业）、哈尔滨电气集团（能源）、工商银行（金融业）、天虹纺织集团有限公司（纺织业）等。中国投资或承包的一些工程项目很具有代表性，在土耳其也产生了很大影响。例如，中国为土耳其发射 GK-2 地球观测卫星，建设埃伦 60 万千瓦燃煤机组电站、托斯亚利钢铁厂 950 毫米热连轧和板坯连铸、华为研发中心、中电光伏组件厂、伊斯坦布尔昆波码头、胡努特鲁燃煤电站、安卡拉及伊斯坦布尔地铁车辆等项目。

安卡拉—伊斯坦布尔高铁项目。2014 年 7 月建成通车的安—伊高铁，连接土耳其首都安卡拉和最大的港口城市伊斯坦布尔，其中由中铁承建的路段全长 158 公里，合同金额 12.70 亿美元，设计时速 250 公里，是工程量最大，也是难度最高的一段路。这也是中国企业在海外组织承揽实施的第一个电气化高速铁路项目，对推动中国高铁"走出去"具有重要战略意义。安—伊高铁项目从 2003 年 8 月签署合作谅解备忘录开始启动，历时整整 11 年。该项目 2011 年 11 月正式开始铺轨，2014 年 7 月全线建成通车。安全、舒适、准时的安—伊高铁使往来土两大城市的时间从原来的 10 个小时缩短到 3 个半小时，2015 年往来安卡拉与伊斯坦布尔之间的乘客达到 200 万人次，比 2014 年翻了一倍。作为中国第一条"走出去"的高铁，安—伊高铁成了"中国制造"在海外的实力代言工程。[1]

盐湖地下天然气储库项目。土耳其对外能源依赖十分严重，尤其是在寒冷的冬季，全国都需要靠天然气取暖和发电。土耳其一直

---

[1] 王勇、希望、罗洋：《"一带一路"倡议下中国与土耳其的战略合作》，《西亚非洲》2015 年第 6 期，第 70—86 页。

有建造大型天然气地下储气库的计划，但由于种种原因，一直未能成功实施。2012 年 5 月，中国化学工程集团公司所属的天辰公司击败了来自德国、印度、俄罗斯等国的众多国际工程公司成功中标，与土石油管道公司签订了 10 亿立方米的盐湖地下天然气储气库项目总承包合同。该项目是土耳其第一个储气库项目，也是目前全球最大的地下天然气储库之一。这既是一个战略工程，又是一个民生工程，因而受到土耳其各界的广泛关注。2017 年 2 月，盐湖地下天然气储库项目完成并举行第一口井注气仪式，土总统埃尔多安出席仪式并发表演讲，对项目成果给予高度评价，对中国企业给予了充分肯定。

第三座核电站建设项目。土耳其的第一座核电站是由俄罗斯建设的，第二座由日本和法国联合建设。据土耳其媒体 2018 年 8 月报道，土能源和自然资源部部长法提赫·登梅兹表示，第三座核电站建设项目将与中国共同落实。他说："我们打算在色雷斯修建第三个核电站，我们将与中国展开这项工作。伊斯坦布尔和马尔马拉海区域的用电需求很高，因此我们认为色雷斯是最佳地点"，"中方对于技术转让的问题相当开放，因此我们将与中国建造第三个核电站"[①]。此前，美国、日本公司也曾对核电站项目表示了兴趣，但中国在项目招标中处于领先地位。中土企业间已签署了合作备忘录，接下来还需签署中土政府间的合作协议。第三座核电站项目将使用 CAP1400 技术，这是中国经过 10 年努力，在 AP1000 技术基础上，自主研发的更大功率、更安全、更经济的大型非能动先进核电型号，是中方具有自主知识产权和独立出口权的第三代技术。近年来，作为中国制造新名片的核电，在技术标准、装备制造、人才队伍等方面加快"走出去"，已引起了海内外的广泛关注。

---

① 《高铁之后中国又一大工程要出口》，http://www.sohu.com/a/246146502_652261。

第六节 中亚与中土关系

中亚地处欧亚大陆腹地，其特殊的地理位置和里海地区丰富的石油和天然气资源，使得周边以及外部各种力量都十分重视发展与中亚国家的关系。中亚东邻中国，西邻土耳其，冷战后土耳其和中国都将中亚作为自己的外交重点。因此，中亚对中土关系也有重要影响。

苏联解体后，土耳其对中亚国家外交上率先承认，经济上慷慨解囊，政治上竭力拉拢，文化上全面渗透，中亚一度成了"土耳其外交政策的轴心"。① 土耳其近百年的发展模式对广大中亚穆斯林有一定的吸引力，对中亚各国发展道路的选择也产生了较大影响。土耳其利用地理上的邻近，以及种族、历史、文化和语言上的亲缘关系，通过"泛突厥主义"意识形态向中亚地区渗透，希望建立一个由自己主导的"突厥国家联盟"。土耳其与中亚国家的主要合作机制是突厥语国家峰会。2009 年 10 月，在阿塞拜疆召开第十次突厥语国家峰会上成立了突厥语国家合作理事会，总部设在伊斯坦布尔。该组织现有土耳其、阿塞拜疆、哈萨克斯坦、吉尔吉斯斯坦、乌兹别克斯坦和土库曼斯坦六个正式成员国。当然，"突厥语国家联盟"距离政治一体化还很遥远，而土耳其作为突厥语国家的核心，其经济实力也远不够强大。对于合作目标，各国之间也存在着分歧。

对中国而言，中亚是反对恐怖主义、遏制"东突"分裂活动、维护中国西北边疆安全的地缘政治前沿，也是中国重要的能源来源。中国对与中亚国家关系给予高度重视。2002 年 6 月，中国与哈萨克斯坦、吉尔吉斯斯坦、塔吉克斯坦、乌兹别克斯坦和俄罗斯共同成立了上海合作组织，意味着中国在中亚取得了地缘政治优势。在上海合作

---

① 苏春雨：《土耳其中亚战略与"丝绸之路经济带"建设》，《亚非纵横》2015 年第 1 期，第 72—80 页。

组织框架内，中国与中亚国家进行了安全、经济、人文和法律合作，深化了成员国之间睦邻互信和友好关系。近年来，中国与中亚国家的合作已逐渐从反恐、安全扩大到经济技术合作、人文交流等领域。中亚诸国对中国经济的依赖程度远远高于对土耳其的依赖。"一带一路"倡议的提出，将中国与中亚的关系推到了新的高度。中国先后与哈萨克斯坦、塔吉克斯坦、吉尔吉斯斯坦、乌兹别克斯坦签署了共建丝绸之路经济带的合作文件。

因此，中国和土耳其必然会在中亚地区发生交集，彼此在中亚的政策目标必然也会发生碰撞。起初，人们看到的更多的是中土在中亚地区的博弈和竞争：

首先，从地缘政治角度来看，土耳其在中亚的活动会给原本就不稳定的中亚国际关系和安全格局带来新的冲击。土耳其同中亚国家开展高层对话，与中亚国家构建战略同盟；同时大力宣传"土耳其模式"，引导中亚国家走土耳其式的政治发展道路。土耳其的文化扩张也会给中亚地区的多元文化形成冲击，特别是"泛突厥主义"和"泛伊斯兰主义"思潮的渗透，会使原本就纷繁复杂的中亚局势变得更加复杂。对中国来说，中亚国家是"向西开放"的前沿，是维护中国西北地区安全稳定的重要屏障。土耳其"东向外交"在中亚地区的不断深入，就可能打破中亚地区的战略平衡，给中国与中亚国家的关系带来变数。

其次，从经济角度来看，土耳其的"东向外交"政策在中亚的实施对中国同中亚国家在经贸合作和能源开发利用方面的合作也会产生不利影响。土耳其的进入使中国在中亚地区多了一个竞争对手，土耳其与中亚国家的贸易往来和经济援助在一定程度上牵制了中国同中亚国家的经济合作。另外，土耳其自身对中亚的能源需求，甚至利用其优越的地理位置，将中亚能源引向欧洲，也不利于中国同中亚国家的能源合作。2006 年开通的 BTC（巴库—第比利斯—杰伊汉石油管线）和 BTE（巴库—第比利斯—埃尔组鲁姆天然气管线）也证明了这一点。

最后，从地区安全来看，中亚国家同中国西北有漫长的边境线，中亚国家的内部矛盾和外部渗透都会影响中国新疆地区的安全和稳定。事实上，土耳其在中亚地区的文化渗透已经影响了中亚各国的宗教和谐与社会稳定，"泛突厥主义"和"泛伊斯兰主义"思潮在中亚的渗透已成为影响中国西北地区安全和稳定的最主要的外部因素。一些中亚国家的宗教极端势力和民族分裂势力都将土耳其视为其思想源泉和政治靠山。这一情况对中国西北边疆安全和稳定构成了威胁。

然而，随着土耳其正义与发展党上台执政，以及土政府近年来日益务实的内外政策，学者们观察到中土在中亚虽然有一些交集和竞争，但并不像原先想象的那样激烈和针锋相对。甚至可以说，中土近年来在中亚的合作大于竞争。尤其是在地区安全方面，中土双方都认识到，如果中亚发生动荡和混乱，任何一方都无法置身其外。如果中亚成为国际恐怖主义和民族分裂主义的策源地，势必危及中土两国的国家安全和社会稳定，危及两国的能源安全和经济利益。因此，中土两国在打击中亚的恐怖主义、分裂主义和极端主义问题上达成了共识，开展合作。尤其是 2013 年土耳其成为上海合作组织的对话伙伴国后，中土进一步加强了安全领域的政策沟通和信息交流。[①]

中国提出的"丝绸之路经济带"倡议，契合中土两国的战略目标和发展诉求，也促进了双方在中亚地区的合作。中亚沟通东西的地理条件将中国与土耳其从空间上连接了起来，其得天独厚的地缘战略位置、广阔的市场空间、丰富的能源资源，使得中亚成为中国与土耳其战略利益的交叉点。"丝绸之路经济带"既可以促进中亚国家的发展与繁荣，也可以增进中土两国的沟通与交流。"丝绸之路经济带"是一条繁荣和发展之路，中国、中亚和土耳其都可以在这一倡议下实现利益共享。同时，它也是一条责任共担之路，需要中国、中亚和土耳

---

① 参见昝涛《历史视野下的"土耳其梦"——兼谈一带一路下的中土合作》，《西亚非洲》2016 年第 2 期，第 65—90 页。

其加强政策沟通、相互理解，增进各方的共识。

基于土耳其独特的地理位置，土耳其政府近年提出了一个连接东西方之间的交通发展计划——"中间走廊"。"中间走廊"是一个铁路项目，目标是通过土耳其将欧洲、中亚和中国连在一起。"中间走廊"的起点在土耳其，沿途经过格鲁吉亚、阿塞拜疆、土库曼斯坦、哈萨克斯坦、乌兹别克斯坦、阿富汗、巴基斯坦，最终到达中国。中国方面对"中间走廊"计划表示欢迎和支持。2015 年 10 月，中国政府与土耳其政府签署了关于将"一带一路"倡议与"中间走廊"倡议相衔接的谅解备忘录。[①]

第七节　中土之间的"东突"问题

历史学家将生活在从土耳其到中国新疆的十几个民族统称为"突厥语民族"，因为他们有相近的语言、宗教、文化和历史传说，都自称是突厥人后裔。泛突厥主义是近代以来兴起的一股国际性泛民族主义思潮，主张复兴突厥文化和民族意识，甚至鼓吹突厥语诸民族团结起来，建立一个"大突厥国家"。突厥语诸族主要分布在中亚西亚地区，人口 1.70 亿左右，其中以土耳其人所占比例最大，约有 7000 万人，维吾尔族人口占到第 4 位。[②] 由于土耳其是最主要的突厥语国家，泛突厥主义有利于扩大土耳其在中亚的影响，提高其在突厥语诸民族中的地位，因而或多或少地受到了土历届政府的支持。

泛突厥主义的变种之一就是中国新疆的"东突"分裂运动。该运动鼓吹要将新疆从中国分离出去，成为一个独立的"东突厥斯坦

---

① ［土耳其］雷杰普·塔伊普·埃尔多安：《土耳其与中国：共享历史，共创未来》，《环球时报》2017 年 5 月 12 日。

② 杨曼苏、陈开明：《泛突厥主义的历史与现状》，载肖宪主编《世纪之交看中东》，时事出版社 1998 年版，第 186—190 页。

国"，最终并入"大突厥斯坦"国家。泛突厥主义20世纪20年代传入新疆，穆罕默德·伊敏和艾沙·玉素甫·阿布泰金是30—40年代新疆"东突运动"的代表人物。1949年新疆和平解放后，伊敏、艾沙等"东突"分子逃到境外，后移居土耳其。"东突"运动的活动中心从此也就转移到了土耳其的伊斯坦布尔。伊敏和艾沙在那里正式加入了国际性的泛突厥主义组织"突厥斯坦民族统一委员会"，并在其中担任要职。①

苏联解体和中亚五国独立后，"东突"分裂活动再度膨胀。中国境内的东突分子加紧与境外勾结，相互策应，制造事端，企图利用复杂多变的国际形势实现其分裂国家、建立"东突厥斯坦国"的梦想。20多年来，境内外东突分子相互配合，在新疆制造了数百起暴力恐怖事件，其中包括造成197人死亡，1700多人受伤的2009年"7·5"事件。"东突"分裂活动对中国西北边疆的稳定与安全构成了严重威胁。

土耳其是中国境外东突分裂分子最集中、最活跃的国家之一。由于语言、文化、宗教相近，近代以来就有一些新疆维吾尔族人到土耳其留学、经商。新中国成立后，一些敌视新政权、受泛突厥主义影响的维吾尔族人从新疆逃到土耳其。中国改革开放以后，又有一些维吾尔族人移居土耳其。据估计，现生活在土耳其的维吾尔族人约有5万人，多数已获得土公民身份。② 在土耳其的东突组织有数十个之多，如东突厥斯坦文化协会、东突厥斯坦妇女协会、东突厥斯坦青年联盟、东突厥斯坦难民委员会、东突厥斯坦伊斯兰运动等。东突分子在土耳其的活动一度十分猖獗，多次举办各种国际会议，以"民主""人权"为借口攻击中国，甚至公然冲击中国驻土使领馆，焚烧中国

---

① 潘志平、王鸣野等：《"东突"的历史与现状》，民族出版社2008年版，第135—136页。

② 由于没有准确的统计数字，关于在土的维吾尔族人数，各种说法差别很大。有的说有10万人，也有的说只有5000人。参见肖宪《当代中国—中东关系》，中国书籍出版社2018年版，第344页。

国旗。①

由于对中国和新疆的真实情况缺乏了解，加上受东突分子宣传的影响，许多土耳其民众以及一些政党、民间组织均对东突运动持同情和支持态度。在土耳其的各种媒体和文件中，都称中国新疆为"东突厥斯坦"，许多民众也只知道有"东突厥斯坦"而不知道有"新疆"。在很长一段时间里，土耳其政府对在土的东突活动也一直采取庇护、纵容，甚至支持的政策。1992 年 3 月，土总统厄扎尔在会见东突领导人艾沙·玉素甫时说，苏联崩溃后，轮到东突厥斯坦取得独立了。中国多次与土耳其交涉，要求土当局取缔和限制东突活动，但成效不大。东突问题成了影响中土两国关系发展的一个严重障碍。②

这种状况直到 20 世纪 90 年代中期才有所改变。随着国际形势的变化和中国国际地位的提高，尤其是随着中土双边关系的发展，土耳其当局认识到，在东突问题上与中国发生冲突是不符合土耳其国家利益的。而且，土耳其自身也面临着国内库尔德人要求独立的问题，如果支持东突分裂势力，中国也有可能支持库尔德独立运动。土政府于 1997 年正式表态，承认新疆是中国不可分割的一部分，并开始采取措施限制东突分子在土的活动。这些措施包括：不允许维吾尔族人在土耳其举行"有争议的"政治活动，不再允许从事分裂活动的维吾尔族人获得土耳其公民身份。1998 年 12 月，总理梅苏特·耶尔马兹签署命令，严禁土耳其政府官员出席土境内东突组织的活动。在土政府压力下，一些长期在土活动的东突组织只得迁往他国（主要是德国和美国）。

对土耳其在东突问题上态度的转变，中方给予了充分的肯定和欢迎。2000 年 4 月和 2002 年 4 月，江泽民主席和朱镕基总理相继访土，

---

① 马大正、许建英：《"东突厥斯坦国"迷梦的幻灭》，新疆人民出版社 2006 年版，第 173 页。

② Fatih Furtun：Turkish-Chinese Relations in the Shadow of the Uyghur Problem, *Policy Brief*, January 2010, Global Political Trends Center, Istanbul Kultur University.

对土耳其采取措施限制在土东突分子的分裂活动均表示赞赏，希望双方更密切地合作，防止东突分子给中土关系造成损害。双方还签署了多项合作反恐协议。土耳其总统苏莱曼·德米雷尔在欢迎江泽民主席的讲话中也再次重申了土耳其的立场：

> 我们不干涉你们的内部事务。我们与维吾尔族人有着语言、宗教和种族方面的联系，希望他们在中国和平幸福地生活。维吾尔族人是我们两国之间的一座友谊桥梁。我相信这些维吾尔族人是忠于你们国家的公民。我们的政策是支持中国的领土完整和统一。①

尽管土政府在正式场合放弃了对东突运动的支持，但土耳其社会中始终存在一股支持东突的力量。出于政治斗争的需要，一些反对党（如右翼的民族行动党 MHP）也不时用东突问题来批评指责政府。而执政的正义与发展党（AKP）本身就是一个带有浓厚泛突厥主义和伊斯兰色彩的政党，其领导人埃尔多安是东突运动的长期支持者。1995年，东突元老艾沙在伊斯坦布尔去世，时任伊斯坦布尔市市长的埃尔多安就曾不顾政府禁令，为其修建公园和纪念碑。在一些关键时刻，土耳其政府在"东突"问题上的立场总是会发生摇摆。

2009 年 6 月，土耳其总统阿卜杜拉·居尔访问中国，并访问了新疆。居尔还在新疆大学发表了演讲，并被授予该校名誉教授。他在演讲中说："中国的维吾尔族人与土耳其有着深远的历史亲情和互通的突厥文化，也正是因此，我们相信维吾尔族人将是我们与中国伙伴关系中极为重要的桥梁。"舆论普遍认为，这是一次非常成功的访问，有力地提升了中土关系。然而，就在居尔总统离开 6 天后，新疆便发生了由东突分裂分子挑起的"7·5"暴力事件。土耳其国内对"7·5"事件的反应很强烈。许多民众认为这是中国当局镇压他们在东方的"突

---

① Bülent Aras, Kenan Dağcı, M. Efe Çaman, Turkey's New Activism in Asia, in *Turkish Journal of International Relations*, Volume8, Number2, Summer 2009, p. 29.

厥兄弟"，一些媒体发表文章攻击中国，民族行动党等右翼政党也趁机对政府施压，要求对中国更加强硬。土总理埃尔多安称"7·5"事件是"种族灭绝"，指责中国对维吾尔族人采取"同化政策"，并扬言要给在美国的东突组织"世维会"主席热比娅发放签证。

但从后来的情况看，埃尔多安对"7·5"事件的激烈反应，在很大程度上也是出于国内政治斗争需要的"作秀"。因为土耳其很快就于8月底派出总理特别代表、国务部长恰拉扬前来中国，向中方表示"理解"中国政府采取的行动，不希望双边关系受到损害。① 2010 年10 月，中国总理温家宝访问土耳其，受到埃尔多安的热情接待，两国关系提升为战略合作关系，说明中土关系并没有受"7·5"事件的太大影响。

总的来看，尽管"东突"问题仍然是中土之间的一个"病灶"，但由于双方有着更为广泛的共同利益，"东突"问题不会给两国关系带来破坏性的负面影响。但土耳其不时仍会在此问题上发出"噪音"。例如，2019 年 2 月土外交部发言人称，中国在新疆建立"集中营"，关押了 100 多万维吾尔族民众。中方立即对此进行了驳斥，称新疆的教培中心根本不是集中营，其主要内容是"三学一去"，即学国家通用语言文字、学法律、学职业技能，去极端化。而且这些教培中心是对外开放的，去极端化的效果很好。②

第八节　中国—土耳其人文交流

1993 年 11 月，中土签署了两国文化合作协定，交流项目涉及文

---

① 《温家宝会见土耳其总理特别代表、国务部长恰拉扬》，《人民日报》2009 年 9 月 1 日第 1 版。

② 《土耳其外交部涉新疆言论颠倒黑白，我使馆强硬回应》，《环球时报》2019 年 2 月 11 日第 4 版。

化、体育、教育、新闻等领域。2001 年 12 月，两国又签署了《关于中国公民组团赴土耳其旅游的谅解备忘录》，土耳其成为中国公民的旅游目的地。土耳其也在努力加深对中国的了解，已先后在 15 所中小学开设了中文课，每年派 15—20 名留学生到中国学习。在中国国家汉办的帮助下，土耳其的中东技术大学、海峡大学、奥坎大学和毕迪特派大学分别于 2008 年、2010 年、2013 年和 2017 年开办了孔子学院，在佳蕾学校开办了孔子课堂。另有 5 所土耳其大学开设了汉语课程，也得到了中方的协助。

主题为"丝路之源，魅力中国"的"2012 土耳其中国文化年"于 2011 年 12 月开始。据中国驻土耳其使馆文化处统计，在文化年框架内，中国前来土耳其交流的项目和团组共计 87 个，来访人员 1700 余人次，举办了近 400 场文化演出和交流活动，土耳其方面参与观众近 24 万人次。活动覆盖了安卡拉、伊斯坦布尔、伊兹密尔、安塔利亚等 40 多个城市，内容丰富多彩，形式多种多样，包括杂技、影视、教育、舞蹈、音乐、戏剧、展览、青少年、美食、图书出版、新闻媒体、宗教、智库和动漫交流等领域，成为自中土两国建交以来中国在土举办的规模最大、历时最长、项目最多、门类最全、覆盖地区最广的系列文化活动。

作为"2012 土耳其中国文化年"组成部分，"中国伊斯兰文化展演"也于 2012 年 9 月在土耳其举行，内容包括中国伊斯兰文化展、中土伊斯兰教情况交流会、《古兰经》诵读和文艺演出四个部分。这一活动向土耳其民众全面展示了中国伊斯兰教的悠久历史，中国穆斯林的厚重信仰和多彩的社会生活。历时一年的中国文化年在土耳其刮起了一股热烈的"中国风"，有力地增进了两国人民之间的直接交流和相互了解。[①]

2013 年 3 月到 2014 年 2 月，"2013 中国土耳其文化年"在中国

---

① 有关"2012 土耳其中国文化年"的活动，参见网站 http：//gb. cri. cn/2012turkey/home. htm。

举办。文化年以"土耳其就在这里"为主题，来自土耳其的戏剧、电影、芭蕾、民间舞蹈、手工艺、美术、传统及古典音乐等多个领域的艺术家，为中国多个城市的观众展现了土耳其灿烂的古代文明和优秀的现代艺术作品。

2013年9月，同样作为文化年一部分的"土耳其伊斯兰文化展演"在中国宁夏银川举行。为期6天的活动以"传承历史、共创未来"为主题，推出了土耳其伊斯兰文化展、《古兰经》书法艺术展、《古兰经》诵读和文艺演出等。展出了奥斯曼时代的书法作品，著名的湿拓艺术作品和细密画，具有几百年历史的《古兰经》手抄本，以及伊斯兰文物等珍贵展品，都在宁夏博物馆现身。灿烂的土耳其伊斯兰文化给中国人民留下了美好的印象。

2013年和2014年，中国和土耳其还分别担任了伊斯坦布尔国际书展和北京国际图书博览会主宾国。中国新疆歌舞团连续多年参加土耳其诺鲁孜节活动。自1989年以来，中国与土耳其缔结了22对友好省市，这些友好省市之间也在文化、教育、科技、旅游等方面开展了大量交流与合作。

2001年12月，中国与土耳其两国签署了《关于中国公民组团赴土耳其旅游实施方案的谅解备忘录》，土耳其成为中国公民旅游目的地之一。土耳其旅游资源非常丰富，有古希腊、东罗马、奥斯曼的历史遗迹，周围有黑海、马尔马拉海、爱琴海、地中海环绕。主要旅游城市有伊斯坦布尔、伊兹密尔、安塔利亚、布尔萨、科尼亚等，主要风景名胜包括特洛伊、埃菲斯等古城遗址和卡帕多奇亚喀斯特地貌区等。越来越多的中国人选择前往土耳其旅游，近几年甚至呈现出井喷式的发展。现在中国已经成为土耳其增长率最快的入境旅游客源国。据有关资料统计，2002年到土耳其的中国游客仅为2万人，而到2011年时已达10万人；2012年、2013年、2014年前往土耳其的中国游客人数分别为11.46万人次、13.89万人次、20.16万人次。2015—2016年因土耳其发生恐袭事件，中国游客人数有所下降。2017年中国赴土耳其旅游人数为25万人次，2018年猛增到42万人次。土耳其是一个旅游大国，尽管中国游客在土耳其入境游客总量中所占的比例还不算高，[①] 但是增长势头迅猛且稳定。旅游业是土耳其的支柱产业，土耳其非常看重中国这个巨大的潜在游客市场。

人民之间的认知都是双向的，中国民众由于对土耳其的了解有限，对土耳其的喜爱程度并不高。据中国社会科学院联合环球网2012 年 3 月进行的一项关于"您对土耳其有好感吗？"的调查显示，在作出反馈的 2357 名中国民众中，对土耳其这个国家"没有好感"和"非常没好感"的比例分别为 45.50% 和 22%，而表示"非常有好感"和"比较有好感"的分别只有 3.10% 和 14.60%，另有 14.80%的表示"不了解，说不清"。至于不喜欢土耳其的原因，主要是因为"民间一直或明或暗地支持'东突'分裂势力"（29.20%）和"不良好的历史记忆，土耳其在历史上曾向新疆渗透'泛突厥主义'，冷战中分属不同阵营且在朝鲜战场上交火，是美帝的'帮凶'"（26%）。同样，由于土媒体对新疆问题做了很多错误宣传和报道，一般的土耳其人对中国的评价也不高。[②]

中土关系要健康发展，需要加强两国间的公共外交和文化交流，促进两国民众间的相互理解。如 2012 年和 2013 年的土耳其"中国文化年"和中国"土耳其文化年"就起到非常好的交流作用，两国许多民众正是通过这样的活动才真切、具体地认识了对方。教育也是非常有效的沟通和交流渠道，双方都应尽量增加对方的留学生和交流学者的人数，鼓励学习对方的语言和文化。目前中国开设土耳其语专业的高等院校只有 5 所[③]，而且往往是三四年才招一次生。

---

① 土耳其为世界旅游大国之一，近年来每年接待外国游客 3000 万人左右。有关中国赴土旅游人数，可见相关网站 http：//news. cthy. com/Allnews/16689. html。

② 参见［土耳其］库塔·卡拉卡《土耳其与中国间的认知分析》，《阿拉伯世界研究》2014 年第 2 期，第 101—110 页。及网页 http：//opinion. huanqiu. com/1152/2012 - 03/2523747. html。

③ 这 5 所院校是：北京外国语大学、上海外国语大学、西安外国语大学、中国传媒大学和洛阳解放军外国语学院。

　　两国都应鼓励本国公民到对方国家旅游，近年来，赴土耳其旅游的中国游客数量在不断增加，而土耳其前来中国旅游的人数还比较少。事实上，两国旅游业界的合作，不仅有助于两国人民的相互了解，同时也有助于消除贸易逆差。两国的媒体也应加强交流与合作，向对方提供更多关于自己国家的信息，从而增进双方民众的相互了解。双方媒体应能直接到对方采编新闻，这样可避免受有偏见的第三方的影响。此外，双方的学者也应加强对对方国家情况的研究，并客观、公正地向公众介绍对方的情况。

第九节　"一带一路"与中土关系

　　土耳其位于丝绸之路经济带和21世纪海上丝绸之路的交汇点，是中方推进共建"一带一路"的天然合作伙伴。在伊斯坦布尔的托普卡珀王宫博物馆，有上万件中国历代古瓷器。土耳其人对此十分自豪，称这里是中国以外收藏中国古代瓷器最多的地方。他们还说，这些古瓷器并不是掠夺来的，而是通过贸易途径从陆海丝绸之路运过来的。在土耳其，一些著名的服装品牌、餐厅、道路等，都以"丝绸之路"命名。这些都表明，历史上土耳其与丝绸之路确实有过非常密切的联系，同时也说明土耳其民众中普遍怀有一种深厚的"丝绸之路情结"。

　　中国的"一带一路"倡议提出来后，受了到土耳其各方的高度关注和欢迎。上民众普遍认为，"一带一路"可让土耳其的地域优势得到更充分体现，对促进土耳其经济繁荣意义深远，因而支持政府参与"一带一路"合作。2014年12月，由中国国务院发展研究中心、土耳其总理办公室、土耳其外交部等机构共同主办的共建"一带一路"国际研讨会在伊斯坦布尔举行，来自13个国家的300多名政府官员、学者、媒体人士参加了会议。土耳其总理达乌特奥卢在贺信中表示，感谢习近平主席提出共建"一带一路"的倡议，他说"伊斯坦布尔是丝绸之路的重要组成部分，土耳其愿意承担振兴丝绸之路的历史使命"，"一带一路将为沿线各国带来新的合作机遇"，并提出"一带一路"的合作，不仅限于商业方面，还应涵盖文化、人文等方面的交流。

2012 年 4 月，时任土耳其总理的埃尔多安访华时，曾就振兴古丝绸之路与中国领导人进行了交流和讨论。自中国 2013 年提出"一带一路"倡议后，已成为土耳其总统的埃尔多安与中国主席习近平在各种场合已有 6 次会面，双方交流的内容均涉及"一带一路"合作。①尤其是 2017 年 5 月来华参加"一带一路"国际合作高峰论坛前夕，埃尔多安在中国的《环球时报》上以《土耳其与中国：共享历史，共创未来》为题撰文称，对这一重振古丝绸之路的伟大倡议，土耳其表示大力支持。他说，习主席提出的"一带一路"倡议，从土中战略合作关系角度来看，具有重大意义，土耳其非常高兴能与中国一起来共同实现这个具有历史意义的伟大计划。

在首届"一带一路"国际合作高峰论坛开幕式上，人们注意到，在习近平主席两侧，分别坐着俄罗斯总统普京和土耳其总统埃尔多安。埃尔多安在此次峰会上不仅座席位置令人瞩目，而且还作为重要嘉宾在大会上致辞。他受到中方高规格的礼遇接待，说明中国对土耳其推动"一带一路"倡议的重视程度。在参会的 29 个国家元首和政府首脑中，埃尔多安是第一个确认参加论坛的外国领导人，这也表明了土耳其参与并支持"一带一路"的决心。在两国元首会谈时，习近平积极评价中土关系，高度赞赏土方支持并积极参与"一带一路"建设。埃尔多安则强调，土耳其是连接欧亚大陆的桥梁，是"一带一路"建设中不可或缺的合作伙伴，他此次来华参加"一带一路"高

① 这 6 次会面的场合分别是：2015 年 7 月，埃尔多安总统访问中国；2015 年 11 月，土耳其安塔利亚 20 国集团领导人峰会；2016 年 9 月，中国杭州 20 国集团领导人峰会；2017 年 5 月，北京"一带一路"国际合作高峰论坛；2018 年 7 月，南非约翰内斯堡金砖国家领导人会晤；2018 年 12 月，阿根廷布宜诺斯艾利斯 20 国集团领导人峰会。

峰论坛，就是希望进一步推动土中战略合作关系的发展。

2015年3月，土耳其就作为创始成员国加入了由中国主导、面向"一带一路"的亚洲基础设施投资银行（亚投行）。2015年7月，中国国家主席习近平同来访的土总统埃尔多安举行会谈，指出中方愿将"一带一路"倡议同土方发展战略对接，实现共同合作、共同发展、共同繁荣。2015年10月，在安塔利亚20国集团峰会期间，中国与土耳其签署了关于对接"一带一路"倡议与"中间走廊"倡议的谅解备忘录，为双方相关合作提供了指南。2016年9月G20杭州峰会期间，中国与土耳其又签署了共建"一带一路"合作备忘录。

土耳其对参与"一带一路"持积极态度，也有一些现实方面的考虑：

（1）融入"一带一路"，加强同中国及沿线国家的贸易合作，可以加速土经济发展。自2012年以后，土经济出现滑坡，年增长率降至2.1%；2014年通胀率升至8%，失业率高达10%。与此同时，近年来土政局不时出现动荡，执政党急需发展经济以稳定人心，巩固其执政地位。而当前世界经济普遍低迷，土传统的经贸合作伙伴欧洲各国经济陷入停顿甚至倒退，因此土耳其期望"一带一路"能对其经济起到提振作用。

（2）借助"一带一路"实现土自身发展战略。2011年土耳其提出了一个"百年愿景"：在2023年土耳其共和国成立100周年时，使土耳其经济总量达到2万亿美元，跻身世界经济前十强。为此，土政府制定了宏伟的建设规划，如准备建设的第三座海峡大桥、欧亚海底隧道、伊斯坦布尔第三大机场等大型工程，未来5年内投资400亿美元，新建1.1万公里铁道线等。参与中国的"一带一路"，也有助于实现土耳其的"百年之梦"。

（3）响应"一带一路"倡议也是土耳其实现"向东看"政策的体现。土耳其一直奉行亲西方政策，但西方国家却把它视为小伙伴，加上文化、宗教上的差异以及一些历史问题，动辄对之施压。尽管努力了几十年，土仍未能加入欧盟；近年在中东难民问题上与欧盟龃龉不断；美在叙利亚支持库尔德武装引发土严重不安。土耳其朝野对西方日益反感，近年来不断提出要"向东看"。对"一带一路"的热烈反应也是土耳其朝野"向东看"情绪的反映。

（4）"一带一路"倡议符合土加强同中亚国家关系的愿望。土耳其一直有振兴古代丝绸之路的想法，其着眼点除了要发展同中国的关系外，同时也是想借此加强同沿线各国，尤其是同中亚国家的联系。土耳其与中亚国家渊源深厚，双方有着种族、历史、文化和语言上的亲缘关系。虽然土不再刻意强调"泛突厥主义"，但始终有着强烈的"中亚情结"，与中亚国家有紧密的合作。也正是出于这一情结，土耳其才提出"中间走廊"计划。所以埃尔多安才说，"中国提出建设丝绸之路经济带的倡议与我国的'中间走廊'项目相辅相成……我们希望在这些项目上加强与中国的合作"①。

---

① 参见徐鹍《"一带一路"在土耳其》，《湘潮》2018 年第 6 期，第 47—51 页。

第 五 章

土耳其中资企业调查技术报告

第一节 企业数据描述

此次调研，调查了土耳其安卡拉和伊斯坦布尔的部分中资企业。本节将从各个方面，描述受访企业的基本情况。

表5-1描述了受访者职务占比的情况。6.52%的受访者为企业所有者，65.22%为企业的总经理或CEO，其他职务占比为28.26%。由于问卷涉及人力资源和财务信息，很多人力资源和财务部门的主要负责人也成为本次调查的受访者。

表5-1	受访者职务占比	（单位：%）
受访者职务		比重
企业所有者		6.52
总经理或CEO		65.22
其他		28.26

表5-2展示了此次调研受访的不同行业类型企业占比情况。工业占比为52.17%，主要为水电、钢铁和建材等行业；服务业占比为47.83%，主要为餐饮、旅游、通信、金融等行业。

表5-2　　　　　　　不同行业类型企业占比　　　　　（单位：%）

行业类型	比重
工业	52.17
服务业	47.83

表5-3是受访企业是否在经开区的占比情况。此次调研，80.43%的受访企业不在经开区，仅有15.22%位于本国经开区。位于经济开发区的企业可以享受当地政府提供的税收等优惠政策，有利于企业间形成规模效应。而此次调研涉及的服务业多位于城市中心，但一些企业如水电、物流和通信等企业受企业性质限制，办公地点位于施工现场附近，不在经开区。

表5-3　　　　　　　是否在经开区企业占比　　　　　（单位：%）

是否在经开区	比重
不在经开区	80.43
本国经开区	15.22
其他	4.35

此次调研受访企业的规模情况如表5-4所示。小型企业占比约七成（69.57%），主要为餐饮业和旅游服务业；中型企业占比为23.91%，主要为网络企业和通信企业；大型企业占比为6.52%，主要为金融业和汽车制造业。

表5-4　　　　　　　不同规模企业占比　　　　　（单位：%）

企业规模	比重
小型企业	69.57
中型企业	23.91
大型企业	6.52

表5-5描述了受访企业是否加入土耳其中国商会的占比情况。数据显示，近八成（79.55%）的受访企业加入了土耳其中国商会，这表明土耳其中国商会获得了多数中资企业主的认可，在土耳其有一定的影响力。未加入的比例为20.45%，如何争取这部分企业的加入，将是土耳其中国商会需要考虑的问题。

表5-5	企业是否加入土耳其中国商会占比 （单位：%）
是否加入土耳其中国商会	比重
是	79.55
否	20.45

工会是维护职工会员自身权益的重要组织，企业是否拥有工会也成为衡量企业现代化和机构完整性的重要标准。根据表5-6的数据，此次调研仅有6.52%的受访企业自身拥有工会，没有工会的占比超过九成（93.48%）。工会的缺失将会影响员工的工作效率，进而妨碍了企业的可持续发展，这应当引起中资企业主的重视。

表5-6	企业是否有自身工会占比 （单位：%）
是否有自身工会	比重
是	6.52
否	93.48

表5-7展示了此次调研受访企业是否为国有控股占比的分布情况。由表可知，国有控股的企业占比为65.22%，非国有控股的占比为34.78%。这表明此次调研，受访的国有控股企业多于非国有控股企业。国有控股企业主要以水电、金融、通信行业为主，而非国有控股企业主要是小型的餐饮业和服务业，也包括一些优秀的高科技产业。

表5-7　　　　　　　　　企业是否为国有控股占比　　　　　（单位：%）

是否为国有控股	比重
国有控股	65.22
非国有控股	34.78

表5-8展示了受访企业在中国商务部备案的占比情况。如数据所示，超过七成（72.50%）的受访企业在中国商务部进行了备案。结合实际调研情况，部分小型企业并未在中国商务部进行备案，这将妨碍中资企业之间的有效管理，增加了这些企业运营的风险性。

表5-8　　　　　　　　企业是否在中国商务部备案占比　　　　（单位：%）

是否在中国商务部备案	比重
是	72.50
否	27.50

此次调研涉及了许多资金雄厚的大型企业。根据表5-9的数据所示，89.13%的受访企业在国内有母公司。国内拥有母公司的企业实力更强，母公司为这些企业提供了资金和技术的支持，规范了他们的管理方式，降低了他们运营的风险。

表5-9　　　　　　　　　企业是否有中国母公司占比　　　　（单位：%）

是否有中国母公司	比重
有中国母公司	89.13
没有中国母公司	10.87

表5-10描述了受访企业国内母公司类型的占比情况。如表所示，国有企业占比最高，约占三分之二（68.29%），其次为私营企业占比14.63%，国有独资公司和股份有限公司占比均为4.88%，集体企业、股份合作企业和私营有限责任公司占比最低，均为2.44%。

这表明，受访企业国内母公司多为国有控股企业，当然也不缺乏一些优秀的私营企业。

表 5 - 10 企业中国母公司类型占比 （单位：%）

中国母公司类型	比重
国有	68.29
集体	2.44
股份合作	2.44
国有独资公司	4.88
股份有限公司	4.88
私营企业	14.63
私营有限责任公司	2.44

中土两国友谊源远流长。自改革开放以来，越来越多的中国企业进入了土耳其，造福了两国人民。如表 5 - 11 的数据所示，受访的企业，时间越近，在土耳其注册和运营的占比就越高。在 2011—2015 年间，进入土耳其的受访企业最多，注册企业是 1995 年以前的 17 倍，运营企业是 1995 年以前的约 4.25 倍。这表明，随着时间的推移，进入到土耳其的中资企业越来越多。从各企业注册和运营时间的占比来看，时间越近，两者之间的差距就越小，说明受访企业从注册到运营历经的时间越短，越有利于提升企业的生产效率。

表 5 - 11 企业注册时间与运营时间分布 （单位：%）

年份	注册时间	运营时间
1995 年以前	2.50	9.09
1996—2000	5.00	4.54
2001—2005	7.50	13.64
2006—2010	12.50	6.81
2011—2015	42.50	38.65
2016 年以来	30.00	27.27

表 5 - 12 描述了受访企业拥有女性高层人员的分布情况。45.65%的受访企业有女性高管，略少于无女性高管的占比54.35%。此处的女性高管，包含了土耳其籍的女性。在土耳其，女性进入中资企业工作是一件很平常的事情。此次受访中，调研团队采访了一些优秀的土籍女性管理者，她们有着丰富的工作经验，工作能力得到了其他同事的认可。可见，土耳其世俗化程度较高，女性有着较高的地位。

表 5 - 12　　　　　　　　　公司高层有无女性占比　　　　　　　（单位：%）

有无女性高管	比重
是	45.65
否	54.35

表 5 - 13 描述了不同年龄段的受访者族群差异的分布情况。15—25 岁的受访者均为土耳其人；26—35 岁的受访者中，96.33% 为土耳其人，3.67% 为库尔德人；在 36 岁及以上的受访者中，土耳其人占比为97.22%，其他组群为2.78%。总的来看，216 个样本中，土耳其人占比高达 97.22%，库尔德人和其他组群的比例未超过 2%。这说明，在后续的图表分析中，土耳其人的数据和观点具有较强的代表性，而数量较少的库尔德人和其他组群代表性较弱。

表 5 - 13　　　　　　　　按年龄段分布的受访者族群差异　　　　　（单位：%）

	15—25 岁	26—35 岁	36 岁及以上	总计
土耳其人	100.00	96.33	97.22	97.22
库尔德人	0.00	3.67	0.00	1.85
其他	0.00	0.00	2.78	0.93

$N = 216$。

图 5 - 1 展示了此次调研受访的管理人员和非管理人员的年龄差

异情况。总体来看，82.86%的受访者为非管理人员，管理人员仅占17.14%。从图5-1可以看出，随着年龄的增大，管理人员和非管理人员所占比例逐渐接近。一般来说，企业的管理人员学历较高，工作经验较为丰富，年龄偏大，数量较少。而非管理人员数量较多，更为年轻，随着工作能力的提升，一些非管理人员有机会晋升为管理人员，图5-1的数据符合这一现象。

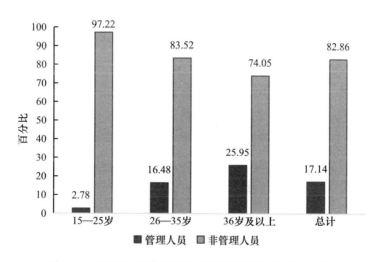

图5-1　管理人员与非管理人员的年龄差异（*N* = 920）

表5-14描述的是在当前企业，工作时长不同的员工的年龄差异情况。在384个有效样本中，工作一年和工作四年及以上的员工占比约为三分之一，工作两年和三年的员工均不到10%（7.81%），工作不足一年的员工占比仅为1.04%。从16—25岁的员工来看，一半以上（50.70%）工作时间为一年，约三分之一（35.21%）工作时间为两年。26—35岁的员工数据分布较为分散，工作一年、两年和四年及以上的占比都超过四分之一。36岁及以上的员工有58.78%工作时间为四年及以上，占比最大。根据数据的变化趋势来看，随着受访者年龄的增长，工作不足一年、一年和两年的占比呈下降趋势，三年、四年及以上呈上升趋势。这说明，受访企业员工的工作时长较为

稳定，受访员工年龄越大，在企业工作的时间越长的占比就越大。

表5-14　　　　在当前企业工作时长不同的员工的年龄差异　　　（单位：%）

	不足一年	一年	两年	三年	四年及以上
16—25 岁	1.41	50.70	35.21	4.23	8.45
26—35 岁	1.10	34.62	30.77	8.24	25.27
36 岁及以上	0.76	22.14	9.16	9.16	58.78
总计	1.04	33.33	7.81	7.81	33.59

N = 384。

　　表5-15展示的是不同性别的受访者工作时长的分布情况。总体来看，男性与女性之间的差异并不明显，在工作时长为不足一年和两年的情况中，男性占比略高于女性。但三年及以上的情况女性占比高于男性，不足一年的占比女性低于男性。这说明，相比于男性员工，女性员工工作时长更长，更愿意在企业中长时间地工作。

表5-15　　　　在当前企业工作时长不同的员工的性别差异　　　（单位：%）

	不足一年	一年	两年	三年	四年及以上
男	1.44	32.73	24.82	7.55	33.45
女	0.00	34.91	22.64	8.49	33.96
总计	1.04	33.33	24.22	7.81	33.59

N = 384。

第二节　员工数据描述

　　员工对企业有着极其重要的意义。首先，员工是企业的基础，人力资本是企业重要的资本，而员工是企业人力资源的全部，因此，只有将人力资本与企业的物质资源有机结合起来，企业才会有效地创造财富，才会有经济效益和社会效益。其次，员工是企业成功的关键。

在知识经济时代，人力资源尤其是优秀人才，空前地被放在了一个最重要的位置。越来越多的企业相信人才是企业成功的关键。在知识经济时代，企业迫切需要大量的知识型员工。谁拥有知识型、复合型员工，谁就会在市场竞争中站稳脚跟，获得成功。最后，员工是企业发展的需要。员工的素质与活力成为企业发展的根本动力。企业的发展需要有一支训练有素，具有较强执行力的员工队伍的支持。只有这样企业才能在竞争中发展壮大。

随着我国"一带一路"倡议推行的不断深入。在国家的支持下，广大中国企业积极地"走出去"，在这一过程中离不开当地员工的努力和支持。企业对员工的关怀就是对企业未来的关怀。本节将对土耳其受访中资企业土耳其籍员工的一些基本信息进行统计和分析。这有助于企业主更好地了解土耳其员工和土耳其当地的风俗习惯。

图5-2描述了土耳其籍员工性别年龄的分布情况，总样本为385。从整体上看，雇用26—35岁年龄段的男性员工比例最高，为49.10%，雇用17—25岁年龄段的男性员工比例最低，为17.92%。从年龄段分组来看，17—25岁的男性占全部男性员工的比例为17.92%，女性为20.75%；26—35岁的男性占全部男性员工的比例为49.10%，女性为42.45%；36岁及以上的男性占全部男性员工的比例为32.97%，女性为36.79%。由此可知，26—35岁年龄段的雇员最受企业主欢迎，特别是26—35岁的男性雇员。25岁以下和36岁及以上的受访者，性别差异并不明显。在26—35岁的受访者中，男性所占比例高于女性6.65%，这可能是受部分女性员工在婚后回归家庭所影响，该年龄段正是女性结婚生育的高峰期。

表5-16描述了受访土耳其员工的受教育情况。在385个受访者样本中，按照不同性别，通过对受教育程度的四个层次进行统计。观察得出：一是此次调查并未访到未受过教育的男性员工，女性员工不到1%；二是小学学历的员工男性比例为12.54%，高于女性员工的5.66%；三是在受访的中学学历员工中，男性占比更高，约高于女性员工20%；四是本科及以上学历水平的女性员工占比为61.32%，此

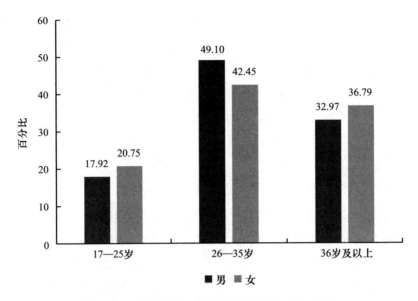

图 5 - 2 按性别划分的员工年龄分布（N = 385）

受教育程度的男性远低于女性。受访男性员工主要集中在中学学历，而女性员工则集中在本科及以上学历。

表 5 - 16　　　　　　　　按性别划分的员工受教育程度分布　　　　　　　（单位：%）

族群	男	女
未受过教育	0. 00	0. 94
小学学历	12. 54	5. 66
中学学历	51. 97	32. 08
本科及以上学历	35. 48	61. 32
合计	100. 00	100. 00

N = 385。

　　表 5 - 16 所体现的性别差异，与整体样本情况有一定关系。此次调研涉及了不同的行业，其中包括建筑业、初级工业等重体力劳动的行业，这些行业对员工的教育水平要求较低，更青睐体力较好的男性员工。而受访的服务业和大型国企办事处等则更重视员工的教

育水平，很多受过高等教育的土籍女性就成为企业主招聘所考虑的对象。

表5-17反映了受访员工所属族群的分布情况，总样本数为216。从土耳其的族群情况来看，土耳其人和库尔德人是土耳其最主要的两大族群，其他族群人数很少。此次调查中，土耳其人占据绝对数量，男性、女性的比例均超过97%。库尔德人男性、女性比例非常少，男性为1.76%，女性为2.17%。其他族群更少，男性占比1.18%，无女性。由此可知，中资企业的土耳其籍员工无论性别，主要以土耳其人为主，另有少量的库尔德人和其他族群。

表5-17　　　　　　　　　按性别划分的员工族群分布　　　　　　（单位：%）

族群	男	女
土耳其人	97.06	97.83
库尔德人	1.76	2.17
其他	1.18	0.00
合计	100.00	100.00

$N=216$。

表5-18主要描述了土耳其籍员工宗教信仰的分布情况，总样本数为197。逊尼派伊斯兰教和无教派穆斯林是员工主要信仰的宗教，特别是逊尼派伊斯兰教占比最高，男性员工约占八成（83.65%），女性员工约占七成（73.68%）。其中无教派穆斯林位居第二，男性员工约占一成（9.43%），女性员工也约占一成（10.53%）。其他宗教类别占比很低，阿拉维派没有女性员工信仰，基督教没有男性员工信仰。不信仰任何宗教的员工较少，女性员工（5.26%）略多于男性员工（1.26%）。由此可见，此次受访，存在着有其他宗教信仰的员工，但数量很少，而逊尼派伊斯兰教是受访企业员工主要信仰的宗教，男性教徒更多。

表5-18　　　　　　　按性别划分的员工宗教信仰分布　　　　　（单位：%）

宗教信仰	男	女
逊尼派伊斯兰教	83.65	73.68
阿拉维派	1.26	0.00
无教派穆斯林	9.43	10.53
基督宗教	0.00	2.63
有精神信仰但无宗教	1.26	5.26
其他	3.14	2.63
不信仰任何宗教	1.26	5.26
合计	100.00	100.00

$N = 197$。

土耳其员工婚姻状况的分布如图5-3所示，受访人数为384人。在受访的男性员工中，结婚（51.61%）的受访者比例略高于单身/未婚的受访者（46.59%），其他（结婚但分居、离婚）的员工占比很低，仅有1.80%。而女性员工有所不同，单身/未婚的女员工约占

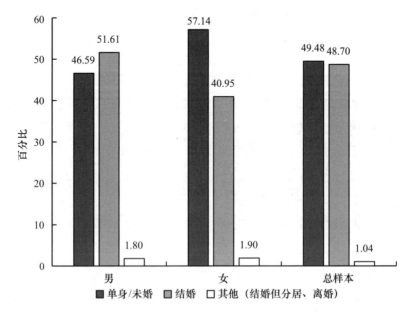

图5-3　按性别划分的员工婚姻状况分布（$N = 384$）

一半以上（57.14%），多于结婚的女性员工（40.95%），其他（结婚但分居、离婚）的女性员工同男性员工一样，仅有1.90%。从整体分析，受访中资企业员工中，单身/未婚（49.48%）与结婚（48.70%）的员工数量差不多，其他（结婚但分居、离婚）婚姻状况的员工数量很少，只有1.04%。

图5-4展示了不同性别的土耳其籍员工出生地分布情况，总样本数是383。从员工总量来看，约四分之一的员工来自农村（24.54%），约四分之三的员工来自城市（75.46%），男性员工与女性员工情况差距不大。这与土耳其国情有关，经过数十年的发展，土耳其的城市化程度较高，主要人口居住在城市，农村人口占比不高。

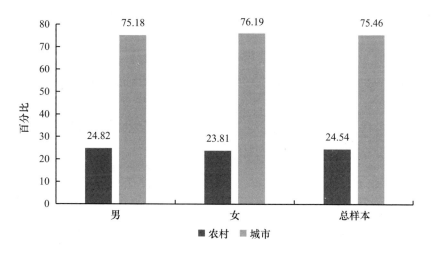

图5-4　按性别划分的员工出生地分布（N = 383）

表5-19描述了不同年龄组的土耳其籍员工受教育程度分布的百分比，总样本数为385。在17—25岁年龄组中，中学学历受教育程度人数最多（59.72%），本科及以上学历在这个年龄组排第二位（37.50%）；在26—35岁年龄组中，员工受教育程度为中学学历和本科及以上学历的比例相差不大；与其他两个年龄段不同，36岁及以上年龄段员工小学学历占比最多，约占该年龄段的五分之一

（22.14%）。由此可知，17—25 岁的员工整体受教育程度最高，36 岁及以上的员工受教育情况最不理想。这在一定程度上可以说明，土耳其的教育普及情况不断改善，低教育群体正逐渐减少。

表5-19	按年龄组划分的员工受教育程度分布		（单位：%）
最高学历	17—25 岁	26—35 岁	36 岁及以上
未受过教育	1.39	0.00	0.00
小学学历	1.39	6.04	22.14
中学学历	59.72	47.25	38.17
本科及以上	37.50	46.70	39.69

$N = 385$。

图5-5 展示了各年龄段受访员工出生地的分布情况。各年龄段城市与农村员工占比的差值为：17—25 岁为 37.50%，26—35 岁为 45.04%，36 岁及以上为 57.14%。来自城市的受访者比例明显大于农村，随着年龄的增长，员工来自城市的占比越大。17—25 岁的受访者来自农村的百分比最高（31.25%），这说明越来越多的农村青年倾向于较早地到城市里工作。

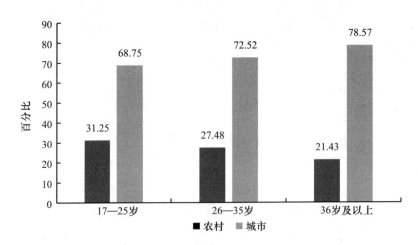

图5-5 按年龄组划分的员工出生地分布（$N = 383$）

第 六 章

中资企业员工的职业发展与工作条件

第一节　职业经历和工作环境

职业经历和其他经历一样，影响着员工的性格、心态、视野、解决问题的思路等。对于员工来说，不同的职业经历，对自己的性格和能力有着不同的影响。对企业主来说，员工的职业经历是了解员工、关怀员工，提拔员工的重要参考要素。

而工作环境对员工的成长和工作的效率有着重要影响。正所谓，橘生淮南则为橘，生于淮北则为枳。同样的物种，由于环境不同，就会产生不一样的生长效果。不同的工作环境，会形成不同的工作态度和价值取向，直接或间接地影响员工的发展。本节将对受访员工的职业经历和工作环境来进行分析。

图6－1反映了受访员工在企业工作时长的分布情况。工作1年的员工占1.04%；工作2年的员工占33.33%；工作3年的员工占24.22%；工作4年的员工占7.81%；工作4年以上的员工占35.59%。从整体来看，工作2年和4年的员工比例差别不大，工作4年以上的员工最多，工作1年的员工最少。这表明，受访中资企业员工工作时间较为稳定。然而，工作4年的员工占比仅为7.81%，明显低于2年、3年和4年以上所占比例。因此，工作4年的员工最不稳定，离职现象频发，企业主应予以高度重视。

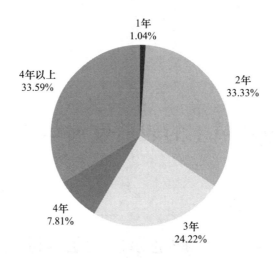

图6-1　员工在当前企业的工作时长分布（N = 384）

由表6-1可知土耳其受访者获得现工作的主要途径，员工获得现有工作的主要途径为8类：在职业介绍机构登记求职、参加招聘会或人才交流会应聘、通过大学/学校就业中心、看到媒体上的招聘广告、通过亲戚朋友找到工作、直接来企业应聘、雇主直接联系找到工作和其他方式。按照获得工作的主要途径逐一描述：通过职业介绍机构登记求职的频数为31，占总数8.05%；通过参加招聘会或人才交流会应聘的频数为6，占总数1.56%；通过大学/学校就业中心的频数为8，占总数2.08%；通过看到媒体上的招聘广告频数为68，占总数17.66%；通过亲戚朋友找到工作的频数为157，占总数40.78%；通过直接来企业应聘找到工作的频数为73，占总数18.96%；通过雇主直接联系找到工作的频数为35，占总数9.09%；通过其他方式找到工作的频数为7，占总数的1.82%。

表6-1　　　　　　　员工获得现工作的主要途径　　　　　　（单位：个、%）

获得此工作主要途径	频数	百分比
在职业介绍机构登记求职	31	8.05

续表

获得此工作主要途径	频数	百分比
参加招聘会或人才交流会应聘	6	1.56
通过大学/学校就业中心	8	2.08
看到媒体上的招聘广告	68	17.66
通过亲戚朋友找到	157	40.78
直接来企业应聘	73	18.96
雇主直接联系你	35	9.09
其他	7	1.82
合计	385	100.00

由此可以看出，受访土籍员工获得当前工作最主要的方式是通过亲戚朋友，其次为通过直接来企业应聘和媒体上的招聘广告，最不受欢迎的方式是通过参加招聘会或人才交流会应聘和通过大学/学校就业中心。受访员工通过亲戚朋友找工作，这样的方式虽然有着方便、快捷、熟悉员工情况等优点，但也存在一些问题，容易带入主观感受，不利于吸引更多人才，甚至还会有一些灰色地带，不利于人才的公平流动，容易造成任人唯亲的现象。企业主应当重视招聘会或者人才交流会的举办，与土耳其学校就业中心展开合作，给予毕业生一定的工作机会。中资企业之间应该搭建科学、公平的人才招聘平台，更多地从高校和社会中吸引高质量人才，这样才能有利于促进人才健康流动，最终形成企业的可持续发展。

如表6-2所示，有1个家人在本企业的频数为16，百分比为55.17%；有2个家人在本企业的频数为6，百分比为20.69%；有3个家人在本企业的频数为2，百分比为6.90%；有4个家人及以上在本企业的频数为5，百分比为17.24%。只有一人的占比最高，超过一半（55.17%），两人以上的占比较低（44.83%），说明了大多数土耳其员工并没有家人在同公司工作。

表6-2　　　　　员工家人在本企业的数量　　　　（单位：个、%）

有几个家人在本企业	频数	百分比
一个	16	55.17
两个	6	20.69
三个	2	6.90
四个以上	5	17.24
合计	29	100.00

　　表6-3描述了土耳其籍员工按性别划分日常使用电脑的情况，总样本数为384。使用电脑的男性为55.04%，而不使用电脑的男性为44.96%；使用电脑的女性为85.85%，而不使用电脑的女性为14.15%。总体来看，女性员工使用电脑的频率要高于男性员工。如今，电脑的普及率已经成为衡量一个公司现代化的重要标志，而此次受访超过一半的员工在工作中能使用电脑办公，这表明土耳其的电脑普及率较高，有利于提高企业的办事效率。女性电脑的使用率明显高于男性，这与受访中部分男性从事体力劳动有关。

表6-3　　　　按性别划分的员工日常工作使用电脑状况　　　（单位：%）

日常工作是否使用电脑	男	女
是	55.04	85.85
否	44.96	14.15
合计	100.00	100.00

$N=384$。

第二节　工作时间与职业培训、晋升

　　工作时间又称劳动时间，是指法律规定的劳动者在一昼夜和一周内从事劳动的时间。工作时间的长度由法律直接规定，或由集体合同或劳动合同直接规定。劳动者或用人单位不遵守工作时间的规定或约定，要承担相应的法律责任。如今，工作时长是衡量一个企业员工劳动强度的重要指标，也是判断一个国家人权的重要标准。工作时间过短，影响企业的经济效益。工作时间过长，不利于提升企业的生产效率，对于员工来说，也是精神上和肉体上的透支。

职业培训是直接为适应经济和社会发展的需要，对要求就业和在职劳动者以培养和提高素质及职业能力为目的的教育和训练活动。职业培训能够提高员工的工作能力，让员工更快更好地适应企业的工作环境，进而提高企业的生产效率。

晋升是企业选拔人才的一种方式，是对员工能力的一种肯定，也是对企业管理机构的一种优化，对员工有着强大的激励作用。晋升一方面可以为职员提供更为广阔的发展机会，另一方面也不失为一个吸引优秀员工的因素。本节将对受访企业的工作时长，职业培训和职位晋升的统计情况进行分析。

表6-4展示了不同性别之间管理人员与非管理人员的分布情况。从男性员工来看，管理人员占整体男性员工的15.05%，非管理人员占整体男性员工的84.95%；从女性员工来看，管理人员占整体女性员工的22.64%，非管理人员占整体女性员工的77.36%。总体来说，此次调研中，女性管理员工多于男性。但这不表明，女性员工成为管理人员比男性员工成为管理人员机会更多。考虑到本次调研的样本中，包含了一些高级服务业和大型央企办事处，这对数据产生了一定影响。

表6-4　　　　按性别划分的管理人员与非管理人员分布　　　　（单位：%）

是否是管理人员	男	女
是	15.05	22.64
否	84.95	77.36
合计	100.00	100.00

$N=385$。

表 6 - 5 是土耳其籍员工入职中资企业后培训内容的分布情况，总样本数为 383。从这些培训内容来看，员工进行安全生产培训占比最高，男性员工是 62.18%，女性员工是 28.30%。此外，没有进行培训的员工所占比例很高，男性员工为 16.73%，女性员工为 25.47%。结合数据，土耳其的中资企业在为当地员工提供职业培训的种类较少，主要集中于安全生产方面。根据实际调研情况，中资企业主与员工之间的沟通方式大多使用英文沟通，或者聘请翻译，在土中资企业中文普及率普遍较低，企业主应对此现象更加重视。此次调研中，还有约五分之一的员工还未曾接受企业入职后的培训。企业主应该加强对员工的职业培训，提升员工的工作能力。

表6-5　　　　　　按性别划分的员工入职后的培训内容（多选题）　　　（单位：%）

入职后是否进行过专门培训或进修	男	女
管理技能	5.45	15.09
人际交往技能	6.55	17.92
写作能力	1.82	10.38
职业道德	6.18	9.43
中文读写	4.36	16.98
英文读写	4.73	11.32
计算机技能	6.18	12.26
技术性技能	22.18	19.81
安全生产	62.18	28.30
其他	2.18	4.72
没有培训	16.73	25.47

$N = 381$。

表6-6　　　　　　按性别划分的员工最近一次的培训内容（多选题）　　　（单位：%）

最近一次培训的内容	男	女
管理技能	7.02	14.10
人际交往技能	5.70	12.82

最近一次培训的内容	男	女
写作能力	1.75	7.69
职业道德	3.51	7.69
中文读写	5.26	19.23
英文读写	4.39	8.97
计算机技能	3.51	7.69
技术性技能	15.79	23.08
安全生产	71.05	25.64
其他	3.07	7.69

$N = 306$。

从受访者最近一次的培训内容来看，安全生产比例最高，71.05%的男性员工和25.64%的女性员工参与了此项培训。其次为技术性技能培训，男性为15.79%，女性为23.08%。写作培训参与度最低，男性为1.75%，女性为7.69%。由此可知，中资企业的土籍员工最近一次培训内容集中在安全生产和技术性工作，而忽视了一些基本技能的培训，如人际交往技能、职业道德、中文读写等。

表6-7展示了不同性别的土籍员工职业晋升状况，总样本数为385。男性员工在本企业得到了职业晋升占比为21.51%，约占男性员工整体的五分之四（78.49%）并没有得到职业晋升；女性员工在本企业得到职业晋升占比为28.30%，剩余71.70%未晋升。这表明，受访女性员工获得晋升的概率略大于男性。受工作性质和性别差异影响，女性进入服务业等非纯体力劳动行业的概率高于男性，这些行业分工明确，管理层次多，企业主更青睐较为细心的女性来担任管理职位。

表6-7　　　　　　　按性别划分的员工的职业晋升状况　　　　　（单位：%）

进本企业后是否有职业晋升	男	女
是	21.51	28.30
否	78.49	71.70

进本企业后是否有职业晋升	男	女
合计	100.00	100.00

N = 385。

表6-8说明了土耳其管理人员与非管理人员上月平均每周工作天数的差异情况，总样本数为385。大多数员工工作时长为5—6天，超过8成的受访者工作时长为5天，低于5天不同性别的员工占比均未超过10%。这表明在土耳其，员工工作时长较为稳定，双休日的休息制度普及情况较好。但在工作时长超过5天的情况中，非管理人员占比为13.79%，高于管理人员的10.61%。这表明此次调查，相比于管理人员，非管理人员工作时间更长，能享受双休日的机会更少。

表6-8　　　　管理人员与非管理人员上月平均每周工作天数的差异　　（单位：%）

上月平均每周工作天数	管理人员	非管理人员
0	0.00	0.31
1	0.00	0.31
2	0.00	2.51
3	0.00	0.63
4	1.52	1.88
5	87.88	80.56
6	6.06	12.85
7	4.55	0.94
合计	100.00	100.00

N = 385。

第三节　工会组织与社会保障

社会保障是关系国计民生的大事，社会保障制度的发展和完善有利于整个社会的安定稳定和和谐，能起到托底和保障的作用。一方面，社会保障的健全，使人们的社会化大大增强了，使人们更多地更加自觉地去关注社会和自然，开阔了人们的视野，丰富了人们的生活，特别是精神生活；另一方面，社会保障使人们能而且可以去提高自身的素质，因为，社会给个人提供了越来越多的支持，使个体从各种社会关系中不断地解放出来，能用更多的精力来提高自身的素质。而工会组织是广大职工维权的重要机构，是企业主与员工沟通的重要桥梁，对企业的发展和员工的权益保障有着重要的意义。以上两个方面将是本节讨论的主题。

表6-9体现了土籍员工加入企业工会的状况，总样本数为94。男性员工有63.41%加入了企业工会，而女性员工为41.67%，男性多于女性。从员工整体来看，加入企业工会的占比为60.64%，而有39.36%没有加入企业工会。工会作为员工维权的重要机构，对员工的权利保障具有重要意义。相当一部分的受访员工并未加入企业工会，他们的一些合法权益面临着随时被侵害的风险，这应该引起企业主的重视。

表6-9	按性别划分的员工加入企业工会状况		（单位：%）
本人是否加入企业工会	男	女	总计
是	63.41	41.67	60.64
否	36.59	58.33	39.36

$N=94$。

相比土耳其企业工会的保障情况，全国性行业工会的普及率更低。表6-10的数据显示，91.85%的受访者并未加入到行业工会中，只有6.52%的员工是行业工会的一员。从性别差异来看，男性员工加入行业工会的比例为7.20%，高于女性的4.81%。其中，只有1.63%的受访者表示当地没有行业工会。这表明，土耳其当地行业工会知名度较高，但民众的参与度较低，行业工会难以发挥真正的效用来保障员工的相关劳动权益。

表6-10　　　　　　　　按性别划分的员工加入行业工会状况　　　　（单位：%）

本人是否加入行业工会	男	女	总计
是	7.20	4.81	6.52
否	91.67	92.31	91.85
当地没有行业工会	1.14	2.88	1.63

$N = 368$。

表6-11描述的是受访企业管理人员与非管理人员享受社会保险的情况，总样本数为385。从工作岗位提供社保的情况来看，96.97%的管理人员和3.03%的非管理人员能享受社会保障。在工作不提供社会保障的情况下，管理人员享受社保的比例为91.22%，非管理人员的比例为8.78%。在此次调查中，92.21%的管理人员享受了社会保险，而非管理人员享受社保的比例只有7.79%。这说明企业的管理人员和非管理人员的待遇有着明显的差距，管理层员工的社保情况明显优于普通员工。

表6-11　　　　　　管理人员与非管理人员是否享有社会保障　　　　（单位：%）

此工作是否提供社会保障	管理人员	非管理人员
是	96.97	3.03
否	91.22	8.78
合计	92.21	7.79

$N = 385$。

表6-12反映的是土籍管理人员与非管理人员享有社会保障类型的情况，样本总数为352。从管理人员分析，享有医疗保险为95.16%，养老保险为54.84%，其他为0.00%，不清楚保险类型为3.23%；从非管理人员分析，享有医疗保险为98.97%，养老保险为

57.59%，其他为0.69%，无不清楚保险类型者。由此可知，在土的中资企业为土耳其籍员工提供的社会保障类型主要为医疗保险和养老保险。其中，无论管理人员或非管理人员，医疗保险占比均大幅领先养老保险，覆盖率较高。同时，不清楚保险类型的员工占比极少，说明了中资企业为土耳其籍员工提供了较为完善的社会保障。

表6－12　　　　管理人员与非管理人员享有的社会保障类型（多选题）（单位：%）

提供了哪些社会保障	管理人员	非管理人员
医疗保险	95.16	98.97
养老保险	54.84	57.59
其他	0.00	0.69
不清楚	3.23	0.00

$N = 352$。

　　表6－13展示了管理人员和非管理人员加入行业工会的情况，样本总数为368。在受访员工中，只有10.77%的管理人员参加了行业工会，87.69%的管理人员并没有加入，而非管理人员的情况更严峻，只有5.61%的非管理人员加入了全国性的行业工会，没加入的比例高达92.74%。其中，1.54%的管理人员和1.65%的非管理人员表示当地并没有行业工会。这表明，全国性行业工会对土耳其中资企业的影响力较小，受访的土耳其员工的劳动权利并没有得到全国性行业工会的良好保护。

表6－13　　　　　　管理人员与非管理人员加入行业工会状况　　　　（单位：%）

本人是否加入行业工会	管理人员	非管理人员
是	10.77	5.61
否	87.69	92.74
当地没有行业工会	1.54	1.65
合计	100.00	100.00

$N = 368$。

表 6-14 反映了在土耳其中资企业的土籍管理人员与非管理人员解决纠纷方式的情况，样本总数为 362。从管理人员的选择情况来看，最可能采取的方式是找企业管理部门投诉，占 65.52%；没有采取任何行动占比 10.34%；找企业工会投诉和向劳动监察部门投诉各占 6.90%；其他行为方式占 5.17%；独自停工和辞职占 3.45%；参与罢工和上网反映情况占 0%。而非管理人员最可能采取的方式是找企业管理部门投诉占 70.07%；向劳动监察部门投诉占 14.47%；没有采取任何行动占 3.95%；上网反映情况占 2.96%；找行业工会投诉占 2.30%；独自停工、辞职占 1.97%；其他和找企业工会投诉各占 1.64%；参与罢工占 0.99%。

表 6-14　　　　　管理人员与非管理人员解决纠纷方式的差异　　　　（单位：%）

最有可能采取的解决纠纷方式	管理人员	非管理人员
找企业管理部门投诉	65.52	70.07
找企业工会投诉	6.90	1.64
找行业工会投诉	1.72	2.30
向劳动监察部门投诉	6.90	14.47
独自停工、辞职	3.45	1.97
参与罢工	0.00	0.99
上网反映情况	0.00	2.96
没有采取任何行动	10.34	3.95
其他	5.17	1.64
合计	100.00	100.00

$N = 362$。

总体来看，管理人员和非管理人员之间的差距依然存在，相比于管理人员，非管理人员的选择方式更多。找企业管理部门投诉是受访者最有可能采取的解决纠纷的方式，选择其他方式的占比很低。这说明，土耳其社会上的相关机构和互联网在解决社会纠纷方面影响力较小，难以对企业主形成有效的约束力，选择企业内部解决是广大受访者的首选。

第四节　个人和家庭收入

收入是指企业在日常活动中形成的、会导致所有者权益增加的、与所有者投入资本无关的经济利益的总流入。收入的高低与员工的生活水平息息相关，而影响收入的因素众多，本节就将对此问题展开分析。

表6-15反映了受访员工工资拖欠的情况。受访的管理人员均表示未出现过工资拖欠的情况，而仅有0.63%的非管理人员表示工资有过拖欠。工资是员工重要的生活来源，工资一旦拖欠，将对员工的日常生活产生重大影响。数据显示，在土耳其的中资企业对待管理人员或非管理人员差别不大，按时结算工资，拖欠工资的现象极少发生。

表6-15	管理人员与非管理人员工资拖欠状况	（单位：%）
有无未结算工资超过1个月	管理人员	非管理人员
有	0.00	0.63
没有	100.00	99.37
合计	100.00	100.00

$N = 384$。

表6-16反映的是受访者的月收入分布情况，样本总数为210。从男性员工来看，1700—2084里拉的员工为23.30%；2085—2275里拉的员工为21.02%；2276—2500里拉的员工为27.84%；2501—4500里拉的员工为17.05%；4501—20000里拉的员工为10.80%。大多数男性员工收入集中于2500里拉以下。女性员工的情况是，1700—2084里拉的员工为11.76%；2085—2275里拉的员

工为 20.59%；2276—2500 里拉的员工为 8.82%；2501—4500 里拉的员工为 29.41%；4501—20000 里拉的员工为 29.41%。月收入在 2500 里拉以上的女性受访者占比高达 58.82%。结合表 6-6 来看，受访管理人员为女性的比例更高，女性员工平均工资明显高于男性员工，特别是在高收入区间 4501—20000 里拉的更比男性员工有优势。

表 6-16　　　　　　　　　　按性别划分的员工月收入层次分布

（单位：土耳其里拉、%）

性别	1700—2084	2085—2275	2276—2500	2501—4500	4501—20000
男	23.30	21.02	27.84	17.05	10.80
女	11.76	20.59	8.82	29.41	29.41
总计	21.43	20.95	24.76	19.05	13.81

$N = 210$。

从员工整体分析，1700—2084 里拉的员工为 21.43%；2085—2275 里拉的员工为 20.95%；2276—2500 里拉的员工为 24.76%；2501—4500 里拉的员工为 19.05%；4501—20000 里拉的员工为 13.81%。此次调研，受访者的收入分布较为平均，月收入在 2276—2500 里拉的占比最高。

通过表 6-17 可以看到土耳其员工按照年龄来划分的月收入分布情况。17—25 岁的受访者月收入主要集中在 2276—2500 里拉区间中，占比为 45.00%，其次为 1700—2084 里拉，占比为 22.50%，4501—20000 里拉占比最小，仅有 2.50%。26—35 岁年龄组的收入分布最为均匀，样本量集中于 2276—2500 里拉，约占四分之一（25.89%），最高收入的占比扩大到 12.50%。36 岁及以上年龄组的情况两极分化最为明显，最低收入与最高收入的占比相同（24.14%），中间收入的占比最低，仅为 8.62%。

表6-17 按年龄组划分的员工月收入分布

（单位：土耳其里拉、%）

年龄组	1700—2084	2085—2275	2276—2500	2501—4500	4501—20000
17—25 岁	22.50	15.00	45.00	15.00	2.50
26—35 岁	19.64	24.11	25.89	17.86	12.50
36 岁及以上	24.14	18.97	8.62	24.14	24.14
总计	21.43	20.95	24.76	19.05	13.81

$N = 210$。

从整体来分析，1700—2084 里拉的员工为 21.43%，2085—2275 里拉的员工为 20.95%，2276—2500 里拉的员工为 24.76%，2501—4500 里拉的员工为 19.05%，4501—20000 里拉的员工为 13.81%。此次调查的样本，随着年龄的增大，最高收入的占比就越大，中间收入的占比就越小。

表6-18 展示了按受教育程度划分的员工月收入分布情况，样本总数为 210。未受过教育的员工收入情况是：1700—2084 里拉的员工为 37.50%，2085—2275 里拉的员工为 31.25%，2276—2500 里拉的员工为 3.13%，2501—4500 里拉的员工为 12.50%，4501—20000 里拉的员工为 15.63%；小学学历的员工收入情况是：1700—2084 里拉的员工为 22.22%，2085—2275 里拉的员工为 26.85%，2276—2500 里拉的员工为 36.11%，2501—4500 里拉的员工为 12.96%，4501—20000 里拉的员工为 1.85%；中学学历的员工收入情况是：1700—2084 里拉的员工为 12.86%，2085—2275 里拉的员工为 7.14%，2276—2500 里拉的员工为 17.14%，2501—4500 里拉的员工为 31.43%，4501—20000 里拉的员工为 31.43%；本科及以上学历的员工收入情况是：1700—2084 里拉的员工为 21.43%，2085—2275 里拉的员工为 20.95%，2276—2500 里拉的员工为 24.76%，2501—4500 里拉的员工为 19.05%，4501—20000 里拉的员工为 13.81%。由此可知，受访中资企业土耳其籍

员工受教育程度与员工收入关系并不大。本科及以上学历的员工收入分配较为平均，各个工资区间变化不大（除最高工资区间外），而小学教育程度的员工工资收入并不比本科及以上学历的员工收入低。

表6-18　　　　　　　　按受教育程度划分的员工月收入分布

（单位：土耳其里拉、%）

最高学历	1700—2084	2085—2275	2276—2500	2501—4500	4501—20000
未受过教育	37.50	31.25	3.13	12.50	15.63
小学学历	22.22	26.85	36.11	12.96	1.85
中学学历	12.86	7.14	17.14	31.43	31.43
本科及以上	21.43	20.95	24.76	19.05	13.81
总计	37.50	31.25	3.13	12.50	15.63

$N = 210$。

根据表6-19提供的数据，71.43%的农村员工收入低于2500里拉，而城市的比例只有66.25%。月收入在4501里拉以上的员工中，农村员工占比为4.08%，城市员工为16.88%。受访的农村员工收入集中于2085—2275里拉之间，而城市员工集中于2276—2500里拉之间。这表明，来自农村的受访者整体收入水平低于城市员工，尤其是高收入群体，差距更大。

表6-20揭示了管理人员与非管理人员收入的分布情况，样本总数为210。从管理人员来看，收入在2500里拉以下的占比仅有16.66%，83.33%的管理人员月收入超过2500里拉。而有73.65%的非管理人员月收入低于2500里拉，超过2500里拉的占比仅为26.35%。由此可见，受访企业的管理人员和非管理人员在工资收入上差距悬殊。尤其是高薪层次，超过四成（45.83%）的管理人员能拿到高薪，而非管理人员不足10%。

表 6 – 19　　　　　　　　按出生地划分的员工月收入分布

（单位：土耳其里拉、%）

农村或城镇	1700—2084	2085—2275	2276—2500	2501—4500	4501—20000
农村	18. 37	30. 61	22. 45	24. 49	4. 08
城市	22. 50	18. 13	25. 62	16. 88	16. 88
总计	21. 53	21. 05	24. 88	18. 66	13. 88

$N = 209$。

表 6 – 20　　　　　　　管理人员与非管理人员的月收入分布

（单位：土耳其里拉、%）

是否是管理人员	1700—2084	2085—2275	2276—2500	2501—4500	4501—20000
是	0. 00	8. 33	8. 33	37. 50	45. 83
否	24. 19	22. 58	26. 88	16. 67	9. 68
总计	21. 43	20. 95	24. 76	19. 05	13. 81

$N = 210$。

表 6 – 21 反映了受访员工家庭的年收入状况。按照家庭年收入状况进行分析，年收入在 19200—20000 里拉的家庭，频数为 40，百分比为 23. 26%；在 20001—30000 里拉的家庭，频数为 43，百分比为 25%；在 30001—58000 里拉的家庭，频数为 30，百分比为 17. 44%；在 58001—104000 里拉的家庭，频数为 33，百分比为 19. 19%；在 104001—162000000 里拉的家庭，频数为 26，百分比为 15. 12%。此次调查，样本覆盖较广，受访员工家庭年收入大多集中于 20001—30000 里拉之间，各组占比差距不人。

表 6 – 21　　　　　　　　家庭年收入状况　　　（单位：土耳其里拉、%）

家庭年收入	频数	百分比
19200—20000	40	23. 26
20001—30000	43	25. 00
30001—58000	30	17. 44

续表

家庭年收入	频数	百分比
58001—104000	33	19.19
104001—162000000	26	15.12

第五节　家庭地位和耐用消费品

随着社会经济的发展，越来越多的耐用消费品进入到土耳其的家庭中，在提升民众生活质量的同时，也推动了经济的发展。汽车和摩托车作为代步工具，受到了人民的青睐。手机和电视是民众获取信息，进行通信联络的重要工具。食物的保鲜能够提升人民的健康水平，冰箱是现代化厨房革命的重要标志。经历过曲折发展的土耳其，民众对这些耐用消费品的拥有情况是什么样的？原产国是哪里？本节将对这些问题进行分析。

表 6 - 22 描述了受访者当前和进入企业时的家庭社会经济地位自评情况。进入企业时自评均值为 5.96，当前均值为 6.05，上升了0.09。证明进入企业后，对员工的社会经济地位有一定的提升作用。自我评价的最大值为 10，最小值为 1，当前的样本量为 369，进入企业时为 365。进入企业时的数据标准差为 2.22，当前为 2.06，数据的标准差变小，数据更为集中。

表 6 - 22　　　　当前和进入企业时的家庭社会经济地位自评　　（单位：个）

时间点	样本量	均值	标准差	最小值	最大值
当前	369	6.05	2.06	1.00	10.00
进入企业时	365	5.96	2.22	1.00	10.00

表 6 - 23 展示了不同教育情况受访者家庭耐用消费品的拥有率，样本总数为 383。汽车的普及率差距较大，约一半（55.09%）的受

访者表示家中拥有汽车。除未受过教育的受访者以外，受教育水平越
高，汽车的拥有率就越高。摩托车的普及率较低，均未超过10%。
手机、冰箱和电视的拥有率很高，说明这些耐用消费品已经融入到土
耳其人民的生活中。此次调研，未受过教育的受访者数量极少，各耐
用消费品拥有率高的现象并不具有代表性。

表6-23　　　　　　按受教育程度划分的家庭耐用消费品拥有率　　（单位：%）

学历	汽车	电视	摩托车	手机	冰箱
未受过教育	100.00	100.00	0.00	100.00	100.00
小学学历	29.27	100.00	7.50	100.00	100.00
中学学历	52.25	96.65	3.35	99.44	100.00
本科及以上	64.42	94.44	7.98	99.38	98.15
总计	55.09	96.08	5.74	99.48	99.22

$N=383$。

　　表6-24描述了受访者按出生地划分家庭耐用消费品的拥有情
况，样本总数为381。出生在农村的员工，汽车拥有率为48.39%，
电视拥有率为91.40%，摩托车拥有率为8.60%，手机拥有率为
100%，冰箱拥有率为96.77%；出生在城市的员工，汽车拥有率为
56.94%，电视拥有率为97.57%，摩托车拥有率为4.86%，手机拥
有率为99.31%，冰箱拥有率为100%。由此可知，无论出生在农村
还是城市，除了摩托车外，其他家庭耐用消费品拥有率都很高。城市
的汽车、电视和冰箱拥有率高丁农村，摩托车在农村地区更受青睐。

表6-24　　　　　　按出生地划分的家庭耐用消费品拥有率　　（单位：%）

出生地	汽车	电视	摩托车	手机	冰箱
农村	48.39	91.40	8.60	100.00	96.77
城市	56.94	97.57	4.86	99.31	100.00
总计	54.86	96.06	5.77	99.48	99.21

$N=381$。

受访员工按照月收入划分各家庭耐用消费品拥有情况如表6－25所示。月收入在1700—2084里拉的受访者，汽车拥有率为37.78%，电视拥有率为97.78%，摩托车拥有率为6.82%，手机拥有率为100%，冰箱拥有率为97.78%；月收入在2085—2275里拉的受访者，汽车拥有率为43.18%，电视拥有率为100%，摩托车拥有率为0%，手机拥有率为100%，冰箱拥有率为100%；月收入在2276—2500里拉的受访者，汽车拥有率为51.92%，电视拥有率为98.08%，摩托车拥有率为1.92%，手机拥有率为96.15%，冰箱拥有率为100%；月收入在2501—4500里拉的受访者，汽车拥有率为80%，电视拥有率为97.50%，摩托车拥有率为7.50%，手机拥有率为100%，冰箱拥有率为100%；月收入超过4500里拉的受访者，汽车拥有率为65.52%，电视拥有率为96.55%，摩托车拥有率为6.90%，手机拥有率为100%，冰箱拥有率为100%。

表6－25　　　　　　　按月收入划分的家庭耐用消费品拥有率

（单位：土耳其里拉、%）

个人月收入	汽车	电视	摩托车	手机	冰箱
1700—2084	37.78	97.78	6.82	100.00	97.78
2085—2275	43.18	100.00	0.00	100.00	100.00
2276—2500	51.92	98.08	1.92	96.15	100.00
2501—4500	80.00	97.50	7.50	100.00	100.00
4501—20000	65.52	96.55	6.90	100.00	100.00
总计	54.29	98.10	4.31	99.05	99.52
	$N=210$	$N=210$	$N=209$	$N=210$	$N=210$

总体来看，收入在2501—4500里拉之间的受访者是家庭耐用消费品拥有率最高的，随着收入的增加，汽车拥有率整体也越高。但无论何种收入阶段，摩托车是耐用消费品拥有率比重最少的。

图6－2展示的是受访员工家中拥有轿车/吉普车/面包车的原产国百分比分布情况，样本总数为210。其他国家的比重最高为23.81%，

其次为日本，比重为 23.33%，土耳其的比重为 7.14%，美国的比重为 6.67%，中国的比重为 2.86%，印度的比重为 0.95%。由此可知，日产汽车最受土耳其员工青睐，其次是本国汽车、美国汽车和中国汽车，印度汽车普及率最低。与美国、日本的汽车相比，中国制造的汽车比较优势尚未凸显，导致市场占有率很低。未来土耳其的汽车需求会越来越多元，中国的汽车制造商可以调整策略，进而拓展土耳其的市场。

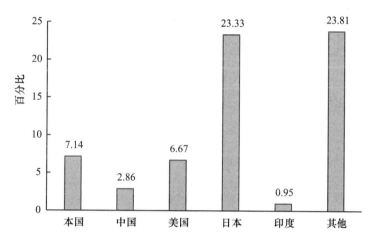

图 6 - 2　家庭拥有轿车/吉普车/面包车的原产国百分比分布（多选题）（N = 210）

图 6 - 3 展示的是受访者家中电视原产国的分布情况，样本总数为 366。按照百分比由多到少来看，其他国家生产的比例最高为 41.26%，土耳其本国生产为 34.43%，日本生产为 16.397%，中国生产为 4.37%，美国生产为 1.64%。受访者的电视 4 成产自其他国家，土耳其生产的电视约占三分之一。日本电视产业发展历史悠久，品牌口碑良好，在土耳其占有一席之地。而近年来，中国电视企业发展迅速，但在土耳其市场占有率较低，中国电视企业应提升对土耳其市场的重视，加强产品服务宣传。

图 6 - 4 展示了受访者家庭拥有滑板车/摩托车/轻便摩托车原产国的百分比分布情况，样本总数为 22。按百分比由多到少来看，中国为原产国的比例最高，为 27.27%，其次为日本，占比 22.73%，

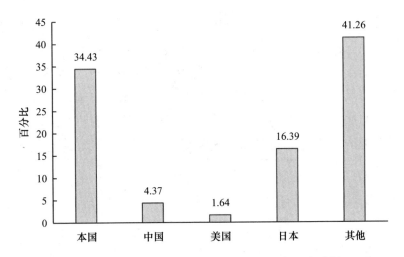

图6-3 家庭拥有彩色或黑白电视的原产国百分比分布（多选题）（N=366）

土耳其作为原产国的比例为18.18%，美国作为原产国的比例最低为4.55%。由此可知，亚州国家生产的滑板车/摩托车/轻便摩托车最受土耳其人民青睐，特别是中国和日本。

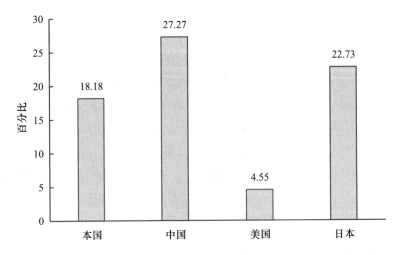

图6-4 家庭拥有滑板车/摩托车/轻便摩托车的原产国百分比分布

（多选题）（N=22）

图6-5展示了受访员工家庭拥有移动电话的原产国百分比的分布情况，样本总数为379。按百分比由多到少来看，美国为41.42%，中国为29.02%，日本为8.44%，土耳其为7.39%，印度为0.26%，其他国家为2.90%。由此可知，美国生产的移动电话最受青睐，其次为中国。特别是美国生产的手机，占据了四成（41.42%）的市场份额，比中国和日本总和还要多。结合实际调查情况，部分受访者可能记不住移动电话的品牌或分辨不清移动电话的原产地为哪国，这也说明中国移动电话品牌在土耳其的宣传工作没有做到位，难以形成强有力的品牌效应。

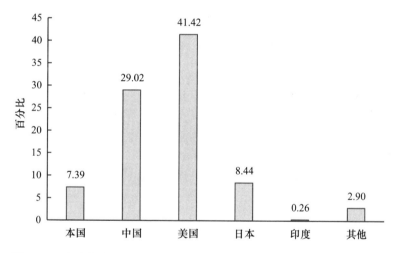

图6-5 家庭拥有移动电话的原产国百分比分布（多选题）（*N*=379）

图6-6是受访者拥有冰箱原产国的分布图。从图中可看出，约一半（53.44%）的受访者拥有的冰箱产自本国，日本2.12%，美国1.32%，中国仅有0.79%，其他国家还有13.23%的市场份额。由此可见，受访员工最喜欢土耳其生产的冰箱，其次为其他国家、日本和美国，中国在当地市场占有率很低。近年来，我国的冰箱企业成长迅速，在国际上占有率越来越高。土耳其市场前景广阔，未来有较大的增长潜力与空间，我国冰箱企业应该提升重视程度。我国冰箱企业要

充分做好市场调研，做好广告宣传工作，才能占取更广阔的市场份额。

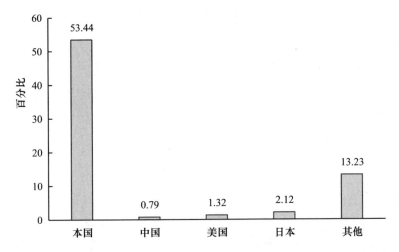

图6-6　家庭拥有冰箱的原产国百分比分布（多选题）（N＝378）

第 七 章

交往与态度

随着社会和经济的发展，现代社会的交往形式也变得日趋复杂，交往活动成为人与人之间，人与社会、国家之间的重要桥梁。随着"一带一路"倡议相关工作的逐步推进，沿线国家与中国的联系也日益紧密，土耳其位于欧亚大陆交通的十字路口，是"一带一路"倡议重要组成部分。自1971年建交以来，中土两国双边关系发展较快，各领域的合作日益深入，中土两国合作交流越来越丰富。本章将重点探究土耳其中资企业员工的社会交往态度，分析土籍员工对世界主要国家和公共议题的态度。

第一节　社会交往与社会距离

从历史上看，位于小亚细亚半岛上的土耳其一直受到周边各种文化的影响。作为在全球有一定影响力的国家，土耳其与不同国家之间的社会交往，可以有效推动国际关系，促成国际交流合作。而社会交往的效果，很大程度可以由社会距离的远近来判断。本节内容意在探讨土耳其人与中、美、日、韩四国的交往情况，并突出研究中资企业土籍员工与中国人的相处情况。

图7-1展示了受访员工与中国人、美国人、日本人和韩国人的社会距离分布情况。按照从亲密到疏远将社会距离分为7个等级。图

上的折线趋势基本一致，受访员工对于中、美、日、韩四国民众的社交意愿在国别上并没有较大的差别。超过50%的受访者选择了第一项，即愿意与其成为伴侣。选择第七项，即完全不愿意与其交往的受访者占比均未超过2%。总体而言，受访员工的社会交往行为十分积极，这与土耳其的历史文化和地理位置息息相关，土耳其位于欧亚非大陆的十字路口，自古以来就是各文化影响力的汇集点，而土耳其伊斯兰教的世俗化程度较高，与世界各国的往来程度频繁，导致土耳其人对待外来文化和外国民族有着明显的包容性。

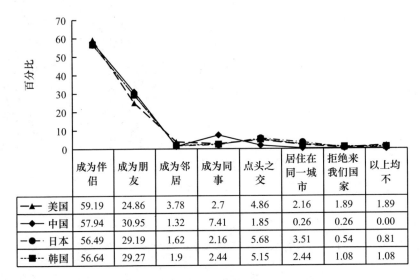

	成为伴侣	成为朋友	成为邻居	成为同事	点头之交	居住在同一城市	拒绝来我们国家	以上均不
美国	59.19	24.86	3.78	2.7	4.86	2.16	1.89	1.89
中国	57.94	30.95	1.32	7.41	1.85	0.26	0.26	0.00
日本	56.49	29.19	1.62	2.16	5.68	3.51	0.54	0.81
韩国	56.64	29.27	1.9	2.44	5.15	2.44	1.08	1.08

图7-1　员工与中美印日四国民众的社会距离分布

从四国的比较来看，愿意与美国人成为伴侣的受访员工占比为59.19%，为四国之最，但是拒绝与其往来的占比为1.89%，也是四国之最，这表明了受访者对于美国的交往态度较为极端。而对中国的态度更为集中，前两项相加比例为88.89%，高于其他三国，选择后两项的比例均为0.26%，低于其他三国。综上，有99.48%的比例愿意和中国人有交集，受访员工对中国人的社会距离最近。

表7-1展示的是不同性别受访员工在本企业拥有中国朋友数量

的情况，样本总数是 381。按照性别分析，278 个男性员工，平均每人有 5.94 个中国朋友，标准差较大为 12.41，拥有中国朋友的最小值为 0，最多的拥有 120 个。103 个女性员工，平均每人有 4.17 个中国朋友，标准差较小为 4.66，数据更为集中，拥有中国朋友的最小值为 0，最多拥有 25 个。由此可见，员工在本企业平均拥有中国朋友的个数为 4—5 个，存在没有中国朋友的情况。男性员工拥有中国朋友的数量多于女性。这可能与土耳其性别差异和家庭地位有关。男性更多从事交际、对外的职务，在工作中交际更广，而女性更多从事后勤、对内的职务，接触中国人的概率低于男性。

表 7 - 1　　　　按性别划分的员工在本企业拥有的中国朋友数量差异　（单位：个）

性别	样本量	均值	标准差	最小值	最大值
男	278	5.94	12.41	0	120
女	103	4.17	4.66	0	25

表 7 - 2 描述了受访管理人员与非管理人员在本企业拥有中国朋友数量的情况。管理人员的样本量为 65，均值为 7.25，标准差较大为 16.04，离散性太强，最小值为 0，最大值为 120。非管理人员的样本量为 316，均值为 5.10，标准差较小为 9.49，更接近真实性，最小值为 0，最大值为 100。综合来看，管理人员拥有中国朋友的数量多于非管理人员，这和中资企业管理结构有关。中资企业的中国人多担任管理角色，土方和中方的管理人员处于同一等级中，他们之间相处，地位较为平等，接触机会也更多，成为朋友的可能性更高。而土耳其非管理人员相比中国管理人员地位相对较低，接触的机会不多，成为朋友的可能性低于管理人员。

不同性别的受访员工在企业外拥有中国朋友数量的情况如表 7 - 3 所示。男性员工的样本量为 278，均值为 2.26，标准差较大为 7.89，最小值为 0，最大值为 100。女性员工的样本量为 104，均值较小为 2.40，标准差为 4.20，最小值为 0，最大值为 20。虽然男性的最大值

表7-2 管理人员与非管理人员在本企业拥有的中国朋友数量差异

（单位：个）

是否是管理人员	样本量	均值	标准差	最小值	最大值
管理人员	65	7.25	16.04	0	120
非管理人员	316	5.10	9.49	0	100

高于女性，但女性受访者均值更高，标准差更低，数据更为集中。结合实际调研情况，在受访的服务行业中，女性多为管理者，且学历较高，参与涉外应酬的机会多于男性。

表7-3 按性别划分的员工在企业外拥有的中国朋友数量差异 （单位：个）

性别	样本量	均值	标准差	最小值	最大值
男	278	2.26	7.89	0	100
女	104	2.40	4.20	0	20

表7-4对比了管理者和非管理者在企业外拥有中国朋友数量的情况。管理人员的样本数为65，平均值为3.91，标准差为5.68，最小值为0，最大值为30。非管理人员的样本数为317，平均值为1.97，标准差较大为7.29，最小值为0个，最大值为100个。结合表7-2，我们可以看到，无论企业外还是企业内，非管理人员都拥有更多的中国朋友。在企业外，管理人员和非管理人员之间的差距更明显。

表7-4 管理人员与非管理人员在企业外拥有的中国朋友数量差异（单位：个）

是否是管理人员	样本量	均值	标准差	最小值	最大值
管理人员	65	3.91	5.68	0	30
非管理人员	317	1.97	7.29	0	100

第二节 企业评价

员工对企业的评价和态度，对企业的发展有着重要的影响。本次调研设置了员工对企业的评价部分，分别从企业尊重当地风俗习惯、尊重宗教信仰，员工是否喜欢工作时间安排和晋升制度四个方面来衡量员工对于企业的满意程度。本节将对此展开分析。

表7-5描述了不同族群的受访员工对于企业尊重本地风俗习惯是否满意的分布情况，样本总数为216。从各族群来看，土耳其人完全不同意为6.19%，不同意为1.90%，一般尊重为6.19%，基本同意为19.05%，完全同意为66.67%；库尔德人完全不同意为25%，不同意为0，一般尊重为0，基本同意为0，完全同意为75%；其他族群为完全不同意0，不同意为0，一般为0，基本同意为50%，完全同意为50%。相比土耳其人，库尔德人的观点更为极端，而其他族群均持正面态度。从整体来看，三分之二（66.67%）的受访者表示完全同意，85.65%的受访者持正面态度，8.33%的受访者持负面态度。这表明土耳其的中资企业基本尊重当地风俗习惯，给员工带来的影响较小。

表7-5　　　按族群划分的是否同意"本企业尊重本地风俗习惯"　（单位：%）

族群	完全不同意	不同意	一般	基本同意	完全同意
土耳其人	6.19	1.90	6.19	19.05	66.67
库尔德人	25.00	0.00	0.00	0.00	75.00
其他	0.00	0.00	0.00	50.00	50.00
总计	6.48	1.85	6.02	18.98	66.67

$N = 216$。

表7-6反映了不同宗教信仰的员工，对于"本企业是否尊重本

地风俗习惯"的回答，样本总数为197。逊尼派伊斯兰教完全不同意为4.97%、不同意为2.48%、一般为6.21%、基本同意为19.25%、完全同意为67.08%；阿拉维派完全不同意和完全同意各占一半；无教派穆斯林完全不同意为5.26%、基本同意为15.79%、完全同意为78.95%；基督教基本同意为100%；有精神信仰但无宗教完全不同意为25%、完全同意为75%；其他的完全不同意为16.67%、基本同意为33.33%、完全不同意为50%；不信仰任何宗教基本同意为50%、完全同意为50%。从整体情况看，完全同意占据一半以上，为67.01%，持负面态度的占比为8.12%，占比较低。可见，受访企业在尊重不同宗教信仰员工的生活习俗方面，基本满足了员工的需求，获得了多数员工的认可。

表7-6　　按宗教信仰划分的是否同意"本企业尊重本地风俗习惯"（单位：%）

宗教信仰	完全不同意	不同意	一般	基本同意	完全同意
逊尼派伊斯兰教	4.97	2.48	6.21	19.25	67.08
阿拉维派	50.00	0.00	0.00	0.00	50.00
无教派穆斯林	5.26	0.00	0.00	15.79	78.95
基督宗教	0.00	0.00	0.00	100.00	0.00
有精神信仰但无宗教	25.00	0.00	0.00	0.00	75.00
其他	16.67	0.00	0.00	33.33	50.00
不信仰任何宗教	0.00	0.00	0.00	50.00	50.00
总计	6.09	2.03	5.08	19.80	67.01

$N = 197$。

对于本企业是否尊重本地风俗习惯？受访的管理人员与非管理人员有着不一样的回答。如表7-7所示，80%的管理人员对此问题持正面态度，12.31%保持中立，仅有7.69%持负面态度。而在非管理人员中，完全不同意的为5.33%，不同意的为3.45%，一般的为9.72%，基本同意为20.69%，完全同意为60.82%。从员工的整体来看81.25%对企业尊重本地风俗习惯表示满意。相较于管理人员，非管理人员更认同所在企业尊重本地风俗习惯。这是因为，企业中管理人员数量较少，他们收入较高，对生活的要求较高。一些民族上和宗教上的习俗和规定，往往收入越高的人越重视。普通员工对于物质生活和精神生活的要求相对较低，更容易得到满足。

表7-7 管理人员与非管理人员是否同意"本企业尊重本地
风俗习惯" （单位：%）

是否是管理人员	完全不同意	不同意	一般	基本同意	完全同意
是	7.69	0.00	12.31	32.31	47.69
否	5.33	3.45	9.72	20.69	60.82
总计	5.73	2.86	10.16	22.66	58.59

$N = 384$。

表7-8描述了土耳其各族群受访者认为所在企业是否尊重员工宗教信仰的情况，样本数为210。受访的土耳其人，完全不同意为3.43%，不同意为0.49%，一般尊重的为5.39%，基本同意为12.75%，完全同意的为77.94%。在土耳其，库尔德人是有着重要影响力的少数族群，从受访库尔德员工进行分析，完全不同意的为四分之一，完全同意为四分之三。从其他族群的受访员工来看，表示同意的占一半，另一半表示完全同意。从员工的整体情况来看，完全不同意为3.81%，不同意为0.48%，一般为5.71%，基本同意为12.38%，完全同意为77.62%。受访员工对企业尊重宗教信仰持正面态度的占比为90%，这说明，受访的土耳其中资企业较为尊重当地员工的宗教信仰，相比其他族群，土耳其人对企业尊重员工宗教信仰的认可度更高。

表7-9反映了受访者按照宗教信仰划分是否同意所在企业尊重员工宗教信仰情况，样本数为195。人数最多的逊尼派伊斯兰教员工有10.69%表示基本同意，79.87%表示完全同意，仅有3.15%持负

表7-8　　　　按族群划分的是否同意"本企业尊重我的宗教信仰"（单位：%）

族群	完全不同意	不同意	一般	基本同意	完全同意
土耳其人	3.43	0.49	5.39	12.75	77.94
库尔德人	25.00	0.00	0.00	0.00	75.00
其他	0.00	0.00	50.00	0.00	50.00
总计	3.81	0.48	5.71	12.38	77.62

$N = 210$。

面态度。而受访员工的阿拉维派和基督教徒均表示基本同意，无教派穆斯林持正面态度的比例高达94.74%，有精神信仰但无宗教的受访者完全同意比例为75%，不信仰任何宗教的员工持正面态度比例为75%，其他员工完全同意为66.67%。从总的情况来看，完全不同意比例为3.59%，不同意为0.51%，一般为5.64%，基本同意为12.82%，完全同意为77.44%。可见，受访企业在尊重不同宗教信仰员工的宗教信仰方面，基本满足了员工的需求，基本保证了不触犯多数宗教的规定。

表7-9　　　　按宗教信仰划分的是否同意"本企业尊重我的宗教信仰"（单位：%）

宗教信仰	完全不同意	不同意	一般	基本同意	完全同意
逊尼派伊斯兰教	2.52	0.63	6.29	10.69	79.87
阿拉维派	0.00	0.00	0.00	100.00	0.00
无教派穆斯林	5.26	0.00	0.00	15.79	78.95
基督宗教	0.00	0.00	0.00	100.00	0.00
有精神信仰但无宗教	25.00	0.00	0.00	0.00	75.00
其他	16.67	0.00	0.00	16.67	66.67
不信仰任何宗教	0.00	0.00	25.00	25.00	50.00
总计	3.59	0.51	5.64	12.82	77.44

$N = 195$。

从表7-10可以看到，不同职务的员工对于所在企业是否尊重自己的宗教信仰回答的情况，样本总数为378。在受访的管理人员中，持负面态度的占比为6.45%，基本同意的为17.74%，完全同意占比为64.52%。在非管理人员中，4.11%持负面态度，17.72%基本同意，71.52%完全同意。从总体情况来看，3.97%的受访者完全不同意，0.53%不同意，7.41%表示一般，17.72%基本同意，70.37%表示完全同意。这表示大多数员工对于所在企业尊重员工宗教信仰持正面态度，不过管理者中不满意企业对其宗教信仰的尊重占比更高。对于管理者而言，社会阶层相对较高，对于遵守宗教教规的自我意识更强，对企业的要求更高。受访企业一些不成熟的规定，可能会造成部分员工的不满。

表7-10　　　　　　管理人员与非管理人员是否同意"本企业
尊重我的宗教信仰"　　　　　　　　（单位：%）

是否是管理人员	完全不同意	不同意	一般	基本同意	完全同意
是	6.45	0.00	11.29	17.74	64.52
否	3.48	0.63	6.65	17.72	71.52
总计	3.97	0.53	7.41	17.72	70.37

$N = 378$。

表7-11描述的是受访者按族群划分是否喜欢本企业工作作息时间安排的情况，样本总数为216。受访的土耳其人中，持负面态度的占比为16.19%，表示一般的为8.10%，持正面态度的为75.72%。受访的库尔德人中，四分之一表示不同意，四分之三表示完全同意。受访的其他族群则均表示完全同意。总体而言，大部分土耳其雇员对公司的工作时间安排较为满意（75.93%），仍有少部分人不满意（16.21%），剩下的员工持中立态度（7.87%），相比于其他少数族群，土耳其人对于企业所安排的工作作息制度表示不满的比例更大。

表7-11   按族群划分的是否同意"喜欢本企业工作时间作息"（单位：%）

族群	完全不同意	不同意	一般	基本同意	完全同意
土耳其人	10.48	5.71	8.10	19.05	56.67
库尔德人	0.00	25.00	0.00	0.00	75.00
其他	0.00	0.00	0.00	0.00	100.00
总计	10.19	6.02	7.87	18.52	57.41

$N = 216$。

表7-12将企业员工按照宗教划分，以反映不同宗教信仰的员工对企业工作时长的态度，样本总数为197。作为土耳其主流教派的逊尼派伊斯兰教，有16.15%持负面态度，表示一般的为8.70%，75.16%持正面态度。而无教派穆斯林持正面态度的比例为63.16%。在受访的阿拉维派教徒中，一半表示完全不同意，一半表示基本同意，受访的基督教徒中均表示不同意。其他宗教信仰的员工超过四分之三持正面态度。从总的情况看，17.77%不满意企业工作时间安排，8.12%是中立态度，74.11%对企业工作时间表示满意。其中，阿拉维派员工和基督教徒对企业工作时间满意度低。不合理的工作作息时间安排，会影响员工在企业的工作效率和工作态度，不同宗教信仰的

表7-12   按宗教信仰划分的是否同意"喜欢本企业工作时间作息"（单位：%）

宗教信仰	完全不同意	不同意	一般	基本同意	完全同意
逊尼派伊斯兰教	11.80	4.35	8.70	16.77	58.39
阿拉维派	50.00	0.00	0.00	50.00	0.00
无教派穆斯林	5.26	21.05	10.53	10.53	52.63
基督宗教	0.00	100.00	0.00	0.00	0.00
有精神信仰但无宗教	0.00	0.00	0.00	25.00	75.00
其他	16.67	0.00	0.00	33.33	50.00
不信仰任何宗教	0.00	25.00	0.00	0.00	75.00
总计	11.17	6.60	8.12	16.75	57.36

$N = 197$。

员工对工作休息时间安排有着不一样的需求，这也要引起土耳其中资企业主的重视。

表 7 - 13 展示了受访企业不同职位员工对企业工作时间安排态度的对比情况，样本总数为 385。其中管理人员持负面态度占比为 7.58%，中立态度为 9.09%，正面态度为 83.33%。非管理人员持负面态度比例为 11.91%，中立态度为 7.84%，正面态度为 80.25%。总体来说，管理层次对受访公司的工作时间安排更为满意，相较之下，更多的非管理人员对土耳其高强度的工作安排提出了不满意见。不过超过八成（80.77%）的受访者对所在公司的工作时间安排持正面态度，说明受访中资企业制定的工作时间安排较为合理，并未造成大量员工的抱怨。

表 7 - 13　　　　管理人员与非管理人员是否同意"喜欢本企业
工作时间作息"　　　　　　（单位：%）

是否是管理人员	完全不同意	不同意	一般	基本同意	完全同意
是	4.55	3.03	9.09	36.36	46.97
否	7.52	4.39	7.84	23.51	56.74
总计	7.01	4.16	8.05	25.71	55.06

N = 385。

表 7 - 14 展示了受访者按族群划分对所在企业"中外员工晋升制度是否一致"看法的分布情况，样本总数为 185。其中土耳其人 21.11% 表示完全不同意，30.56% 表示不同意，10.56% 表示一般，10.56% 基本同意，27.22% 完全同意。而受访的库尔德人，三分之一表示不同意，三分之二表示基本同意。其他族群一半表示不同意，另一半完全同意。受访的土耳其各族群看法差异较大，相较之下，受访的库尔德人对公司的晋升制度更为不满。从总体情况来看，51.35% 的受访者认为中外员工晋升制度并不一致，仅有 38.38% 持认同态度。这表明土耳其中资企业在晋升机制的设定上，并没有做到中外员

工一致。而企业的晋升制度与员工的工作效率息息相关，不合理不公平的企业晋升制度会对企业的发展和员工的团结带来消极影响。

表7-14　　按族群划分的是否同意"中外员工晋升制度一致"　（单位：%）

族群	完全不同意	不同意	一般	基本同意	完全同意
土耳其人	21.11	30.56	10.56	10.56	27.22
库尔德人	0.00	33.33	0.00	66.67	0.00
其他	0.00	50.00	0.00	0.00	50.00
总计	20.54	30.81	10.27	11.35	27.03

$N=185$。

　　表7-15反映了不同宗教信仰的员工对于企业晋升制度的看法，可以看出各宗教之间有着显著的差异。逊尼派伊斯兰教徒中，超过一半认为晋升机制不公平，持正面态度未超过40%。而无教派穆斯林的看法较为极端，40%完全不同意，46.67%完全同意，13.33%是中立态度。受访的阿拉维派教徒和基督教徒均表示不同意所在企业中外员工晋升制度一致。其他宗教信仰的员工赞同企业晋升制度均未超过半数。相对于在土耳其影响力最大的逊尼派穆斯林，阿拉维派和基督教徒对于所在企业的晋升制度更为不满。中外员工晋升制度不公的现象在受访的中资企业较为普遍，企业在未来的管理过程中，应给予高度的重视。

表7-15　　按宗教信仰划分的是否同意"中外员工晋升制度一致"　（单位：%）

宗教信仰	完全不同意	不同意	一般	基本同意	完全同意
逊尼派伊斯兰教	20.14	30.94	10.07	11.51	27.34
阿拉维派	100.00	0.00	0.00	0.00	0.00
无教派穆斯林	40.00	0.00	13.33	0.00	46.67
基督宗教	0.00	100.00	0.00	0.00	0.00
有精神信仰但无宗教	0.00	66.67	0.00	33.33	0.00

宗教信仰	完全不同意	不同意	一般	基本同意	完全同意
其他	16.67	50.00	0.00	16.67	16.67
不信仰任何宗教	0.00	50.00	0.00	0.00	50.00
总计	21.76	30.00	9.41	10.59	28.24

$N = 170$。

表 7 – 16 体现了管理人员与非管理人员是否同意"中外员工晋升制度一致"态度的情况。管理人员中，约占整体的三分之一（28.81%）表示不同意，完全不同意的约占整体的十分之一（11.86%），完全同意的约占整体的五分之一（22.03%），一般和基本同意的持平，均为 18.64%。而非管理人员中，不同意（31.32%）和完全同意（30.25%）相差不多，8.54% 持中立态度，18.15% 表示完全不同意，11.74% 表示基本同意。从整体情况来看，47.94% 的受访者持负面态度，41.76% 持正面态度，10.29% 表示中立。可见，管理人员对于中外员工晋升制度一致性看法并不统一，不同意的居多；而非管理人员主要集中在不同意和完全同意两个方面。因此，中资企业要注意中国员工和当地员工晋升制度一致性问题，避免当地员工有负面的情绪，这样才更有利于中国企业的长远发展。

表 7 – 16　　　　管理人员与非管理人员是否同意"中外员工
晋升制度一致"　　　　（单位：%）

是否是管理人员	完全不同意	不同意	一般	基本同意	完全同意
是	11.86	28.81	18.64	18.64	22.03
否	18.15	31.32	8.54	11.74	30.25
总计	17.06	30.88	10.29	12.94	28.82

$N = 340$。

第三节 公共议题

自 1923 年共和国建立以来，土耳其的民主制度和政治文化取得了长远的发展。本节将通过受访者对一些基本公共议题的态度，以反映出土耳其政治环境和公民权利发展的状况。

表 7-17　　　　　赞成以下公共议题相关陈述的比例（一）　　　（单位：%）

分组依据	具体内容	国会议员很快与普通民众失去联系	普通民众和统治精英之间的差距要比普通人之间的差距大得多	像我这样的人对政府的行为无法产生影响
性别	男	72.20	80.79	58.97
	女	64.86	80.25	65.00
年龄组	17—25 岁	64.91	86.36	65.63
	26—35 岁	76.12	76.64	59.15
	36 岁及以上	66.04	82.24	59.26
最高学历	没有受过教育	0.00	0.00	100.00
	小学学历	77.78	72.97	67.57
	中学学历	67.13	81.08	55.63
	本科及以上	72.03	82.4	64.00
是否家庭联网	是	68.02	80.54	58.08
	否	82.00	81.13	72.22
是否手机联网	没有手机	66.67	68.75	50.00
	是	70.07	81.12	60.34
	否	87.50	87.50	87.50

对于"国会议员很快与普通民众失去联系"这一表述，超过六成的受访者表示认同。这从侧面说明，受访者对土耳其国会议员缺乏信任感，认为他们并不能够代表自己正确地行使政治权利，其中男性、中青年（26—35 岁）、小学学历、家里没有网络、手机无法联网的受

访者更加认同此观点。

对于"普通民众和统治精英之间的差距要比普通人之间的差距大得多"这一表述，有七成左右民众表示认同，这说明土耳其存在阶级分化的现象受到了多数民众的认可。其中，青年（17—25 岁）、学历中学及以上、家庭没有网络、手机无法联网的受访者更赞同土耳其社会存在阶级鸿沟。

对于"像我这样的人对政府行为无法产生影响"这一表述，各类受访者的认同情况有着明显的差距，仍有半数及以上认同此观点。可以发现，土耳其公民的权利意识较为薄弱，民众对行使其政治权利缺乏信心。在这一表述上，受教育水平低、不太接触网络的年轻女性更为赞同这一观点。而时常使用网络、高学历的男性相对拥有更高的社会地位，更为自信地认为自己有权力发表政治言论。

表 7–18　　　　　赞成以下公共议题相关陈述的比例（二）　　　（单位：%）

分组依据	具体内容	政治人物根本不关心像我这样的普通人怎么想	人民应该通过直接公投来掌握重大政治议题的最终决定权	人民才应该拥有最重要政策的决定权，而不是政治人物
性别	男	71.98	92.07	80.79
	女	64.20	81.25	80.00
年龄组	17—25 岁	67.74	88.71	85.71
	26—35 岁	75.89	89.93	82.98
	36 岁及以上	63.64	88.68	74.29
最高学历	未受过教育	0.00	100.00	100.00
	小学学历	70.27	97.22	77.78
	中学学历	67.57	89.66	82.55
	本科及以上	73.23	86.40	78.86
是否家庭联网	是	67.82	88.19	77.73
	否	80.77	94.34	94.34
是否手机联网	没有手机	68.75	87.50	83.33
	是	69.55	89.05	79.93
	否	87.50	100.00	100.00

对于"政治人物根本不关心像我这样的普通人怎么想"这一表述，有超过六成的受访者表示认同。其中男性、青壮年（17—25岁）、小学学历和本科及以上学历、家庭没有联网、手机无法上网的人更有此想法。这表明了多数受访者对土耳其政治人物持不信任态度，并对自己手中的政治权利产生了质疑。

对于"人民应该通过直接公投来掌握重大政治议题的最终决定权"这一表述，受访者的认同率超过80%。各群体的认同情况并没有太大差距，这说明"主权在民"的观点在土耳其受到了广大人民的认同，而通过公投来决定重大政治事项的方法，成为受访民众较为认同的行使政治权利可行有效的手段。

对于"人民才应该拥有最重要政策的决定权，而不是政治人物"这一表述，超过七成的受访者表示认同。其中低龄化、受教育水平低、网络使用率低是更为支持此观点民众的特征。这表明，受访者们迫切表达自己的民主意愿，希望自己能够行使其政治权利，融入到国家的政治生活中。通过以上三个问题也可发现，土耳其政治人物与普通民众之间有着明显的距离感，促使民众对政治人物普遍不信任，对自己手中的政治权利缺乏自信。

从表7-19我们可以看到，对于"国会议员们应该遵循人民的意志"这一表述，除没有手机的受访者以外，在其他受访群体的认可率均超过90%。关于这一表述的认同群体特征上，性别和年龄之间没有较大差距，在学历上，未受过教育的受访者更为赞同此观点。在接触网络频率上，家庭无法联网、手机无法联网的受访者认同率更高。对于"普通民众总是团结一致"这一表述，受访者的认同情况差距明显，男性、青壮年（17—25岁）、未受过教育、家庭无法联网、没有手机的受访者更为认同这一观点。对于"普通民众是善良和正直的"这一表述，超过半数的受访者表示认同。男性、中年及以上（36岁及以上）、未受过教育、家庭无法联网，手机无法联网的受访者更加认同这一观点。对于"普通民众享有共同的价值观和利益"这一表述，民众的认同率未超过一半，其中受教育水平不高、网络使用率低的年长的男性对此观点的认同度较高。

表 7 – 19　　　　　　　赞成以下公共议题相关陈述的比例（三）　　　　（单位：%）

分组依据	具体内容	国会议员们应该遵循人民的意愿	普通民众总是团结一致	普通民众是善良和正直的	普通民众享有共同的价值观和利益
性别	男	92.80	64.73	70.29	59.26
	女	91.57	57.32	53.66	40.70
年龄组	17　25 岁	92.31	68.75	55.56	46.97
	26—35 岁	92.96	62.67	66.45	60.26
	36 岁及以上	91.96	59.63	71.84	50.47
最高学历	未受过教育	100.00	100.00	100.00	0.00
	小学学历	91.67	67.57	91.89	86.11
	中学学历	91.39	66.23	69.93	56.58
	本科及以上	93.89	57.46	53.85	44.29
是否家庭联网	是	91.76	62.22	62.83	49.64
	否	96.15	66.04	82.69	80.39
是否手机联网	没有手机	78.57	80.00	64.29	46.67
	是	92.93	62.88	65.10	53.44
	否	100.00	33.33	100.00	100.00

　　综观上述三个表格的数据，众多公共议题中，教育水平低、网络使用率低的男性受访者往往公民意识较为薄弱，对政治人物缺乏信任感，但对民众共同价值认可度更高。土耳其人民争取民主的斗争艰难又曲折，虽然土耳其的民主进程取得了巨大的进步，但是通过此次实地调研来看，仍然存在许多问题，主要是土耳其政府和民众之间没有建立起良好的沟通桥梁，政治人物往往忽视了普通民众的需求，民众之间也没有形成较为统一的"共同价值观"，这些情况将会持续加深民众对政治人物和精英阶层的距离感。

第 八 章

媒体与文化消费

第一节　互联网和新媒体

媒体是传播消息的介质。随着科技的发展，互联网和新媒体成为传播消息的重要力量。本节通过土耳其主要媒体形式进行分析，探寻中国信息在土耳其传递存在的问题和不足。

图 8-1 展示了受访员工近一年内了解中国信息渠道的分布情况。通过本国的网路为 61.68%，通过电视占比为 48.29%，本国报刊杂志的方式占比 23.88%，企业内部员工的方式为 21.52%，企业内部资料为 11.02%，中国新媒体的方式为 10.50%，中国传统媒体为 8.40%。可见，员工主要通过土耳其网络与电视节目的方式了解中国信息，而中国新媒体的效果最差，无论是传统媒体还是新媒体，中国媒体在土耳其传播中国信息时效果都不理想。为了传递更多中国消息进入土耳其，中国媒体应该加快与当地媒体的合作，在宣传推广上相互支持和配合。

表 8-1 展示了受访员工从土耳其媒体收看中国相关新闻的情况。按照相关新闻内容来看，中国大使馆对土耳其的捐赠新闻，样本总数为 372，看到的员工为 23.39%；中国援助本国修建道路、桥梁、医院和学校的新闻，样本总数为 366，看到的员工为 30.33%；土耳其学生前往中国留学的新闻，样本总数为 376，看到的员工为 61.17%；

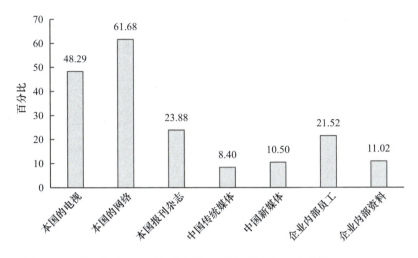

图 8-1　近一年内员工了解中国信息的渠道分布（多选题）（N = 381）

中国艺术演出的新闻，样本总数为 368，看到的员工为 46.67%。由此可以分析得出，受访员工关于中国政府活动的相关新闻了解较少，对中国援助相关宣传了解度较低。对中土人文交流方面的新闻，员工关注得较多。对于中国援助和捐赠的消息，中国媒体应该重视宣传，扩大影响力，借此提升土耳其民众关注度，以塑造我国形象。

表 8-1　　近一年内员工是否从土耳其媒体收看中国相关新闻的状况

（单位：个、%）

相关新闻	样本量	是	否
中国大使馆对本国的捐赠新闻	372	23.39	76.61
中国援助本国修建道路、桥梁、医院和学校的新闻	366	30.33	69.67
本国学生前往中国留学的新闻	376	61.17	38.83
中国艺术演出的新闻	368	46.47	53.53

图 8-2 展示了不同性别的受访员工近一年了解中国信息渠道的分布情况，样本总数为 381。受访员工主要通过网络、报刊杂志了和企业内部员工了解中国信息。从网络渠道来看，男性员工和女性员工

各为 60.73% 和 64.15%；而本国电视占比排第二位，男性员工和女性员工各为 53.45% 和 34.91%；本国报刊杂志排第三位，男性员工和女性员工各为 24.73% 和 21.70%。由此可见，男性员工和女性员工最青睐通过网络来了解中国信息，中国传统媒体普及率最低。通过网络渠道来了解中国信息，男性员工和女性员工相差不大，而通过企业内部材料了解中国信息的方式，男性员工和女性员工差别较大，女性员工占比更高。

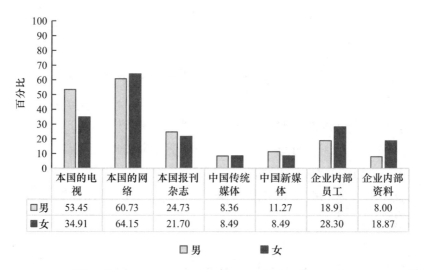

图 8-2　按性别划分的近一年内员工了解中国信息的渠道分布（多选题）

（N = 381）

图 8-3 反映不同年龄段获取中国信息渠道的对比情况，样本数为 381。从不同年龄段来看，36 岁以上的受访者，更多的青睐于通过电视、网络、报刊杂志、企业内部资料等方式来获取中国信息。26—35 岁的受访者更喜欢通过网络、电视和报刊来了解中国。17—25 岁的受访者最喜欢通过网络获取中国信息。可以看到，网络、电视、报刊杂志、企业内部员工是传播力度较强的渠道，而中国传统媒体、中国新媒体，对员工了解中国信息的传播功能较弱。随着网络技术的普及，即使是 36 岁以上的受访者，仍有很大一部分人（57.25%）通过

网络获取中国信息。

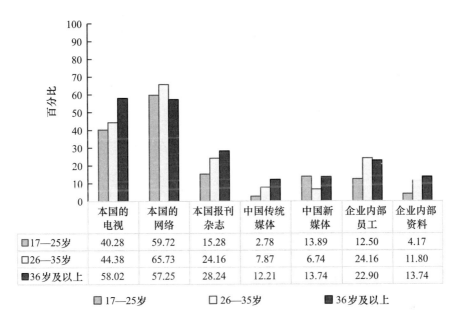

	本国的电视	本国的网络	本国报刊杂志	中国传统媒体	中国新媒体	企业内部员工	企业内部资料
17—25岁	40.28	59.72	15.28	2.78	13.89	12.50	4.17
26—35岁	44.38	65.73	24.16	7.87	6.74	24.16	11.80
36岁及以上	58.02	57.25	28.24	12.21	13.74	22.90	13.74

■ 17—25岁   □ 26—35岁   ■ 36岁及以上

图 8 - 3 按年龄组划分的近一年内员工了解中国信息的渠道分布（多选题）
（*N* = 381）

　　表 8 - 2 反映了不同受教育程度的员工近一年内了解中国信息渠道的分布情况，样本总数为 381。未受过教育的受访者均表示通过中国传统媒体了解中国信息。小学学历主要通过电视、网络和报刊杂志，分别为 70.73%、48.78% 和 31.71%。中学学历主要通过网络、电视和报刊杂志，分别为 62.01%、49.72% 和 23.46%。本科及以上学历主要通过网络、电视和企业内部员工来了解，分别为 65.00%、41.25% 和 26.88%。从整体来看，网络和电视是受访者了解中国信息的主要渠道。随着学历的提升，受访者了解中国消息的渠道也就越多。高学历受访者通过企业内部了解中国消息的占比远远高于其他学历受访者。这表明，高学历受访者接触企业内部资料的机会更多。而未受过教育的受访者数量极少，此处并不具有代表性。

表8-2 按受教育程度划分的近一年内员工了解中国信息的
渠道分布（多选题） （单位：%）

相关新闻	电视	网络	报刊杂志	中国传统媒体	中国新媒体	企业内部员工	企业内部资料
未受过教育	0.00	0.00	100.00	100.00	0.00	0.00	0.00
小学学历	70.73	48.78	31.71	12.20	7.32	14.63	2.44
中学学历	49.72	62.01	23.46	6.15	8.94	18.44	6.15
本科及以上	41.25	65.00	21.88	9.38	13.13	26.88	18.75

$N=381$。

图8-4展示了不同收入的受访者了解中国信息渠道的分布情况，样本总数为210。可以看到，低收入（1700—2084里拉）群体超过一半（60.00%）通过电视渠道获取中国信息。其他重要渠道为网络和报刊杂志，中国传统媒体和中国新媒体的贡献度较低。其中，随着收

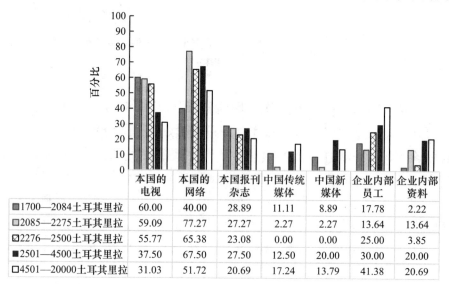

	本国的电视	本国的网络	本国报刊杂志	中国传统媒体	中国新媒体	企业内部员工	企业内部资料
■1700—2084土耳其里拉	60.00	40.00	28.89	11.11	8.89	17.78	2.22
□2085—2275土耳其里拉	59.09	77.27	27.27	2.27	2.27	13.64	13.64
⊠2276—2500土耳其里拉	55.77	65.38	23.08	0.00	0.00	25.00	3.85
■2501—4500土耳其里拉	37.50	67.50	27.50	12.50	20.00	30.00	20.00
□4501—20000土耳其里拉	31.03	51.72	20.69	17.24	13.79	41.38	20.69

■1700—2084土耳其里拉　　□2085—2275土耳其里拉　　⊠2276—2500土耳其里拉
■2501—4500土耳其里拉　　□4501—20000土耳其里拉

图8-4 按月收入划分的近一年内员工了解中国信息的渠道分布（多选题）
（$N=210$）

入的增加，选择通过电视来了解中国信息的员工人数呈下降趋势，通过企业内部员工和资料了解中国的人数则逐渐上升。而高收入群体（4501—20000 里拉）了解中国信息的渠道更多更全面，他们更愿意通过非官方渠道获取信息，更有机会接触到企业内部资料和中国传统媒体，对于网络、电视和报刊杂志渠道的依赖度就会降低。

第二节　文化消费

义化消费是指对精神文化类产品及精神文化性劳务的占有、欣赏、享用和使用等。文化消费是以物质消费为依托和前提，文化消费水平能够更直接地突出反映现代物质文明和精神文明的程度。本节将对土耳其受访者文化消费作出分析，重点考察受访者对电影/电视剧和音乐消费的国别倾向。

如表 8 - 3 所示，受访者对于中国、日本、韩国、印度、美国和俄罗斯的电影/电视剧存在一定的偏好。从华语电影/电视剧来分析，38.10% 的受访者表示从未看过，16.40% 很少看过，24.60% 有时看，13.49% 经常看，7.41% 观看很频繁。而日本、韩国、印度和俄罗斯的影视作品观看度差距不大，从不观看的占比均在 50% 左右，观看频繁的比例均未超过 6%。美国电影/电视剧最受受访者青睐，从未观看过美国的影视作品的占比仅为 11.52%，频繁观看美国影视作品的比例高达 26.18%。由于受访者均为中资企业员工，接触中国影视的机会较多，华语电影/电视剧在受访者中欢迎程度位列第二。

表 8 - 3　　　　　**员工观看不同国家的电影/电视剧的频率分布**　　　（单位：%）

频率	华语电影/电视剧 N＝378	日本电影/电视剧 N＝379	韩国电影/电视剧 N＝381	印度电影/电视剧 N＝383	美国电影/电视剧 N＝382	俄罗斯电影/电视剧 N＝382
从不	38.10	48.28	53.81	55.87	11.52	58.38

频率	华语电影/电视剧 N＝378	日本电影/电视剧 N＝379	韩国电影/电视剧 N＝381	印度电影/电视剧 N＝383	美国电影/电视剧 N＝382	俄罗斯电影/电视剧 N＝382
很少	16.40	18.21	15.75	11.75	4.19	11.52
有时	24.60	20.05	16.27	21.67	24.35	16.23
经常	13.49	8.44	11.02	7.31	33.77	9.95
很频繁	7.41	5.01	3.15	3.39	26.18	3.93

表 8-4 反映了受访员工对不同国家音乐的喜爱程度，其中美国音乐的样本数最高，日本音乐样本数最低。从受访者对不同国家音乐持有的喜欢态度来分析，对美国音乐持喜欢态度的比例为 54.19%，华语音乐为 35.34%，日本音乐为 14.76%，韩国音乐为 15.11%，印度音乐为 19.34%，俄罗斯音乐为 17.58%，对美国音乐非常不喜欢的比例也明显低于其他 5 个国家。这说明美国音乐在土耳其的普及度最高，最受土耳其民众的喜爱。

表 8-4　　　　　员工对不同国家音乐喜爱程度的频率分布　　　　（单位：%）

喜欢程度	华语音乐 N＝365	日本音乐 N＝359	韩国音乐 N＝364	印度音乐 N＝367	美国音乐 N＝382	俄罗斯音乐 N＝364
非常喜欢	12.05	4.18	4.95	4.63	23.04	5.77
喜欢	23.29	10.58	10.16	14.71	31.15	11.81
一般	20.82	18.66	17.31	16.35	13.87	17.86
不喜欢	30.96	46.24	45.88	43.60	20.42	44.23
非常不喜欢	12.88	20.33	21.70	20.71	11.52	20.33

综上，土耳其人民在文化消费方面更倾向于美国文化产品，华语影视和音乐作品在短期内难以成为土耳其主流文化消费产品。不过，随着中土两国文化交流日益频繁和深入，两国人民将会更深地了解彼此，中国和土耳其之间的文化消费市场也将越来越大。

第 九 章

中国与其他国家在土耳其影响力

第一节 中国品牌

随着我国对外开放程度不断深入，越来越多的中国企业选择"走出去"的发展战略，在国际社会上树立品牌形象。本节将调查中国品牌在土耳其的影响力，从多个方面描述土耳其受访者对本企业外中国品牌的认知情况。

如图9-1所示，受访男性员工对本企业外的中国产品品牌有认知的占比为73.63%，低于女性员工的83.02%。总的来说，中国品牌在土耳其知名度较高，有一定影响力。

如图9-2所示，小学学历的受访者对本企业外的中国产品品牌有认知的占比为41.46%，没有认知的占比为58.54%；中学学历员工对本企业外的中国产品品牌有认知的占比为73.30%，没有认知的占比为26.70%；本科及以上学历员工对本企业外的中国产品品牌有认知的占比为88.20%，没有认知的占比为11.80%。极少数没有受过教育的受访者均表示知道本企业以外的中国产品品牌。总的来看，随着受教育水平的提升，受访者对中国品牌的认知度更高。

受访者在中资企业担任职务的不同，对于中国产品品牌的认知状况影响也非常大。如图9-3所示，受访者为管理人员对本企业外的中国产品品牌有认知的占比为47.22%，没有认知的占比为52.78%；

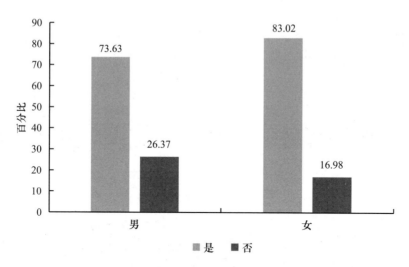

图9-1　按性别划分的员工对本企业外的中国产品品牌的
认知状况（N=379）

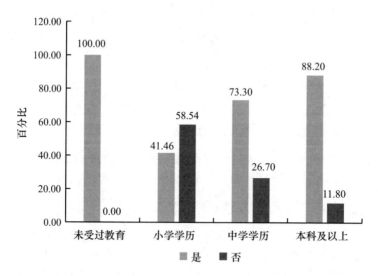

图9-2　按受教育程度划分的员工对本企业外的中国产品品牌的
认知状况（N=379）

受访者为非管理人员对本企业外的中国产品品牌有认知的占比为
12.68%，没有认知的占比为87.32%。这说明受访企业的管理人员对中国产品品牌的认知状况好于非管理人员。管理人员受教育程度较高，他们参与了中资企业的管理，工作性质需要他们更关注中国的情况。相较于非管理人员，他们更有机会和动力来了解中国产品品牌。

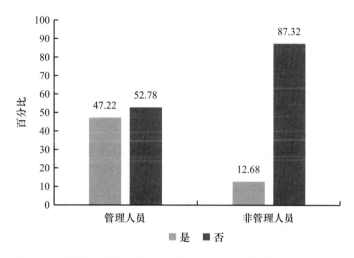

图9－3　管理人员与非管理人员对本企业外的中国产品品牌的
认知状况（*N* = 379）

网络使用状况会对受访者对中国品牌的认知状况产生影响。如表9－1所示，有上网经历的受访者对本企业外的中国产品品牌有认知的占比较高，尤其是一周至少上一次网的受访者对本企业外的中国产品品牌的认知最高。而从不上网的受访员工超过八成（83.33%）表示不认识本企业以外的中国产品品牌。这说明，网络成为宣传中国产品品牌的一个重要渠道，上网频率越高，就越容易了解中国产品品牌。

表9－1　　　　　按上网频率划分的员工对本企业外的中国产品
品牌的认知状况

（单位：%）

上网频率	是	否
一天几个小时	77. 26	22. 74

续表

上网频率	是	否
一天半小时到一小时	75.00	25.00
一天至少一次	75.00	25.00
一周至少一次	100.00	0.00
几乎不	80.00	20.00
从不	16.67	83.33
总计	76.25	23.75

$N = 379$。

图 9 - 4 展示了男性受访者具体列举其知道的中国产品品牌情况。受访的男性员工对中国的华为企业印象最深，占比最高为 50.18%，其次为小米占比为 10.75%，联想 1.08%，OPPO 为 0.36%，其他企业占比 10.75%。此外还有 26.88% 的受访者未回答此问题。

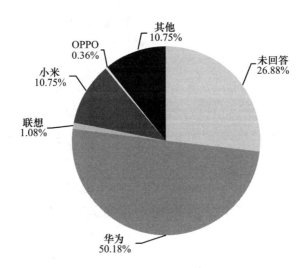

图 9 - 4 男性员工印象最深的中国企业分布（$N = 279$）

如图 9 - 5 所示，与男性员工相同，受访的女性员工对华为印象最深，占比为 55.66%。其次为小米 1.89%，OPPO 和联想占比最小均为0.94%，其他企业占比23.58%，此外还有16.98%的受访者未回答此问题。由以上两表可知，中国的通信与手机行业在土耳其有较高的知名度，华为是受访土耳其员工印象最深的中国品牌。

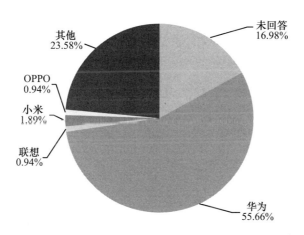

图9-5　女性员工印象最深的中国企业分布（N=106）

如表9-2所示，受访者的上网频率在一天一次及以上的员工半数及以上印象最深的中国企业是华为，而"一周至少一次"的受访者对小米印象最深（100%），几乎不上网的受访者80%对华为印象最深，从不上网的受访者83.33%并未做出回答。总体来看，受访员工印象最深的中国企业是华为，其次是小米。

表9-2　　　　按上网频率划分的员工印象最深的中国企业分布　　（单位：%）

上网频率	未回答	华为	联想	小米	OPPO	其他
一天几个小时	23.28	52.01	0.86	8.62	0.57	14.66
一天半小时到一小时	23.53	52.94	5.88	0.00	0.00	17.65
一天至少一次	25.00	50.00	0.00	12.50	0.00	12.50
一周至少一次	0.00	0.00	0.00	100.00	0.00	0.00
几乎不	20.00	80.00	0.00	0.00	0.00	0.00

上网频率	未回答	华为	联想	小米	OPPO	其他
从不	83.33	16.67	0.00	0.00	0.00	0.00
总计	24.16	51.69	1.04	8.31	0.52	14.29

$N = 385$。

第二节　企业社会责任

除经济效益外，广大中资企业还应积极履行社会责任，造福当地民众，树立良好形象。本节包含两张图表，通过受访土耳其员工对中资企业在土耳其开展项目援助的认知情况，以及他们对本企业在当地开展援助类型期待的分析，以反映出目前土耳其中资企业在履行社会责任方面的不足之处，为以后企业主处理相关问题提供借鉴。

图9-6描述了受访员工最希望所在企业在本地开展了救援类型的分布情况，其中，超过八成（81.36%）的受访者希望教育援助，其次为卫生援助（63.78%）、培训项目援助（37.27%）和直接捐钱（26.25%）。而社会服务设施援助（8.14%）、公益慈善捐赠（8.92%）和水利设施（4.99%）的需求很低，均未超过10%。这表明，土耳其的基础设施较为完善，当地受访员工更希望得到金钱上的支持和增强文化上的交流。

表9-3则反映了受访者对中资企业在土耳其开展援助项目的认知情况。从表中可以看出，受访者对于中资企业在土耳其的援助了解程度很低，大多数的受访者选择了"没有"或"不清楚"。对于认知的具体援助项目，教育援助（26.53%）最高，其次为培训项目（26.25%）和公益慈善捐赠（22.89%），其余均未超过20%。而修建寺院（6.88%）和水利设施（6.60%）占比最低。

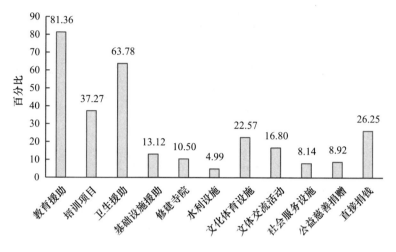

图9-6　员工最希望本企业在本地开展的援助类型分布（多选题）（N = 381）

表9-3　　　　　　员工对企业在本地开展援助项目类型的认知状况　　（单位：%）

类别	有	没有	不清楚	合计
教育援助	26.53	46.68	26.79	100.00
培训项目	26.25	46.19	27.56	100.00
卫生援助	19.90	50.00	30.10	100.00
基础设施援助	7.33	60.73	31.94	100.00
修建寺院	6.88	61.90	31.22	100.00
水利设施	6.60	61.74	31.66	100.00
电力设施	9.23	59.89	30.87	100.00
文化体育设施	16.89	52.24	30.87	100.00
文体交流活动	17.89	51.58	30.53	100.00
社会服务设施	12.37	55.79	31.84	100.00
以钱或实物形式进行公益慈善捐赠	22.89	41.84	35.26	100.00

第三节　大国影响力评价

土耳其位于连接欧亚大陆的十字路口，地理位置和地缘政治战略意义极为重要。土耳其地跨欧、亚两大陆，在政治、经济、文化等领域均实行欧洲模式。土耳其外交重心在西方，与美国保持传统战略伙伴的同时加强与欧洲国家的关系。近年来，土耳其和东亚国家在政治和经济上的往来增多，中国和日本两国在土耳其也有着一定的影响力。本节主要描述受访员工对于中国、日本、美国和俄罗斯在土耳其的影响力的认识情况。

表9-4描述了不同性别的受访者对大国影响力的认知情况。无论受访者是男性还是女性，均认为美国在中东影响力最大（55.22%），其次是中国（22.39%）和俄罗斯（8.66%），日本最低（3.58%）。女性员工认为美国和中国的影响力更大，而男性员工更加认同日本和俄罗斯的影响力。

表9-4　　　　按性别划分的员工认为哪个国家在中东的影响力最大　（单位：%）

性别	中国	日本	美国	俄罗斯	其他
男	21.40	3.70	53.09	10.29	11.52
女	25.00	3.26	60.87	4.35	6.52
总计	22.39	3.58	55.22	8.66	10.15

$N = 335$。

不同年龄受访者对大国影响力的认知状况如表9-5所示，无论受访者年龄大小，认为美国在中东影响力最大的比例均大于或等于50%。约四分之一（25.32%）26—35岁的受访者认为中国在中东影响力最大。随着受访者年龄的增加，对俄罗斯的影响力更为认可。各年龄段对日本影响力的认同差距不大。总体来看，受访员工对中国影响力的认同排在美国之后，年龄较小的群体更加肯定中国的影响。

表9-5　　　　按年龄组划分的员工认为哪个国家在中东的影响力最大　（单位：%）

年龄组	中国	日本	美国	俄罗斯	其他
17—25 岁	24.62	4.62	63.08	1.54	6.15

续表

年龄组	中国	日本	美国	俄罗斯	其他
26—35 岁	25.32	3.16	50.00	9.49	12.03
36 岁及以上	16.96	3.57	58.04	11.61	9.82
总计	22.39	3.58	55.22	8.66	10.15

$N = 335$。

　　不同受教育程度的受访者对大国影响力的认识和评价如表 9 - 6 所示。小学学历以上的受访者均认为美国是在中东影响力最大的国家，占比都过半数，并且学历越高，肯定美国影响力的比例越大。学历较低的群体对中国影响力认可度最高，随着学历的提升，对中国影响力的认可程度在下降。俄罗斯同中国一样，17.65% 的小学学历受访者表示俄罗斯在中东影响力最大。日本影响力认可度最低，但学历越高的受访者越认可日本的影响力。

表 9 - 6　　　　　　按受教育程度划分的员工认为哪个国家在中东的
影响力最大　　　　　　　　（单位：%）

最高学历	中国	日本	美国	俄罗斯	其他
未受过教育	0.00	0.00	100.00	0.00	0.00
小学学历	23.53	2.94	50.00	17.65	5.88
中学学历	22.88	3.27	53.59	7.19	13.07
本科及以上	21.77	4.08	57.82	8.16	8.16
总计	22.39	3.58	55.22	8.66	10.15

$N = 335$。

　　各族群对大国影响力的认同情况如表 9 - 7 所示。受访的土耳其人，52.98% 认为美国在中东影响力最大，中国为 20.24%，其次为俄罗斯 10.71%，日本最低为 4.17%。因为在调研期间删除了族群问题，因此，关于库尔德人的统计分析不具有科学性。

表 9 - 7　　　　　按族群划分的员工认为哪个国家在中东的影响力最大　　（单位：%）

族群	中国	日本	美国	俄罗斯	其他
土耳其人	20.24	4.17	52.98	10.71	11.90
库尔德人	0.00	0.00	50.00	25.00	25.00
其他	0.00	0.00	50.00	0.00	50.00
总计	19.54	4.02	52.87	10.92	12.64

$N = 174$。

表 9 - 8 反映了工作时间因素对大国影响力认同的影响。按工作年限来看，无论工作年限长短，受访者都认为美国是中东影响力最大的国家，日本的影响力最小。随着工作年限的增加，受访者认为俄罗斯在中东影响力最大的比例在增加。中国在中东的影响力几乎不随着受访者的工作年限变化，占比均超过20%，其中工作一年的受访者，对中国影响力认可度最高。

表 9 - 8　　　　　按在本企业工作时长划分的员工认为哪个国家在

中东的影响力最大　　　　（单位：%）

工作年限	中国	日本	美国	俄罗斯	其他
1 年	25.00	0.00	50.00	0.00	25.00
2 年	23.48	4.35	51.30	7.83	13.04
3 年	20.51	3.85	56.41	6.41	12.82
4 年	24.14	6.90	55.17	10.34	3.45
超过 4 年	22.22	1.85	58.33	11.11	6.48
总计	22.46	3.59	55.09	8.68	10.18

$N = 334$。

表 9 - 9 显示的是工作中使用电脑的情况，对于员工对大国影响力的评价所产生的影响。结合数据来看，在工作中使用电脑的受访者，对于中国和美国在中东的影响力更为肯定。而不使用电脑的受访者，对日本和俄罗斯的影响力认同度更高。

表9-9　　　　按工作中是否使用电脑划分的员工认为哪个国家在
　　　　　　　　　中东的影响力最大　　　　　（单位：%）

日常是否使用电脑	中国	日本	美国	俄罗斯	其他
使用	23.61	3.24	57.87	7.41	7.87
不使用	20.17	4.20	50.42	10.92	14.29
总计	22.39	3.58	55.22	8.66	10.15

$N = 335$。

　　此次调查中，有88位受访者曾经在其他国家的外资企业中工作过，这样的经历将影响到他们对大国影响力的评价，具体情况如表9-10所示。去过美国外资企业工作的受访者67.74%认同美国在中东的影响力，有9.68%认同中国的影响力。在印度外资企业工作过的受访者中，50%认为美国在中东影响力最大，其次是日本（25%）。在日本外资企业工作过的受访者中，四分之一（25.00%）最认同中国和美国的影响力，剩余一半认同俄罗斯的影响力。在韩国外资企业有过工作经历的受访者中，66.67%最认同美国，其余33.33%认同俄罗斯。在欧盟外资企业工作过的受访者中，23.53%认同中国影响力，55.26%认同美国的影响力，13.16%认同俄罗斯的影响力。在其他外资企业有过工作经历的受访者中，5.26%的受访者认为中国是在中东影响力最大的国家，美国为55.26%，俄罗斯为13.16%，日本为2.63%，23.68%的受访者不清楚哪个国家是在中东影响力最大的国家。

表9-10　　　按去过其他国家外资企业工作划分的员工认为哪个国家在
　　　　　　　　中东的影响力最大（多选题）　　　（单位：%）

企业国别	中国	日本	美国	俄罗斯	其他
美国企业	9.68	0.00	67.74	3.23	19.35
印度企业	0.00	25.00	50.00	0.00	25.00
日本企业	25.00	0.00	25.00	50.00	0.00

企业国别	中国	日本	美国	俄罗斯	其他
韩国企业	0.00	0.00	66.67	33.33	0.00
欧盟企业	23.53	0.00	52.94	11.76	11.76
其他	5.26	2.63	55.26	13.16	23.68

$N = 88$。

除印度企业和韩国企业外，受访者都对中国的影响力表示认可，尤其是在日本外资企业和欧盟外资企业有过工作经历的员工。除印度企业和日本企业外，美国和俄罗斯的认可度都很高。唯有在印度企业工作过的员工对日本的影响力表示了认同。在其他国家外资企业工作的受访者认同情况中，俄罗斯的认同率超过中国排到了第二位，仅次于美国。

表9-11展示的是家庭是否联网对受访者对大国影响力认同情况的影响。家中联网的受访者对美国和中国影响力的认同度更高。相较之下，家中未联网的受访者更认同中国、美国和其他国家在中东的影响力。两组数据有着较为明显的差距，这表明家庭是否联网对于员工对大国影响力的认同程度有一定影响。

表9-11　　　　按家庭是否联网划分的员工认为哪个国家在中东的
影响力最大　　　　　　（单位：%）

家庭联网情况	中国	美国	日本	俄罗斯	其他
已联网	21.00	56.58	4.27	8.54	9.61
未联网	28.30	49.06	0.00	9.43	13.21
总计	22.16	55.39	3.59	8.68	10.18

$N = 334$。

表9-12反映出手机网络使用情况对受访者对大国影响力评价所带来的影响。没有手机的受访者，50%选择了美国，35.71%选择了中国，选择日本和俄罗斯的比例均为7.14%。在有手机但没有联网的群体中，选择中国的比例为37.50%。选择美国的比例上升到

62.50%。选择日、俄的比例为 0。而手机能联网的受访者选择的国家最为广泛，相比手机未联网的受访者，中国和美国的选择率有着明显下降，俄罗斯的选择率为 8.95%，高于日本的 3.51%。

表 9 - 12　　　　按手机是否联网划分的员工认为哪个国家在中东的
影响力最大　　　　　　　　（单位：%）

手机联网情况	中国	美国	日本	俄罗斯	其他
没有手机	35.71	50.00	7.14	7.14	0.00
已联网	21.41	55.27	3.51	8.95	10.86
未联网	37.50	62.50	0.00	0.00	0.00
总计	22.39	55.22	3.58	8.66	10.15

$N = 335$。

表 9 - 13 展示了员工对中美在本地区影响力评价差异的情况，受访者在评价中美在本地区的影响力时，划分了四个等级：负面远多于正面、负面为主、正面为主、正面远多于负面。其中认为中国的在本地区负面远多于正面影响力占比为 12.42%，认为负面为主的占比为 15.77%，认为正面为主的占比为 47.32%，认为正面远多于负面的占比为 24.50%；认为美国的在本地区负面远多于正面影响力占比为 62.62%，认为负面为主的占比为 29.28%，认为正面为主的占比为 3.74%，认为正面远多于负面的占比为 4.36%。以上数据表明，美国在本地区的负面影响比例高于中国，中国的正面影响力高于美国。

表 9 - 13　　　　员工对中美在本地区的影响力评价的差异　　　（单位：%）

国家	负面远多于正面	负面为主	正面为主	正面远多于负面
中国	12.42	15.77	47.32	24.50
$N = 298$				
美国	62.62	29.28	3.74	4.36
$N = 321$				

　　土耳其未来的发展，离不开借鉴其他国家发展过程中的经验和教训。根据图 9 - 7 的数据显示，41.82% 的中资企业雇员认为土耳其未来发展应借鉴中国发展，选择日本的占比为 26.18%，其次为美国 11.64%，俄罗斯为 2.55%，17.82% 的受访者表示不清楚。上述国家中，选择中国的比例最高，由于受访者是中资企业的员工，对中国较有感情，对数据有一定影响。但进入 21 世纪，中国的发展令世人瞩目，中国发展的成绩受到了多国人民的认可，约四成（41.82%）的受访员工对中国发展道路表示赞誉。令人意外的是，选择日本的比例超过了美国，且差距较为悬殊，美国所占比例不到日本的一半。

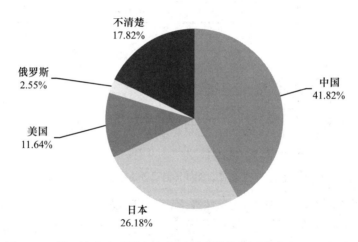

图 9 - 7　员工认为土耳其未来发展需要借鉴的国家分布（N = 275）

　　根据受访者的教育程度来划分，受教育程度不同，对土耳其外援的认知情况也不同，具体情况如表 9 - 14 所示。

表 9 - 14　　　　　**按受教育程度划分的员工认为的为土耳其提供外援**

最多的国家分布　　　　　　（单位：%）

最高学历	中国	美国	日本	俄罗斯	不清楚
未受过教育	0.00	0.00	0.00	100.00	0.00

续表

最高学历	中国	美国	日本	俄罗斯	不清楚
小学学历	23.68	0.00	0.00	44.74	31.58
中学学历	29.82	11.70	3.51	18.71	36.26
本科及以上	26.90	28.28	2.07	11.03	31.72
总计	27.89	17.18	2.54	18.59	33.80

$N = 275$。

　　从总体上看，27.89%受访者认为中国是为土耳其提供外援最多的国家，俄罗斯为18.59%，美国为17.18%，日本为2.54%，剩余33.80%表示不清楚。未受过教育的受访者均表示俄罗斯为援助土耳其最多的国家。小学学历的受访者，44.74%选择了俄罗斯，23.68%选择了中国。由于此次调研的受访者中，未受过教育和小学学历的受访者所占比例很低，这两组数据并不具有代表性。中学学历的受访者认为中国为援助土耳其最多的国家占比最高（29.82%），其次为俄罗斯（18.71%），美国（11.70%）和日本（3.51%）。本科及以上的受访者中，选择美国的比例最高为28.28%，其次为中国26.90%。由此可见，受访者受教育程度越高，所选择国家的数量越多，选择中国的比例变化较小，选择美国的比例不断上升，而选择俄罗斯的比例不断下降。

　　表9-15展示了不同职位的受访者认为土耳其提供外援最多国家的分布情况。在中资企业担任管理职务的员工，相比于非管理员工对中国的认同感更高，选择美国的比例也更高。而非管理人员选择日本和俄罗斯的比例高于管理人员，其中选择美国和俄罗斯的占比差距较大。

　　表9-16描述了受访者电脑使用情况对各国为土耳其提供外援认可度的影响。使用电脑的受访者，对中国（33.93%）和美国（24.11%）外援认可度更高，而不使用电脑的受访者，对俄罗斯（31.54%）外援认可度更高，选择日本占比变化不大。有28.57%使

用电脑和43.08%不使用电脑的受访者表示对该问题不清楚。

表 9 – 15　　　　管理人员与非管理人员认为的为土耳其提供外援
最多的国家分布　　　　　　　（单位：%）

是否为管理人员	中国	美国	日本	俄罗斯	不清楚
管理人员	32.14	26.79	0.00	5.36	35.71
非管理人员	27.09	15.38	3.01	21.07	33.44
总计	27.89	17.18	2.54	18.59	33.80

$N=275$。

表 9 – 16　　　　按工作中是否使用电脑划分的员工认为的为土耳其提供
外援最多的国家分布　　　　　　（单位：%）

日常是否使用电脑	中国	美国	日本	俄罗斯	不清楚
使用电脑	33.93	24.11	2.68	10.71	28.57
不使用电脑	17.69	5.38	2.31	31.54	43.08
总计	27.97	17.23	2.54	18.36	33.90

$N=274$。

　　在其他国家企业工作过的员工，往往对供职企业的母国有一定的感情，这对各国为土耳其提供援助的认可度产生了一定影响。根据表9 – 17所示，在美国企业工作过的员工，34.38%选择了美国，28.13%选择了俄罗斯，25%选择了中国。在印度企业工作过的员工都选择了美国。在日本企业工作过的员工，40%选择了俄罗斯，20%选择了美国，40%表示不清楚。在韩国企业工作过的员工，选择美国的比例为33.33%，选择中国和俄国的有16.67%，其余有33.33%选择不清楚。在欧盟企业工作过的员工，50%选择了中国，选择美国的比例为22.73%，18.18%选择俄罗斯，9.09%表示不清楚。在其他国家企业工作过的员工，19.44%选择了中国，25%选择了美国，2.78%选择了俄罗斯。在欧盟企业工作过的员工对中国外援认可度高于其他国家，而其余企业工作过的员工对美国外援认可度更高。

表9－17　　按去过哪个国家外资企业工作划分的员工认为的为土耳其
　　　　　　提供外援最多的国家分布（多选题）　　　　（单位：%）

去过的其他外资企业	中国	美国	日本	俄罗斯	不清楚
美国企业	25.00	34.38	3.13	28.13	9.38
印度企业	0.00	100.00	0.00	0.00	0.00
日本企业	0.00	20.00	0.00	40.00	40.00
韩国企业	16.67	33.33	0.00	16.67	33.33
欧盟企业	50.00	22.73	0.00	18.18	9.09
其他企业	19.44	25.00	2.78	19.44	33.33

$N = 92$。

表9－18描述了家庭是否联网对受访者的认知情况所产生的影响。家庭联网的受访者，对中国、美国和日本的外援认可度更高。家庭不联网的受访者对俄罗斯外援认可度更高。无论家庭是否有网络，受访者中超过四分之一（27.89%）的人认为中国提供了最多的援助，这个比例超过了其他三个国家。

表9－18　　按家庭是否联网划分的员工认为的为土耳其提供
　　　　　　外援最多的国家分布　　　　　　　（单位：%）

家庭是否联网	中国	美国	日本	俄罗斯	不清楚
家庭联网	28.43	18.39	3.01	16.05	34.11
家庭不联网	25.00	10.71	0.00	32.14	32.14
总计	27.89	17.18	2.54	18.59	33.80

$N = 275$。

表9－19展示了受访者手机是否联网，对各国外援认可度的影响情况。没有手机的受访者，33.33%选择了中国，26.67%选择了印度，选择美国和日本的比例均为6.67%。手机联网的受访者，

27.49%选择了中国，18.13%选择了美国，选择印度的比例为17.52%，2.11%选择日本。手机不联网的受访者，33.33%选择中国，44.44%选择印度，11.11%选择日本。从总体来看，对中国外援的认可度变化不大，其余三国各组所占比例差距明显。结合调研实际情况，绝大多数受访者都是有手机的，并且都能上网，没有手机或手机不联网的人是极少数，他们的答案具有较大的个体差异。

表9-19　　　　　　按手机是否联网划分的员工认为的为土耳其提供
外援最多的国家分布　　　　　　（单位：%）

手机是否联网	中国	美国	日本	印度	不清楚
没有手机	33.33	6.67	6.67	26.67	26.67
手机联网	27.49	18.13	2.11	17.52	34.74
手机不联网	33.33	0.00	11.11	44.44	11.11
总计	27.89	17.18	2.54	18.59	33.80

$N = 275$。

第 十 章

土耳其中资企业生产经营状况分析

本章将从在土中资企业基本情况、企业基本生产经营以及企业融资等三个方面进行分析，以全面呈现土耳其中资企业是如何在"一带一路"沿线国家参与经济建设，同时，希望调查分析结果能为今后有意到土耳其进行生产经营活动的中资企业提供相关数据及信息参考。

第一节　基本情况分析

关于企业基本情况，首先需要了解的便是企业注册与运营时间。如图 10-1 所示，1995 年至 2005 年，在土中资企业注册较少；自 2006 年起，注册和运营的企业数量持续走高，近四成中资企业是在 2011—2015 年内注册成立并开始运营的。2015 年以后企业数量开始减少。

调查也统计了在土中资企业在中国商务部进行海外投资备案的年份分布情况，如图 10-2 所示。与企业注册与运营时间年份的分布趋势类似，有超过一半的受访企业是在 2011 年之后在商务部进行海外投资备案的，且 2011 年至 2015 年期间备案企业数达到顶峰，2015 年以来开始有所下降。

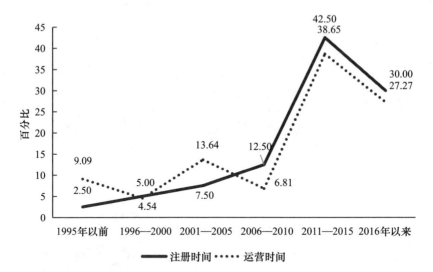

图 10 - 1　企业注册与运营时间年份分布

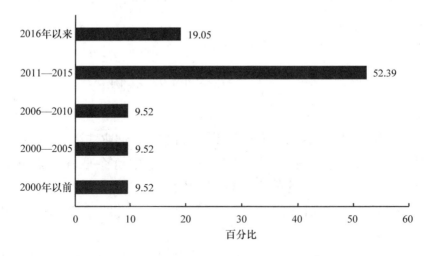

图 10 - 2　企业在中国商务部备案年份分布

　　综上推测，之所以土耳其的中资企业在注册和运营时间以及在商务部备案时间上呈现这样的走势，与中国同期的经济发展密切相关。20 世纪 90 年代中后期至 21 世纪初，我国经济发展正是起步阶段，仅有少数企业成为对外投资的先行者。自 2006 年起，随着国家相关全球经济战略的实施，大批企业开始在国外注册并经营，随之带来的便是自2006年开始的企业注册与运营数量的激增。"一带一路"倡议提出之后，更多的中资企业走出国门，参与到"一带一路"的建设中来，这一趋势在2015年达到顶峰。而2015年之后呈现的下降趋势是否与国际安全环境、国际政治形势以及土耳其对中国企业的准入情况有关，有待今后的调查继续关注。

图10-3呈现的是土耳其中资企业股权占比的分布情况。从图中看到，有高达六成的企业属于中国国有控股，由中国私人控股的企业仅占两成左右，加上由中国集体控股的部分，于是呈现出土耳其绝大部分中资企业均由中国资本控股，土耳其或其他国家的资本参与生产经营的情况极少。

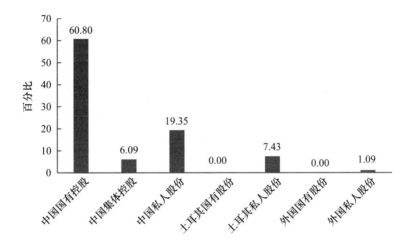

图10-3　企业股权占比分布

调查还分析了不同纬度下企业母公司的股权变化情况。表10-1呈现的是不同注册时长的企业母公司的股权变化情况。表格显示，不论企业注册时间低于五年或超过五年，都有超过九成的企业一直由中国股东控股，只有极少数企业由土耳其或其他国家的股东控股。

表 10 - 1　　　　　　　　　企业母公司的股权变化状况　　　　　（单位：%）

	中国股东股权变化		土耳其股东股权变化			其他国家股东股权变化			
	一直控股	一直没有控股	一直控股	一直没有控股	一直没有土耳其股东	一直控股	以前控股	一直没有控股	一直没有土耳其股东
注册超过五年	91.30	8.70	9.09	59.09	31.82	4.35	0.00	47.83	47.83
注册低于五年	95.65	4.35	0.00	73.91	26.09	0.00	4.35	43.48	52.17

表 10 - 2 是从受访企业有无中国母公司的维度上对其股权变化进行的调查。结果显示，有中国母公司的在土中资企业几乎都是由中国股东一直控股，几乎没有土耳其或其他国家股东参与控股。而没有中国母公司的企业中，也有六成左右的企业表示是由中国股东一直控股，仅有两成左右的企业表示由土耳其股东一直控股。

表 10 - 2　　　　　　　　　企业母公司的股权变化状况　　　　　（单位：%）

	中国股东股权变化		土耳其股东股权变化			其他国家股东股权变化			
	一直控股	一直没有控股	一直控股	一直没有控股	一直没有土耳其股东	一直控股	以前控股	一直没有控股	一直没有土耳其股东
有中国母公司	97.56	2.44	2.50	65.00	32.50	2.44	0.00	41.46	56.10
无中国母公司	60.00	40.00	20.00	80.00	0.00	0.00	20.00	80.00	0.00

综上，在土耳进行经营和生产活动的中资企业绝大部分都是由中国资本支撑运作，相应地在运营和生产决策上面有着较高的自主权。

图 10 - 4 呈现的是有中国母公司企业的母公司类型分布情况。图中显示，有近七成的在土中资企业母公司是国有企业，另有一成左右企业母公司为私营企业，其他性质的母公司均有出现，但占比不高。

关于受访企业是否在经开区这一维度下其母公司类型的分布情

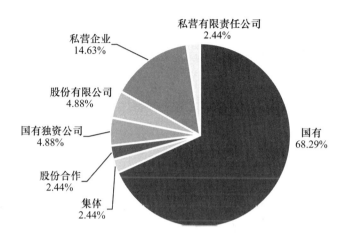

图 10 - 4 企业母公司类型百分比分布

况，如表 10 - 3 所示。有近七成不在经开区企业的母公司为国有企业，另有一成企业的母公司为私营企业。而处在土耳其经开区的企业中，高达八成企业的母公司为国有企业，另外两成为私营企业。结合中国国有企业的性质，可以推测，两国政府间的项目合作且由中国国有母公司在土耳其设立的分公司大多处在经济开发区，是造成处在土耳其经开区的中国国有企业较多的主要原因。

表 10 - 3   **是否在经开区企业母公司类型交互表**   （单位：%）

	国有	集体	股份合作	国有独资	股份有限	私营企业	私营有限
不在经开区	67.65	2.94	2.94	5.88	5.88	11.76	2.94
土耳其经开区	80.00	0.00	0.00	0.00	0.00	20.00	0.00
其他	50.00	0.00	0.00	0.00	0.00	50.00	0.00

第二节 生产经营状况

一 企业生产及市场竞争状况

调查显示的土耳其中资企业每周平均营业时长的基本情况，如图

10-5 所示。有近七成受访企业每周平均营业时间在 30—40 小时之间，另外近两成受访企业每周平均营业时间在 41—50 小时，每周平均营业时间在 30 小时以下的企业最少，仅占受访企业的 6.66%，另有不到一成的企业每周平均营业时间超过 50 小时。

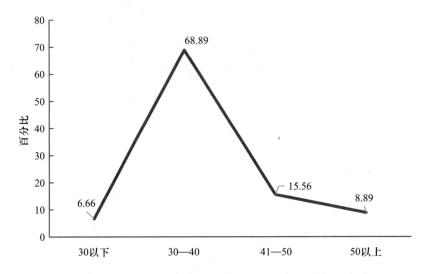

图 10-5 2018 年企业每周平均营业时间分布（单位：小时）

影响企业每周平均营业时间的因素很多，包括企业的经营方向、员工的工作效率以及市场竞争压力等。总体看来，在土中资企业的每周平均营业时间均不算特别长，这可能与土耳其当地的生产生活习惯有着密切的关系。另外，为更全面地呈现在土中资企业的生产及市场竞争状况，还探讨了企业产品销售、市场份额、定价方式以及市场竞争等几个方面的情况，以期进行全面的统计分析，从而得出土耳其中资企业生产经营的相关现状。

（一）企业生产经营状况

表 10-4 显现的是各分析比较维度下的企业产品主要销售的市场状况。

表 10 - 4　　　　　　　企业产品的主要销售市场状况　　　　（单位：%）

	本地	土耳其国内	中国	国际
注册超过五年	34.78	39.13	4.35	21.74
注册低于五年	17.39	52.17	0.00	30.43
不在经开区	21.62	54.05	2.70	21.62
土耳其经开区	42.86	0.00	0.00	57.14
其他	50.00	50.00	0.00	0.00
商务部境外投资备案	20.69	51.72	0.00	27.59
未在商务部境外投资备案	36.36	27.27	0.00	36.36
加入土耳其中国商会	20.00	48.57	0.00	31.43
未加入土耳其中国商会	44.44	44.44	11.11	0.00

从注册时间的维度来看，注册超过五年的企业，平均有 34.78%的产品销往本地市场，另有 39.13%的产品销往土耳其国内，另外两成产品销往国际市场，进入中国市场的产品最少，仅占 4.35%左右。注册低于五年的企业，仅有不到两成的产品销往本地市场，但有超过一半的企业产品销往土耳其国内市场，另有三成产品进入到国际市场。对比发现，相比注册超过五年的企业来说，注册低于五年的企业对于土耳其整个国内市场和国际市场更有竞争力。

从企业是否在经开区这一维度上来看，不在经开区的企业有超过一半的产品销往土耳其国内市场，仅有约两成产品分别销往本地和国际市场，而在土耳其经开区的企业相反，没有产品销往土耳其国内市场，有四成左右的产品在本地市场销售，另有近六成的产品进入国际市场。

从有无商务部备案来看，有商务部境外投资备案的企业，其一半的产品销往土耳其国内市场，另外三成则进入国际市场，少量的产品销往本地。未在商务部备案的企业中，各有四成左右的商品销往本地和国际市场，不到三成销往土耳其国内。相比之下，在商务部境外投资备案的企业，在土耳其国内市场的销量较高，但对于国际市场来说是没有备案的企业略显优势。

调查还分析了加入土耳其中国商会与否这一维度下受访企业的产品销售情况。加入土耳其中国商会企业的产品有近一半进入土耳其国内市场，有三成左右销往国际，而未加入土耳其中国商会企业的产品则大多集中在本地市场和土耳其国内市场销售，一成左右销往中国，没有产品进入到国际市场。总体看来，加入中国商会的企业其产品销路要更为广泛。

受访企业的主营产品在不同市场所占市场份额的分布情况如表10-5所示。针对本地市场，认为其在本地市场的市场份额为10%以下的企业有六成左右。在土耳其国内市场，有近四成的受访企业表示其市场份额在一成以内，两成左右的企业表示其产品有着超过70%的市场份额。在中国市场份额方面，所有受访企业均表示其在中国的市场份额小于一成。对于国际市场，大部分企业表示其市场份额在20%以内，另有两成左右企业表示其在国际市场有超过一半的市场份额。

表10-5　　　　　　　　企业主营产品的市场份额分布

	小于1%	1%—10%	11%—20%	21%—30%	31%—50%	51%—70%	71%—100%
本地	10.00	60.00	10.00	0.00	0.00	10.00	10.00
土耳其	19.05	38.10	0.00	0.00	9.52	9.52	23.81
中国	0.00	100.00	0.00	0.00	0.00	0.00	0.00
国际	37.50	12.50	25.00	0.00	0.00	12.50	12.50

除企业市场销售情况和市场份额外，企业在土耳其的定价方式也是调查分析在土中资企业基本生产经营状况的一个重要因素。表10-6呈现的是不同类别企业的定价方式分布情况。从注册时间的层面看，不论注册时间长短，企业首选定价方式都是市场定价，其次是买方议价的方式。选择市场定价的注册低于五年的企业比注册超过五年的企业要多两成左右。

表 10 - 6　　　　　企业在土耳其的定价方式分布　　　（单位：%）

	市场定价	成本加成	买方议价	其他
注册超过五年	39.13	17.39	34.78	8.70
注册低于五年	60.87	8.70	17.39	13.04
不在经开区	51.35	10.81	27.03	10.81
土耳其经开区	42.86	28.57	14.29	14.29
其他	50.00	0.00	50.00	0.00
商务部境外投资备案	58.62	13.79	20.69	6.90
未在商务部境外投资备案	36.36	18.18	27.27	18.18
加入土耳其中国商会	51.43	11.43	25.71	11.43
未加入土耳其中国商会	44.44	11.11	33.33	11.11

在是否在经开区这一维度上，大部分企业采用的都是市场定价的方式，在土耳其经开区的企业采用成本加成定价方式的比不在经开区的要多近两成，而采用买方议价这一定价方式的企业则是不在经开区的企业要多。

另外，从企业是否在商务部进行备案这一维度上看，在商务部备案的企业中，有近六成的企业采用市场定价的方式，另外两成选择买方议价。而没有备案的企业中，选择市场定价的企业仅占不到四成，选择买方议价的企业占近三成，另有近两成企业选择成本加成的方式定价。

从受访企业是否加入土耳其中国商会这一维度来看，有超过一半加入商会的企业表示采用市场定价的方式，另有两成左右选择买方议价。而没有加入商会的企业中，选择市场定价的企业要比加入商会的企业略少，而选择买方议价的企业则比加入了商会的企业略多。

总之，在土中资企业大部分是选择市场定价的方式，少部分选择买方议价的方式，较少企业选择成本加成。

基于同样的分析维度，调查研究了受访企业出口产品类型的分布情况，如表 10 - 7 所示。注册超过五年的受访企业中，四成左右是原始品牌制造商，少部分为原始设备或原始设计制造商；注册低于五年的企业中，一半为原始品牌制造商，另一半则是原始设计制造商。不在经开区的受访企业，大多数都是原始品牌制造商，占比为四成左右，另外三成为原始设计制造商。而在土耳其经开区的受访企业全部都是原始品牌制造商。另外，有一半加入土耳其中国商会的企业为原始品牌制造商，另外两成左右是原始设计制造商；而未加入当地中国商会的企业，一半为原始设计制造商，另一半为原始品牌制造商。综合看来，在土中资企业大部分都是原始品牌制造商，另有少部分为原始设计制造商，在土耳其生产经营的原始设备制造商较少，占比仅一成左右。

表 10 - 7　　　　　　　　企业产品出口类型分布　　　　　　　（单位：%）

	原始设备制造商	原始设计制造商	原始品牌制造商	其他
注册超过五年	14.29	14.29	42.86	28.57
注册低于五年	0.00	50.00	50.00	0.00
不在经开区	10.00	30.00	40.00	20.00
土耳其经开区	0.00	0.00	100.00	0.00
商务部境外投资备案	11.11	22.22	44.44	22.22
未在商务部境外投资备案	0.00	50.00	50.00	0.00
加入土耳其中国商会	12.50	25.00	50.00	12.50
未加入土耳其中国商会	0.00	50.00	50.00	0.00

（二）市场竞争状况

关于土耳其中资企业的市场竞争状况主要从竞争压力来源、市场竞争状况变化以及竞争方式变化三个方面进行了调查分析。

在土中资企业所处不同行业类别的竞争压力来源如表 10 - 8 所示。对于工业企业，其面对的竞争压力有一半来自土耳其同行，另一半来自外资同行。服务业企业所面对的竞争压力也同样一半来自土耳其同行，另一半来自外资同行。由于土耳其特殊的地理位置以及在国际政治环境中所扮演的角色，造成了来自欧洲、美国、亚洲各规模、各种类的企业在土耳其境内林立的局面，加上其本身利用地理环境发展经济，所以来自本土和其他国家的竞争压力都存在于土耳其国内市场。

表 10 - 8	不同行业类别竞争压力的主要来源	（单位：%）
	土耳其同行	外资同行
工业	52.38	47.62
服务业	50.00	50.00

从行业类别、商务部备案与否以及是否加入土耳其中国商会等三个维度出发，调查了过去五年来土耳其中资企业的竞争状况变化，以更全面地分析"一带一路"倡议实施以来土耳其中资企业所面临的竞争环境及现状，如表 10 - 9 所示。

表 10 - 9	近五年来企业的竞争状况变化情况		（单位：%）
	更好经营	没有变化	竞争更激烈
工业	4.17	12.50	83.33
服务业	18.18	27.27	54.55
商务部境外投资备案	10.34	20.69	68.97
未在商务部境外投资备案	18.18	18.18	63.64
加入土耳其中国商会	5.71	17.14	77.14
未加入土耳其中国商会	22.22	33.33	44.44

从行业类别的维度看，有近八成的中资企业认为竞争更激烈，仅有一成左右受访企业认为竞争状况没有变化，极少有企业表示更好经营。在服务业企业中，有超过一半的企业认为近五年来他们所面临的竞争更为激烈，另有近三成表示竞争环境没有变化，仅有两成左右认为企业更好经营。综上推测，土耳其市场在工业方面的竞争激烈程度稍强于服务业。

从是否在商务部海外投资备案这一维度看，不论受访企业是否在商务部备案，均有六至七成的企业认为企业所面临的市场竞争变得更加激烈。另有两成表示没有变化，一成左右认为更好经营。是否在商务部备案这一因素并没有对企业认为的竞争激烈程度造成明显影响。

加入土耳其中国商会与否也是影响企业对于竞争激烈与否评价的重要因素。表中数据显示，有近八成加入了土耳其中国商会的受访企业认为市场竞争更为激烈，仅有不到两成认为没有变化，极少有企业认为市场环境在近五年来变得更好经营。而未加入土耳其中国商会的企业，仅有不到一半的企业认为竞争更加激烈，有三成左右认为市场竞争状况没有变化，另外两成认为更好经营。综上推测，加入土耳其中国商会与否也是影响企业对于市场竞争情况变化的敏锐程度的重要因素。在其他维度的调查中，均有超过半数的企业认为市场竞争变得更为激烈，而未加入中国商会的企业仅有四成左右认为竞争更激烈，是所有维度中认为竞争更激烈的企业中占比最少的。当地商会为在土中资企业提供的是一个多方面的信息交流与合作平台，在商会范围内，商会成员所了解和持有的生产经营相关信息交换更为频繁，于是没有加入土耳其中国商会的企业对市场信息的获取速度，以及企业的信息交流效率逐渐变低，从而降低了企业对市场竞争状况的敏锐程度。

表 10 - 10 呈现的是受访企业在近五年来竞争方式的变化情况，这一调查分析有助于我们完整对整个土耳其中资企业所面临的市场竞争现状的了解，以便得到对当地中资企业所面临的市场竞争现状更为完整的分析。

表 10 - 10　　　　　　　近五年来企业的竞争方式变化情况　　　　　（单位：%）

	没有变	价格竞争更激烈	质量竞争更激烈	其他
工业	8.33	41.67	37.50	12.50
服务业	13.64	27.27	59.09	0.00
商务部境外投资备案	6.90	34.48	48.28	10.34

续表

	没有变	价格竞争更激烈	质量竞争更激烈	其他
未在商务部境外投资备案	27.27	27.27	45.45	0.00
加入土耳其中国商会	11.43	34.29	45.71	8.57
未加入土耳其中国商会	11.11	33.33	55.56	0.00

从行业类别来看，工业中资企业认为近五年来最主要的是价格和质量方面的竞争，所占比重分别为41.67%和37.50%，仅有不到一成认为竞争方式五年来没有发生变化。在服务业企业中，有近六成认为其所面临的质量竞争更为激烈，认为价格竞争更为激烈的企业不到三成。总的来看，服务业企业所面临的质量竞争更为激烈，而工业企业面对的则是价格和质量的双重激烈竞争。

从商务部备案与否这一维度上来看，不论企业是否有在商务部备案，均有近一半的企业认为质量竞争更为激烈，另外三成左右认为价格竞争更为激烈。值得关注的是，有近三成没有备案的企业认为其竞争方式没有改变，而持相同态度的有备案企业仅占不到一成，这一特殊数据波动是否与土耳其市场看待商务部备案与否这一资质的态度和相关政策有关，有待今后的调查持续关注。

从企业是否加入土耳其中国商会这一维度来看。无论是否加入土耳其中国商会，均有三成左右企业认为价格竞争更激烈，一成左右的企业认为竞争方式没有改变。特别地，认为质量竞争更激烈的未加入土耳其中国商会的企业比加入了商会的企业要多近十个百分点。可以推测，加入土耳其中国商会与否对于企业面临的市场竞争的激烈程度确会产生一定影响。

二　企业自主程度

企业自主程度也是完整企业基本情况分析的重要一环。表10-11从不同行业类型分析了在土中资企业在各方面的自主程度。

表 10 – 11 不同行业类型的企业自主程度

	行业类型	0—19%	20%—39%	40%—49%	50%—59%	60%—69%	70%—79%	80%—89%	90%—99%	100%
产品生产	工业	27.27	13.64	4.55	9.09	4.55	9.09	18.18	13.64	0.00
	服务业	19.05	0.00	4.76	14.29	0.00	4.76	9.52	14.29	33.33
产品销售	工业	18.18	13.64	4.55	4.55	0.00	18.18	27.27	9.09	4.55
	服务业	14.29	0.00	0.00	14.29	0.00	9.52	14.29	14.29	33.33
技术开发	工业	52.38	9.52	9.52	9.52	0.00	0.00	0.00	9.52	9.52
	服务业	45.45	0.00	0.00	13.64	0.00	0.00	4.55	4.55	31.82
新增投资	工业	50.00	13.64	0.00	18.18	4.55	9.09	0.00	4.55	0.00
	服务业	22.73	9.09	0.00	9.09	9.09	0.00	4.55	4.55	40.91
员工雇佣	工业	13.04	4.35	0.00	8.70	0.00	8.70	13.04	21.74	30.43
	服务业	0.00	0.00	0.00	9.09	4.55	0.00	13.64	22.73	50.00

唯一有较高自主性的方面是关于员工雇佣。有三成的工业企业和五成的服务业企业表示其在员工雇佣方面有100%的自主能力。

在产品生产和产品销售方面，服务业企业均有三成左右认为其完全自主（100%），另有三成左右表示其自主程度较高（高于70%）。可以推测，在产品生产和销售方面，很大程度上都是企业自身在制订计划，但有些企业不免会受到客户和市场等因素的影响而被迫改变自身的既定计划，所以产生了表中所示调查结果。特别地，认为自身在产品生产和销售方面有完全的自主能力的服务业企业要比工业企业多出近30个百分点，这是因为工业企业相比服务业企业而言有着更为严格的生产和销售计划，受到原材料以及企业母公司总计划等各方面的限制和制约，所以极少有工业企业表示其在产品生产和产品销售方面有着100%的自主程度。

另外，工业企业认为其在技术开发和新增投资方面的自主程度也远低于服务业企业，认为自身在技术开发新增投资方面有100%自主能力的服务业企业比工业企业多出20个至40个百分点，均有一半的工业企业认为其在这两方面几乎没有自主性（0—19%）。这有可能是因为工业企业相比服务业企业更为依赖于技术开发，往往需要寻求其他企业或组织进行合作，于是降低了工业企业在相关方面的自主程度。而在新增投资方面，由于工业企业在规模上大都远远大于服务业企业，所以其所需的投资数额也比服务业企业更大，有可能涉及中国母公司以及其他众多的合作企业，所以在新增投资上，工业企业的自主程度也远低于服务业企业。

表 10 - 12 呈现的是企业在商务部备案与否对于其各方面自主程度的影响。总体看来，在商务部有备案的企业都没有很高的自主程度，没有备案的企业自主程度较高。企业对于员工雇佣这一方面的自主程度仍然最高，没有在商务部备案的企业中有超过六成认为其在员工雇佣方面有完全的自主程度（100%），但仅有两成左右的有备案企业表示其在员工雇佣上有完全的自主。在产品生产和产品销售方面，分别有近三成的未备案企业认为其在上述两方面有完全的自主（100%），而认为自身在生产和销售上有完全自主能力的备案企业仅占不到一成。

表 10 - 12　　　　　　商务部备案与否与企业自主程度关系

		0—19%	20%—39%	40%—49%	50%—59%	60%—69%	70%—79%	80%—89%	90%—99%	100%
产品生产	是	18.52	11.11	7.41	14.81	3.70	0.00	22.22	18.52	3.70
	否	36.36	0.00	0.00	9.09	0.00	18.18	0.00	9.09	27.27
产品销售	是	7.41	11.11	3.70	7.41	0.00	14.81	33.33	14.81	7.41
	否	36.36	0.00	0.00	18.18	0.00	9.09	0.00	9.09	27.27
技术开发	是	46.15	7.69	7.69	11.54	0.00	0.00	3.85	11.54	11.54
	否	63.64	0.00	0.00	9.09	0.00	0.00	0.00	0.00	27.27
新增投资	是	33.33	14.81	0.00	22.22	7.41	3.70	3.70	7.41	7.41
	否	36.36	9.09	0.00	0.00	9.09	9.09	0.00	0.00	36.36
员工雇佣	是	3.57	3.57	0.00	10.71	3.57	3.57	17.86	32.14	25.00
	否	9.09	0.00	0.00	0.00	0.00	9.09	9.09	9.09	63.64

在技术开发和新增投资方面，都有三成左右的未备案企业认为其在技术开发上有最高的自主（100%），只有一成左右的有备案企业认为其有完全自主能力。

整体而言，受访企业的自主程度是较为两极分化的，均有一定数量的企业认为其有较高自主性（高于70%），但也有很大部分企业认为其在除员工雇佣的其他方面自主程度较低（少于20%）。

综上，企业是否在商务部备案对于企业自主程度的影响是非常显著的。相比之下，未在商务部备案的企业在产品生产和销售、技术开发、新增投资以及与员工雇佣几个方面都有较高的自主性。可以推测，有商务部备案这一因素使企业在各方面都有一定程度的限制，而未备案企业则较少受限，所以未备案企业在调查中表现出较高的自主程度。

调查还分析了加入土耳其中国商会与否对于企业各方面自主程度的影响，如表10-13所示。受访企业仍在员工雇佣方面有较高的自主程度。有近八成的未加入商会企业表示在员工雇佣相关决策上有最高自主（100%），持相同态度的加入商会企业仅占三成左右，其余企业表示有较高自主程度（高于70%）。

表10-13　　　　加入土耳其中国商会与否与企业自主程度关系

		0—19%	20%—39%	40%—49%	50%—59%	60%—69%	70%—79%	80%—89%	90%—99%	100%
产品生产	是	27.27	6.06	6.06	12.12	3.03	6.06	18.18	12.12	9.09
	否	12.50	12.50	0.00	0.00	0.00	12.50	0.00	12.50	50.00
产品销售	是	15.15	9.09	3.03	9.09	0.00	15.15	27.27	9.09	12.12
	否	25.00	0.00	0.00	0.00	0.00	12.50	0.00	12.50	50.00
技术开发	是	53.13	6.25	6.25	9.38	0.00	0.00	3.13	6.25	15.63
	否	44.44	0.00	0.00	11.11	0.00	0.00	0.00	0.00	44.44
新增投资	是	36.36	12.12	0.00	15.15	9.09	6.06	3.03	6.06	12.12
	否	33.33	11.11	0.00	0.00	0.00	0.00	0.00	0.00	55.56

续表

		0—19%	20%—39%	40%—49%	50%—59%	60%—69%	70%—79%	80%—89%	90%—99%	100%
员工雇佣	是	8.82	2.94	0.00	8.82	2.94	5.88	14.71	26.47	29.41
	否	0.00	0.00	0.00	11.11	0.00	0.00	11.11	0.00	77.78

在产品生产和产品销售方面，均有一半的未加入商会的企业表示在相关决策上有最高的自主程度（100%），共计有七成左右的未加入商会企业认为其在相关决策上有较高的自主程度（高于70%），而加入商会的企业中仅有一成左右表示有最高的自主，另外三成到四成认为企业在相关决策上自主程度较高（高于70%）。

在技术开发和新增投资方面，加入商会和未加入商会企业的自主程度也呈现两极化。在技术开发相关决策上，有四成左右没有加入商会的企业表示能完全自主（100%），而表示相同态度的加入商会的企业仅占一成左右，另外，均有一半左右的企业认为自身在这两方面的自主程度最低（小于20%）。在新增投资相关决策上，均有三成左右的企业表示其并不能自主决定（自主程度小于20%），认为自身能完全自主决策且未加入商会的企业占比55.56%，比持相同态度的加入商会企业占比多43个百分点。

综上，加入商会与否对于企业在各方面的自主程度都有着较大的影响，没有加入商会的企业比加入商会的企业有着更高的自主程度。

三　企业项目承担情况

针对在土中资企业在土耳其当地承担各类项目的基本情况，分别从企业注册时长、企业运营时长以及土方履约程度三方面进行了调查分析。

表10-14和表10-15呈现的是企业注册和运营时长与其承担土耳其各类项目情况的关系。企业承担铁路项目和航运项目的情况受企业注册和运营时长的影响最为明显，注册和运营超过五年的企业有

25%能够承担铁路项目，但没有注册运营低于五年的企业承担铁路项目；有12.50%注册运营超过五年的企业承担了航运相关项目，没有注册运营低于五年的企业参与了航运项目。总体看来，注册和运营时长超过五年的企业能够参与和承担的土耳其当地项目会更多一些，特别地，在火电项目的承担情况上，有超过一半的注册运营未满五年的企业参与承担，这一特殊趋势是否由于政府间的直接合作或特殊项目的原因造成，有待今后的调查继续关注。

表 10-14　　　　企业注册时长与承担土耳其各类项目情况　　　（单位：%）

	注册超过五年		注册低于五年	
	是	否	是	否
建筑、电力	34.78	65.22	26.09	73.91
公路项目	12.50	87.50	16.67	83.33
铁路项目	25.00	75.00	0.00	100.00
水电项目	25.00	75.00	33.33	66.67
火电项目	37.50	62.50	66.67	33.33
航运项目	12.50	87.50	0.00	100.00
其他项目	62.50	37.50	16.67	83.33

表 10-15　　　　企业运营时长与承担土耳其各类项目情况　　　（单位：%）

	运营超过五年		运营低于五年	
	是	否	是	否
建筑、电力	36.36	63.64	25.00	75.00
公路项目	12.50	87.50	16.67	83.33
铁路项目	25.00	75.00	0.00	100.00
水电项目	37.50	62.50	16.67	83.33
火电项目	50.00	50.00	50.00	50.00
航运项目	12.50	87.50	0.00	100.00
其他项目	50.00	50.00	33.33	66.67

在土中资企业在其生产和经营活动中，或多或少都会与土耳其政府进行项目合作，于是调查了受访企业对土耳其政府履约情况的评价，以便更全面地呈现在土中资企业的生产经营情况，如图 10-6所示。

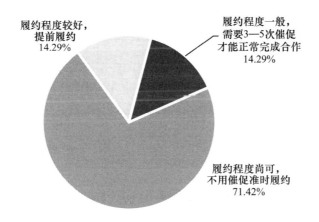

履约程度较好，
提前履约
14.29%

履约程度一般，
需要3—5次催促
才能正常完成合作
14.29%

履约程度尚可，
不用催促准时履约
71.42%

图 10-6　土耳其政府履约程度

图表显示，有 71.42% 的企业认为土耳其政府履约程度尚可，能准时履约，仅 14.29% 的企业认为土耳其政府履约程度较好能提前履约，另有 14.29% 的企业表示土耳其政府履约程度一般，需要 3—5 次的催促才能完成合作。虽然提前完成履约的情况较少，但总体看来大部分企业是认可土耳其政府的履约情况的。

四　企业销售渠道

通过对企业销售和宣传渠道的调查分析，完成了在土中资企业生产经营的情况分析。表 10-16 所呈现的是从不同维度调查的各受访企业所采用的销售渠道所获营业额的结果。从行业类别这一维度上看，所有的工业企业均认为传统销售渠道带来更高的营业额，也有超过一半的服务业企业认为传统渠道的营业额更高，仅有不到一成的企业表示互联网渠道所创营业额较高。从是否在商务部备案这一维度上看，有超过八成的企业表示传统渠道带来的营业额更高，而未在商务部备案的企业中，有两成表示传统渠道营业额更高，另外两成认为互联网渠道的营业额更高，有六成企业表示两种渠道营业额差不多。

表 10 – 16　　　　　　　企业的互联网销售渠道和传统渠道比较　　　　（单位：%）

	互联网更高	传统渠道更高	差不多	不清楚
工业	0.00	100.00	0.00	0.00
服务业	9.09	54.55	27.27	9.09
在商务部备案	0.00	83.33	0.00	16.67
未在商务部备案	20.00	20.00	60.00	0.00

调查发现，认为互联网销售模式能获取更高营业额的土耳其中资企业较少，这一现象与中资企业自身以及土耳其当地互联网商业发展的状况均有关系。从中资企业的角度看，有可能其自身虽愿意往互联网销售发展，但受限于市场份额、自身技术因素以及自身硬件设施能否跟上互联网销售的速度等因素，所以受访企业大多偏向于传统渠道销售。从土耳其当地情况来分析，有可能当地互联网销售的主流与中资企业的产品并不契合，从而造成中资企业与当地互联网商业不适应的状况。在互联网商业日益发展壮大的今天，建议在土中资企业应充分利用互联网销售渠道丰富和完善自身产品销售，进一步提高生产经营水平。

电视广告是企业重要宣传手段之一。因此，从不同维度调查了受访企业电视广告的投放情况，如表 10 – 17 所示。没有工业企业选择投放电视广告，不到一成服务业企业投放了电视广告。另外，在商务部备案的企业中仅有一成投放电视广告，未在商务部备案的企业中有超过一成企业进行了电视广告投放，是所有类型企业中最多的。

表 10 - 17	企业投放电视广告情况	（单位：%）
	是	否
工业	无	无
服务业	9.09	90.91
在商务部备案	9.09	90.91
未在商务部备案	14.29	85.71

关于绝大多数受访企业都未投放电视广告的原因如图 10 - 7 所示。有超过一半的受访企业认为其不需要投放电视广告，另有一成企业表示由于电视广告的支出费用较高所以未选择投放，还有少部分企业是因为土耳其电视广告宣传效果不好而未选择投放。结合表 10 - 17 中的数据可以推测，工业企业选择不投放电视广告是其产品性质及企业经营方式决定的。工业企业一般承担的都是较大的政府间合作工程，且电视广告大部分的受众为普通民众，对工业产品的需求几乎为零，所以工业企业没有在电视投放广告的必要。在服务业企业中，一些企业是不需采用电视广告宣传，另一些则可能由于投放电视广告的支出费用较高，出于节约成本的考虑，选择不投放电视广告。从是否在商务部备案这一维度来看，未在商务部备案的企业是投放电视广告

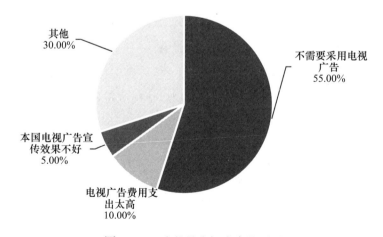

图 10 - 7 未投放电视广告的原因

较多的企业，这可能是由于企业本身未在商务部备案，与在商务部有备案的企业相比缺少一定的官方资质，从而选择投放电视广告来达到拓展业务和市场的目的。

第三节　融资状况分析

本节调查了受访企业的融资来源，分析了企业未申请贷款的各方面原因，得出对在土中资企业融资状况的相关分析，以期更好地帮助土耳其中资企业经营发展，为之后进入土耳其的中资企业提供相关数据参考。

通过对各受访企业融资来源的调查分析，如图 10 - 8 所示，超过六成的企业融资方式为中国国内母公司向其拨款，另有两成左右的企业融资来源为从中国国内银行贷款，不到一成企业选择土耳其国内银行贷款，只有极少数企业通过赊购、商业信用及向亲戚朋友借贷等方式进行融资。可以看到，大部分企业资金的主要来源为中国国内母公司的拨款，来自这方面的融资相对稳定，能够保证在土中资企业生产

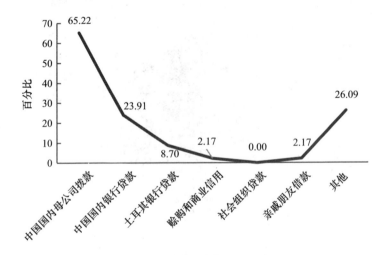

图 10 - 8　企业融资来源分布

经营正常、独立地进行。

　　企业融资的另一重要组成部分——银行贷款，相比从中国国内母公司拨款而言会缺少一定的稳定性，当企业贷款申请被拒或申请被搁置，便会对企业生产经营状况产生不同程度的影响。鉴于图 10 - 9 调查结果显示在企业融资方式中，较少企业选择贷款的情况，还调查了企业未申请贷款的原因，如图 10 - 9 所示。

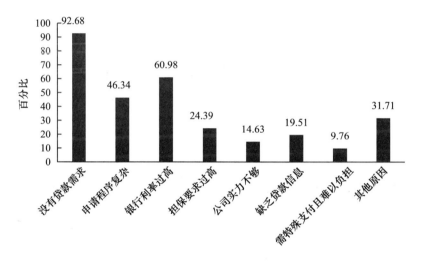

图 10 - 9　企业未申请贷款的原因分布

　　企业选择不申请贷款的首要原因是其没有贷款需求，这一点很可能与图 10 - 8 显示的受访企业主要融资渠道为中国母公司拨款有关。其次，银行利率过高是企业未申请贷款的第二大原因，此外，申请程序复杂和担保要求过高也是企业选择不申请贷款的主要因素。

小　结

　　首先，本章调查了土耳其中资企业的基本情况。在土中资企业大部分是在 2006 年以后开始注册运营的，注册和运营企业数量在

2011—2015 年达到顶峰。在海外投资的股权构成方面，绝大部分企业属于中国国有控股，少部分为私人控股。

其次，调查分析了土耳其中资企业的生产经营和面临的市场竞争的基本状况。在企业的基本生产经营状况方面，受访中资企业大部分都在本地市场或土耳其国内市场占有一定市场份额，也有部分产品能够进入到国际市场销售。在企业产品出口类型方面，大部分企业为原始品牌制造商，原始设计制造商企业占比次之。

调查中的大部分企业表示其面临的竞争压力分别来自土耳其同行和其他外资同行，大部分的企业都认为近五年来当地市场竞争更为激烈，可见当地的市场竞争参与者繁多且竞争越来越激烈。

针对土耳其中资企业自主程度的调查发现，大部分企业在员工雇佣方面决策的自主程度最高。未在商务部备案的企业在产品生产和销售、技术开发、新增投资以及员工雇佣几个方面都有较高的自主性，没有加入土耳其中国商会的企业在上述方面的自主程度更高一些。

在土中资企业的项目承担情况也是本章调查分析的重要部分。企业承担铁路项目和航运项目的情况受企业注册和运营时长的影响较为明显，只有部分注册和运营超过五年的企业能够承担铁路和船运相关项目。

最后，调查统计分析了土耳其中资企业的融资状况。大部分中资企业的融资来源为中国国内母公司拨款，较少企业选择通过贷款融资。调查继续统计了没有选择申请贷款进行融资的企业不选择申请贷款的原因，没有贷款需求是首要原因，银行利率较高及申请贷款程序较为复杂是不选择贷款的次要原因。

第十一章

土耳其营商环境和中国企业
投资风险分析

本章将分析包括土耳其当地的基础设施和公共服务供给情况，以及企业对土耳其公共服务治理的评价三个方面的内容，进而得出土耳其营商环境概况，并为计划前往土耳其进行生产运营的企业总结出主要的潜在投资风险。

第一节 土耳其基础设施供给分析：
中资企业视角

如表 11-1 所示，企业对基础设施的申请情况是反映土耳其当地生产运营环境的重要指标之一。对受访企业按是否在经开区划分为两个维度，即不在经开区和在土耳其经开区进行了相关调查。

不论企业是否在经济开发区，从表中可以看到，均有近六成的企业需要申请互联网的使用许可，绝大部分企业都不需要申请水、电和建筑的使用许可。特别地，处在土耳其经开区的企业需申请建筑使用许可的比例比不在经开区企业要多出 18 个百分点，即处在经开区的企业的建筑使用准入较严格，而在互联网准入上，土耳其对大部分企业的准入控制也较严格。

从不同行业类别的维度调查探讨企业对于土耳其相关公共设施的

表 11-1　　　　按是否位于开发区划分的企业提交水、电、网、
　　　　　　　　　建筑申请比例　　　　　　　　　（单位：%）

	水		电		网		建筑	
	是	否	是	否	是	否	是	否
不在经开区	16.22	83.78	13.51	86.49	59.46	40.54	10.81	89.19
土耳其经开区	14.29	85.71	14.29	85.71	57.14	42.86	28.57	71.43
其他	50.00	50.00	50.00	50.00	50.00	50.00	0.00	100.00

申请使用情况，如表 11-2 所示，需通过申请使用互联网的企业占比仍是最高的，占比均接近六成。工业企业要比服务业企业更需要进行建筑使用许可申请，而服务业企业则在水电的使用上更需进行相关申请。

表 11-2　　　　按行业划分的企业提交水、电、网、建筑申请比例　　（单位：%）

	水		电		网		建筑	
	是	否	是	否	是	否	是	否
工业	12.50	87.50	8.33	91.67	58.33	41.67	16.67	83.33
服务业	22.73	77.27	22.73	77.27	59.09	40.91	9.09	90.91

综合来看，土耳其对所有在土中资企业的互联网使用准入控制较为严格，处在土耳其经开区的企业更多地需要做建筑使用许可的申请，而服务业企业则是在水电设施的使用方面需要进行相关申请。

企业生产相关的各类基础设施的持续供给是保证企业高效生产和运营的重要因素，关于土耳其当地中资企业发生断水、断电、断网的情况，如表 11-3 所示。

综合来看，不论企业是否处在经开区，企业断电的情况发生得最多，分别占比 29.73% 和 42.86%。断网次之，最不常发生的是断水的情况。纵向比较来看，处在土耳其经开区的企业要比不在经开区的企业要更常发生断电和断网的情况。

表 11 - 3　　　　　　按是否位于开发区划分的企业发生断水、断电、
断网情况　　　　　　　（单位：%）

	断水		断电		断网	
	是	否	是	否	是	否
不在经开区	16.22	83.78	29.73	70.27	21.62	78.38
土耳其经开区	14.29	85.71	42.86	57.14	28.57	71.43
其他	0.00	100.00	50.00	50.00	0.00	100.00

另外，从不同行业划分调查了受访企业发生断水、断电、断网的情况，如表 11 - 4 所示。总体来看，服务业企业发生断水、断电、断网的概率总体都高于工业企业，其中有近四成的服务业企业表示曾发生过断电的情况，近三成发生过断网的情况，这一明显的区别是否与其行业性质和生产经营模式有关，有待今后的调查继续关注。

表 11 - 4　　　　　按行业划分的企业发生断水、断电、断网情况　　　（单位：%）

	断水		断电		断网	
	是	否	是	否	是	否
工业	8.33	91.67	25.00	75.00	12.50	87.50
服务业	22.73	77.27	40.91	59.09	31.82	68.18

对在土中资企业在申请使用相关公共设施的过程中是否有进行非正规支付或赠送礼物情况的调查，如表 11 - 5 和表 11 - 6 所示。总体来看，几乎没有企业在申请过程中向相关机构进行过送礼或非正规支付的情况，仅有不到两成不在经开区的企业在申请水资源的使用时支付过非正规支付。

调查也从不同行业的维度进行了分析，如表 11 - 6 所示。在电、网和建筑的使用申请时，均没有企业支付过非正规支付，而在水的使用申请中，也只有一半的工业企业支付过非正规支付。

表11-5 **按是否位于开发区划分的企业提交水、电、网、建筑**
申请的非正规支付比例 （单位：%）

	水		电		网		建筑	
	是	否	是	否	是	否	是	否
不在经开区	16.67	83.33	0.00	100.00	0.00	100.00	0.00	100.00
土耳其经开区	0.00	100.00	0.00	100.00	0.00	100.00	0.00	100.00
其他	无	无	0.00	100.00	0.00	100.00	无	无

表11-6 **按行业划分的企业提交水、电、网、建筑申请的**
非正规支付比例 （单位：%）

	水		电		网		建筑	
	是	否	是	否	是	否	是	否
工业	50.00	50.00	0.00	100.00	0.00	100.00	0.00	100.00
服务业	0.00	100.00	0.00	100.00	0.00	100.00	0.00	100.00

综上，在土耳其的中资企业在申请公共设施的使用时，几乎没有需要进行非正规支付的，只是在水资源的使用方面，工业企业和不在经开区的企业支付过非正规支付。

第二节 土耳其公共服务供给分析：中资企业视角

除基础设施以外，土耳其当地为中资企业提供的相关公共服务也是了解评估企业在土耳其经营状况的一个重要因素。本节从税务、进出口许可、相关政策及企业工会对企业经营的影响等三个方面调查了土耳其对在土中资企业公共服务的供给情况。

一 中资企业税务与进出口许可概况

表11-7反映的是不同行业类别的受访企业对于在土耳其的生产

经营过程中处理税务相关事务的概况。在工业企业中，有两成左右的企业接受过税务机构的走访或检查，没有工业企业向税务机构进行过非正规支付。在服务业企业方面，有一半的服务业企业接受过税务机构的走访检查，另有一成左右企业向税务机构进行过非正规支付。在走访检查和非正规支付方面，服务业企业占比均比工业企业要高，这是否与其生产经营的方向和方式有关，有待今后的调查继续关注。

表 11 - 7　　　　　按行业划分的企业税务机构检查与非正规支付比例 　　（单位：%）

	税务机构走访或检查		税务机构非正规支付	
	是	否	是	否
工业	20.83	79.17	0.00	100.00
服务业	50.00	50.00	9.09	90.91

另外，调查了企业是否处在经济开发区与企业税务机构检查以及进出口许可申请之间的关系，如表 11 - 8 和表 11 - 9 所示。

表 11 - 8　　　　　按是否位于开发区划分的企业税务机构检查与非正规
　　　　　　　　　　支付比例 　　　　　　　　　（单位：%）

	税务机构走访或检查		税务机构非正规支付	
	是	否	是	否
不在经开区	35.14	64.86	7.69	92.31
土耳其经开区	28.57	71.43	0.00	100.00
其他	50.00	50.00	0.00	100.00

表 11 - 8 首先呈现的是处在不同区域的企业的税务机构检查与进行非正规支付的比例概况。可以看到，不在经开区的企业中，有 35.14% 接受过税务机构的走访检查，有 7.69% 向税务机构支付过非正规支付，而对于在土耳其经开区的企业来说，相关比例则低得多，仅有 28.57% 在土耳其经开区的企业接受过走访检查，且没有企业支

付过非正规支付。

表 11 - 9　　　　　　按是否位于开发区划分的企业进出口许可申请与
非正规支付比例　　　　　　（单位：%）

	进口许可申请		进口许可申请中非正规支付	
	是	否	是	否
不在经开区	22.86	77.14	0.00	100.00
土耳其经开区	16.67	83.33	100.00	0.00
其他	50.00	50.00	无	无

表 11 - 9 呈现的则是处在不同区域的企业在进出口许可申请方面
的相关情况。不在经开区的企业有两成左右进行过进出口许可申请，
且没有企业表示在进出口许可申请中进行过非正规支付。处在土耳其
经开区的企业中不到两成申请过进出口许可，但却都向相关机构进行
过非正规支付。这一特殊波动是否与当地经开区的具体规制和政策有
关，有待今后的继续调查关注。

从不同行业的维度调查研究受访企业在进出口许可申请过程中的
相关情况，如表 11 - 10 所示。可以看到，在工业企业中，仅有不到
两成的企业进行过进出口许可申请，且没有企业在这一过程中支付过
非正规支付。而在服务业企业中，有三成左右的企业需要申请进出口
许可，并有两成企业在申请过程中进行过非正规支付。工业企业要进
行进出口许可申请的企业较少，且没有支付过非正规支付，我们有理
由推测这可能是由于工业企业承接的项目大多为政府间合作项目，所

表 11 - 10　　按行业划分的企业进出口许可申请与非正规支付比例　　（单位：%）

	进口许可申请		进口许可申请中非正规支付	
	是	否	是	否
工业	16.67	83.33	0.00	100.00
服务业	31.58	68.42	20.00	80.00

以需要单独进行的申请以及非正规支付就相对较少，相反，服务业企业需要办理的相关手续便较多。

二　不同维度下影响企业生产经营的因素及程度概况

图 11－1 中呈现的是劳动力市场相关规制和政策对于不同行业企业的影响情况。调查显示，极少有受访企业认为劳动力市场的相关政策严重影响了本企业的生产经营，另有两成左右的受访企业表示相关政策对于企业的生产经营有较大影响，另有一成左右企业表示这一因素对企业生产经营造成中等妨碍。特别地，认为劳动力市场相关规制和政策对企业生产经营没有影响的服务业企业要比工业企业多 16 个百分点，即认为该因素对生产经营没有妨碍的工业企业仅占一成左右，可以推断，该因素对工业企业的影响较为明显，这可能是由于工业企业需要大量的一线生产员工而导致。

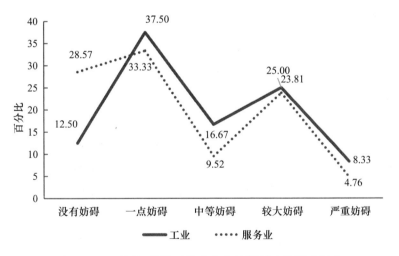

图 11－1　不同行业类型劳动力市场规制政策影响程度

不同行业维度下员工素质对企业生产经营的影响程度，调查结果如图 11－2 所示。总体来看，几乎没有受访企业表示员工素质严重妨碍到企业的生产经营活动，有近四成的企业认为员工素质没有妨碍到企业的生产经营。认为员工素质对企业造成不同程度妨碍的服务业企业比工业企业要稍多一些。

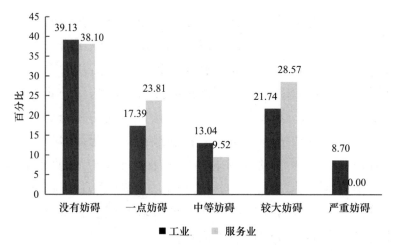

图 11-2　不同行业类型员工素质妨碍生产经营的程度

　　专业技术人员为企业中较核心的成员组成。图 11-3 呈现的便是不同行业维度下专业技术人员对受访企业生产经营的影响状况。有近三成受访企业认为这一因素对其生产经营没有影响，有三成左右企业表示该因素有一点妨碍企业的生产经营，但不显著。另有两成左右受访企业表示该因素对企业相关活动的妨碍是比较明显的，不到一成企业认为该因素严重妨碍到企业生产经营。行业间差异较显著的是在认为该因素对企业活动产生中等妨碍的态度上，有两成工业企业表示有中等妨碍，而仅不到一成的服务业企业持相同态度。可以推测，工业企业在生产过程中对生产相关技术的需求是造成这一数据波动的主要原因。

　　图 11-4 呈现的是不同行业维度下企业认为其管理人员对其生产运营的影响状况。总体来看，认为管理人员对企业没有妨碍或仅有一点妨碍的工业企业和服务业企业数量差不多，认为管理人员对企业造成中等或较大妨碍的工业企业要比服务业企业稍多，没有工业企业认

为管理人员严重妨碍到企业生产经营，但有一成左右的服务业企业表示管理人员严重妨碍到了企业的生产经营。

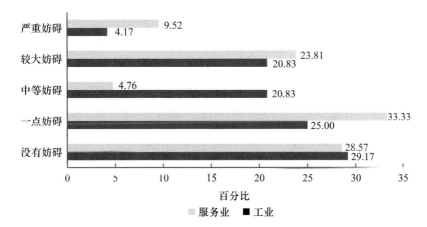

图 11 - 3　不同行业类型专业技术人员妨碍生产经营的程度

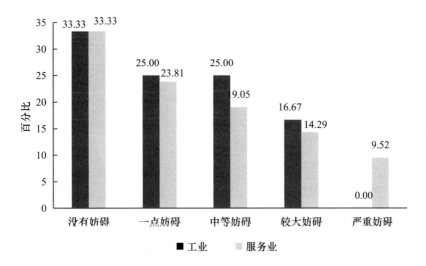

图 11 - 4　不同行业类型管理人员妨碍生产经营的程度

图 11 - 5 呈现的是在不同行业的维度下，企业招聘技能人员的难度对于企业生产经营的妨碍程度。没有企业认为这一因素对企业生产

经营造成严重妨碍，与服务业企业相比，更多工业企业认为该因素对企业造成了中等或较大的妨碍。另外，认为该因素对企业没有妨碍或仅有一点妨碍的服务业企业比工业企业稍多。综合来看，技能人员的招聘难度对工业企业生产经营的妨碍更为明显一些。

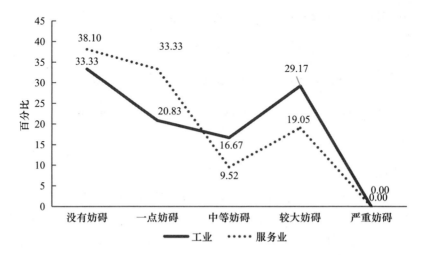

图 11 - 5　不同行业类型技能人员招聘难度妨碍生产经营的程度

从受访企业是否在经开区这一维度上调查分析了上述因素对企业生产经营的妨碍程度。图 11 - 6 反映的是劳动力市场规制和政策对于处在不同区域的企业生产经营影响状况。

从图 11 - 6 中看出，几乎没有企业认为这一因素对企业生产经营产生严重妨碍，有两成左右的企业表示该因素对企业没有产生妨碍，剩下企业均表示劳动力市场规制政策对于企业的生产经营有着不同程度的妨碍，有近三成企业表示有较大妨碍。总体看来，企业所处区域对这一因素影响企业生产经营的程度不大。

关于员工素质对处在不同区域企业生产经营的影响状况，调查结果如图 11 - 7 所示。均有四成左右的企业表示员工素质没有妨碍到企业的生产经营，认为该因素对企业生产经营有一点妨碍的处在经开区的企业比不在经开区的企业多出近 10 个百分点，而认为该因素对企

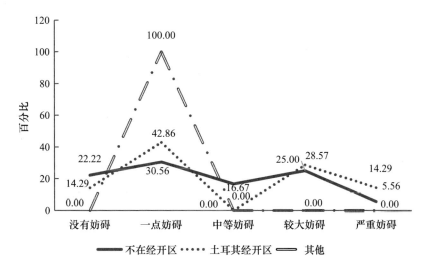

图 11 - 6　是否在经开区企业与劳动力市场规制政策妨碍生产经营的程度

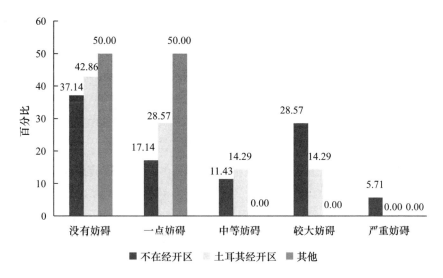

图 11 - 7　是否在经开区企业与员工素质妨碍生产经营的程度

业生产经营产生了较大妨碍的不在经开区企业比在经开区的企业多出14 个百分点左右。总体看来，员工素质这一因素并没有很显著地妨碍到企业的生产经营，但对于不在经开区的企业来说，影响会较为明显一些。

专业技术人员在企业核心技术的开发和维护上是不可或缺的企业员工，关于企业招聘专业技术人员的难度对其生产经营的影响状况，调查结果如图 11-8 所示。处在土耳其经开区的企业中，共有超过四成的企业认为招聘专业技术人员的难度对企业的生产经营造成了较大、重大程度的妨碍，比持相同态度的不在经开区企业多出 15 个百分点左右。且认为该因素没有对企业产生任何妨碍的不在经开区企业比在经开区的企业多 15 个百分点。可以推测，专业技术人员的招聘难度对在土耳其经开区企业生产经营造成的妨碍更为显著。

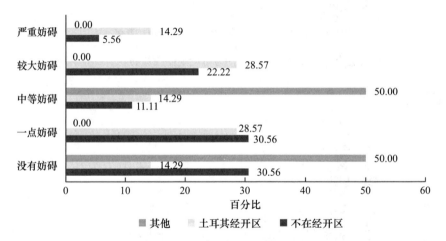

图 11-8　是否在经开区企业与专业技术人员招聘难度妨碍生产经营的程度

从图 11-9 可以看出，有三成左右受访企业表示招聘管理人员的难度没有对其生产经营造成影响。不在经开区的企业中，有极少数企业认为该因素严重妨碍到其生产经营，均有一定数量的企业认为该因素对企业的生产经营造成了不同程度的影响。对于处在土耳其经开区的企业来说，有近三成的企业认为该因素对其产生了较为严重的妨碍，比持相同态度的不在经开区企业多 10 个百分点左右。可以推测，企业是否处在经开区对于管理人员招聘难度影响企业生产经营的程度没有太大的影响，但认为该因素对企业生产经营造成严重妨碍的在经开区的企业稍多。

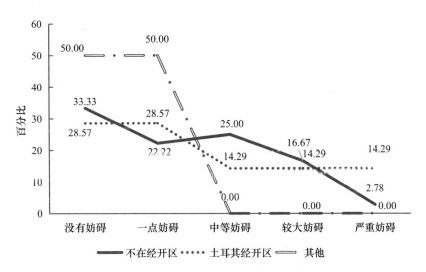

图 11 - 9 是否在经开区企业与管理人员招聘难度妨碍生产经营的程度

技能人员招聘难度对处在不同区域企业生产经营的影响状况，如图 11 - 10 所示。我们可以看到，没有企业认为该因素严重妨碍了

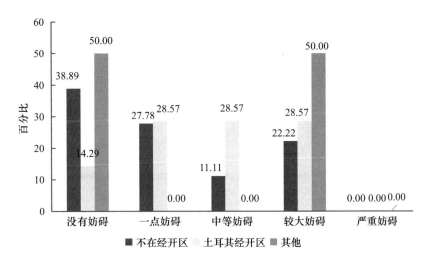

图 11 - 10 是否在经开区企业与技能人员招聘难度妨碍生产经营的程度

企业的生产经营。认为该因素没有妨碍到企业生产经营的不在经开区企业占比38.89%，比持相同态度的处在经开区的企业多24个百分点左右；而表示该因素对企业生产经营产生中等妨碍的处在土耳其经开区的企业占比28.57%，比不在经开区的企业多出17个百分点左右。另外，均有两成左右的企业认为该因素对企业生产经营造成较大妨碍。

三　企业有无工会对其生产经营影响的因素及程度

图11-11呈现的是有自身工会的企业和没有自身工会的企业对劳动力市场规制政策影响其生产经营的评价情况。结果显示，近七成有自身工会的企业表示劳动力市场规制政策没有妨碍到其生产经营，而持相同态度的没有自身工会企业仅占不到两成。另外三成左右有自身工会的企业则表示该因素对其生产经营产生了较大妨碍。其余没有自身工会的企业则表示该因素对企业生产经营造成了不同程度的妨碍，其中，认为造成一点妨碍的无自身工会企业最多，占比近四成。综合来看，有自身工会的企业受相关因素的妨碍程度较低。

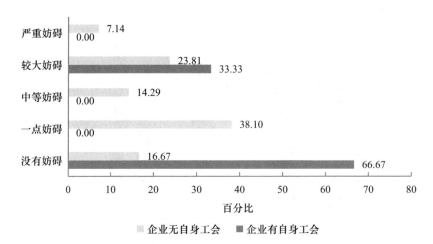

图11-11　企业有无自身工会与劳动力市场规制政策妨碍生产经营的程度

　　调查也比较了相同维度下两类企业对于员工素质影响企业生产经营的评价状况，如图 11 - 12 所示。有自身工会的企业都表示员工素质对其生产经营没有任何妨碍，而持相同态度的无自身工会企业仅占三成左右，其余企业均表示该因素对其生产经营造成不同程度的妨碍。

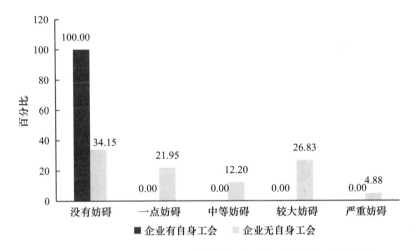

图 11 - 12　企业有无自身工会与员工素质妨碍生产经营的程度

　　图 11 - 13 则反映了相同纬度上两类企业对于技术人员招聘的难度妨碍企业生产经营程度的评价情况。图中显示，近七成有自身工会的企业表示该因素对企业生产经营没有造成妨碍，另外三成表示只有一点妨碍。而在没有自身工会的企业中，仅有不到三成表示该因素没有妨碍到企业生产，其余企业均表示专业技术人员的招聘难度从不同程度上妨碍着企业生产经营。

　　关于管理人员招聘难度对企业生产经营的影响情况如图 11 - 14 所示。调查结果显示，大部分有自身工会的企业都认为招聘管理人员的难度没有妨碍到企业的生产经营，而持相同态度的无自身工会企业仅有三成，其余没有自身工会的企业均认为该因素会对其生产经营造成一定妨碍。

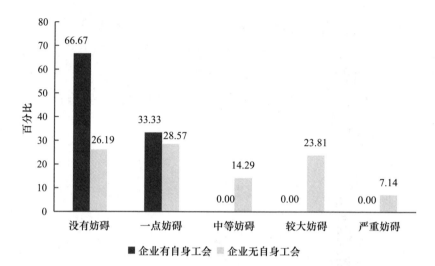

图 11-13　企业有无自身工会与专业技术人员招聘难度妨碍生产经营的程度

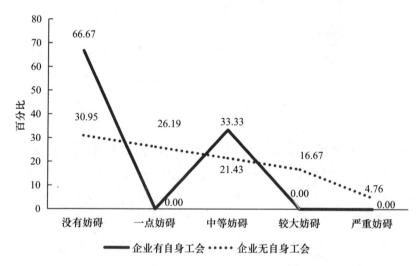

图 11-14　企业有无自身工会与管理人员招聘难度妨碍生产经营的程度

　　关于两类企业对于技能人员招聘难度影响企业生产经营状况的评价如图 11-15 所示。所有受访的有自身工会企业都认为技能人员的招聘难度没有对其生产经营造成妨碍，而持相同态度的无自身工会企业仅占三成左右。

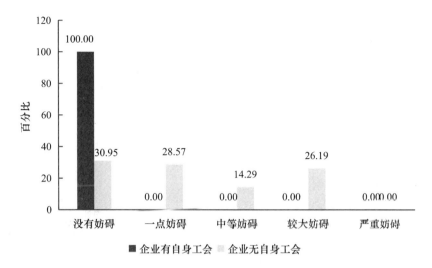

图11-15　企业有无自身工会与技能人员招聘难度妨碍生产经营的程度

综上调查结果得出，与没有自身工会的企业相比，有自身工会企业的生产经营比较少受到劳动力市场规制、员工素质以及相关人员招聘难度的妨碍。

调查还从企业是否有女性高管的维度来分析了上述因素对企业生产经营的影响情况。图11-16反映的是有女性高管和没有女性高管的企业对劳动力市场规制政策影响企业生产经营的评价。

结果显示，在有女性高管的受访企业中，有三成左右的企业认为劳动力市场规制政策没有妨碍到企业的生产经营，另有近三成认为有较大妨碍和一点妨碍。在没有女性高管的受访企业中，仅不到一成企业认为这一因素对企业的生产经营没有造成妨碍，有四成表示该因素对企业生产经营的影响较小，另有两成受访企业则认为该因素对企业生产经营造成了较大妨碍。

在员工素质对企业生产经营的影响方面，调查结果如图11-17所示。认为员工素质没有妨碍或仅有一点妨碍到企业生产经营的，有女性高管的企业平均比持相同态度的无女性高管企业要多出10个百分点左右，而认为该因素较严重妨碍到企业生产经营的无女性高管企

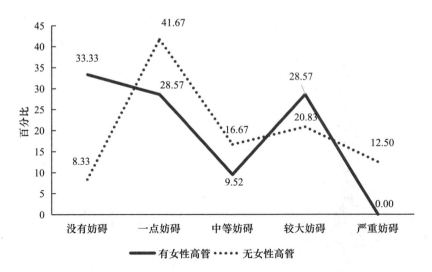

图 11 - 16 有无女性高管与劳动力市场规制政策妨碍生产经营的程度

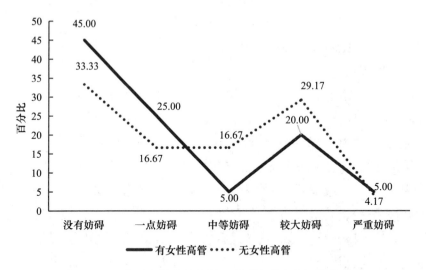

图 11 - 17 有无女性高管与员工素质妨碍生产经营的程度

业则比有女性高管企业多近 10 个百分点。

对上述两图进行分析得出，有女性高管企业的生产经营要比没有女性高管的企业更少受到劳动力市场规制和员工素质两类因素的妨碍。

图 11-18 反映的是招聘专业技术人员难度对相关企业生产经营的影响情况。从总休数据趋势来看，有无女性高管对受访企业看待专业技术人员招聘难度对企业的妨碍程度并没有太明显的影响。均有三成左右受访企业表示专业技术人员的招聘难度没有对企业生产经营造成妨碍，另外三成左右表示有一点妨碍。表示有一定程度或严重妨碍的企业占比较少，仅为两成左右，极少有企业认为该因素严重妨碍到企业生产经营。

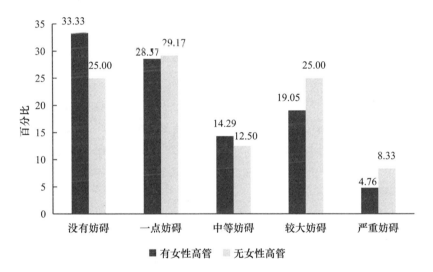

图 11-18　有无女性高管与专业技术人员招聘难度妨碍生产经营的程度

在管理人员招聘的难度对企业生产运营的影响方面，两类企业的态度如图 11-19 所示。均有三成左右的受访企业认为该因素没有妨碍其生产经营。态度差异最明显的是在认为该因素对企业生产经营仅造成一点妨碍的企业当中。有 33.33% 没有女性高管的企业表示该因素有一点妨碍到企业生产经营，而持相同态度的有女性高管企业仅占 14.29%。

有无女性高管的企业对技能人员招聘难度影响妨碍企业生产经营的评价如图 11-20 所示。有超过一半的有女性高管企业认为技能人

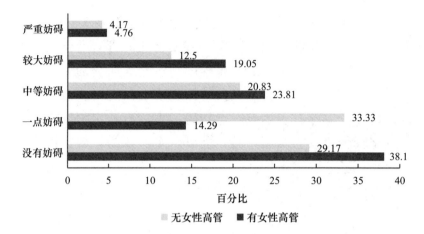

图11-19　有无女性高管与管理人员招聘难度妨碍生产经营的程度

员的招聘难度没有妨碍到企业生产经营，而持相同态度的无女性高管
企业仅占两成。而认为该因素有一点妨碍或较大妨碍到企业生产经营
的无女性高管企业则比有女性高管企业多出10到20个百分点。

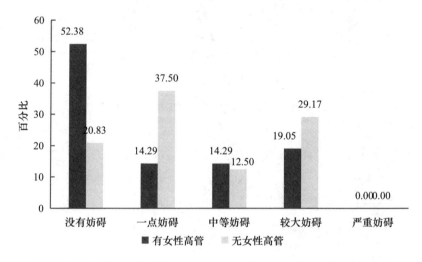

图11-20　有无女性高管与技能人员招聘难度妨碍生产经营的程度

综上调查结果分析得出，企业招聘相关人员的难度对企业相关活

动的妨碍程度与企业有无女性高管有一定的联系，即有女性高管的企业会少受到人员招聘难度的影响，受该因素影响较多的是没有女性高管的企业。

第三节　中资企业对土耳其公共服务治理的评价

本节的调查统计将从企业是否在经开区及企业所属行业两个维度出发，通过分析税率税收、工商及土地许可、政治稳定、土耳其腐败情况对于企业生产经营的影响，更为全面地呈现在土中资企业的经营环境。

一　按企业所处区域进行的调查

图 11 – 21 中呈现的是不同区域的企业对土耳其当地税率的评价情况。调查结果显示，认为税率有一点妨碍到企业生产经营的不在经开区企业占比 19.44%，并没有在土耳其经开区的企业持相同态度。

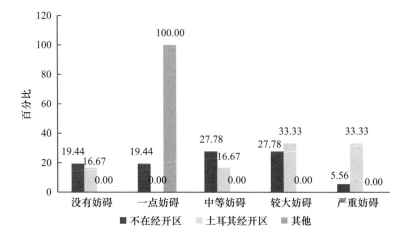

图 11 – 21　税率妨碍公司生产经营的程度

相反，认为该因素严重妨碍到企业生产的不在经开区企业仅有5.56%，而持相同态度的在土耳其经开区企业占比较高，为33.33%。综合图中趋势看到，税率对于在土耳其经开区的企业来说影响更显著一些。

图11-22呈现的是处在不同区域的中资企业对土耳其税收征收影响其生产经营程度的评价状况。总体看来，均有近四成的受访企业表示税收几乎没有妨碍到其正常的生产经营活动，极少有企业认为税收严重妨碍企业生产经营。特别地，认为税收有一点妨碍到企业生产经营的土耳其经开区企业占比近三成，是持相同态度的不在经开区企业的近两倍。

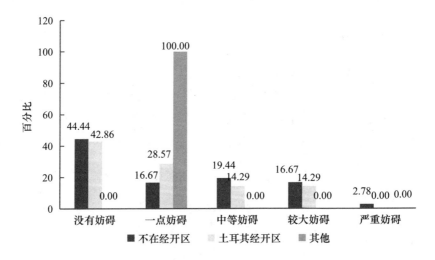

图11-22　税收征收妨碍公司生产经营的程度

图11-23显示的是不同区域中资企业对工商许可相关因素对其生产经营影响的调查评价。结果显示，大部分企业都认为工商许可相关因素没有妨碍其生产经营，几乎没有企业认为工商许可对其生产经营造成较大妨碍。但在认为工商许可相关因素对企业生产经营造成一点妨碍和中等妨碍的企业中，土耳其经开区企业占比略多一些，而认为该因素对企业生产经营有较严重妨碍的企业则是不在经开区企业占

比稍多，结合图中数据趋势可以分析得出，工商许可相关因素对于在土耳其经开区企业生产经营的影响较明显。

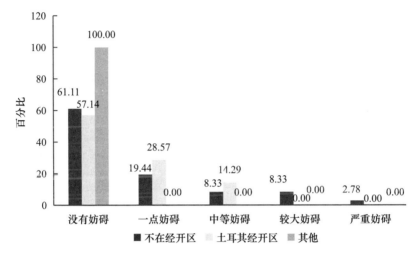

图11-23　工商许可妨碍公司生产经营的程度

图11-24反映的是政治不稳定这一因素对不同区域企业生产经营活动的影响状况。结果显示，只有不到两成企业认为政治不稳定仅有一点妨碍到企业生产经营，大部分企业都认为土耳其大环境的政治不稳定对企业生产经营的妨碍程度较高，甚至有四成左右的土耳其经开区企业认为政治不稳定严重妨碍到了企业的生产经营。

调查继续统计了土耳其政治经济相关的腐败行为对当地中资企业生产经营的影响情况，如图11-25所示。认为该因素只有一点妨碍到企业生产经营的不在经开区企业较多，而认为腐败对企业生产经营造成中等程度妨碍较多的企业则是在土耳其经开区的企业。仅有少部分企业认为土耳其方面的腐败行为较大妨碍到其生产经营，大部分企业都认为该因素对企业生产经营的妨碍程度较低。

关于土地许可相关因素对企业生产经营的影响状况如图11-26所示。有超过半数的受访企业认为土地许可对企业的生产经营没有造成妨碍，仅有少部分不在经开区的企业表示该因素对企业生产经营造

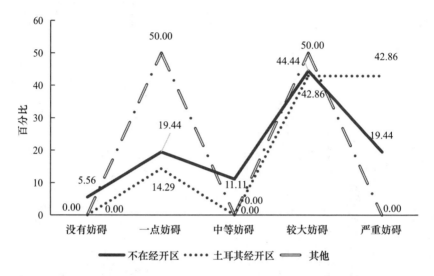

图 11-24 政治不稳定妨碍公司生产经营的程度

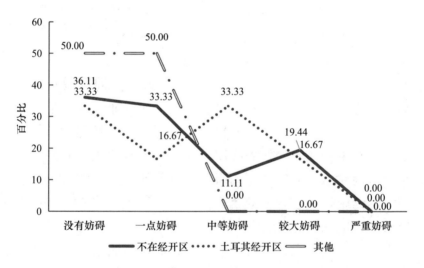

图 11-25 腐败妨碍公司生产经营的程度

成了不同程度的影响，没有在土耳其经开区的企业认为土地许可对其生产经营造成较为明显的影响。可以推测，可能由于不在经开区的企业没有享受到经济开发区为区域内企业提供的相关政策扶持，所以土地许可相关因素对于不在经开区企业的生产经营妨碍较明显。

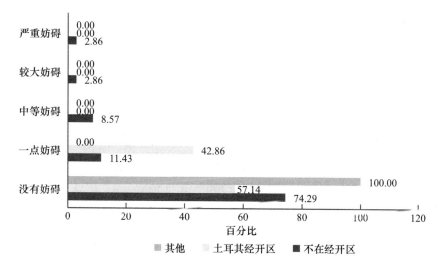

图 11－26　土地许可妨碍公司生产经营的程度

最后调查统计的是土耳其政府管制与审批相关因素对在土中资企业的影响情况。如图 11－27 结果显示，大部分受访企业均表示该因素没有较明显地妨碍到企业生产经营，仅有两成到三成受访企业表示该因素对企业生产经营造成中度以上妨碍。特别地，认为该因素对企

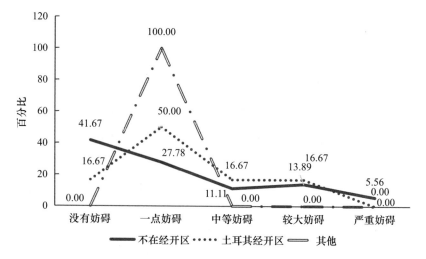

图 11－27　政府管制与审批妨碍公司生产经营的程度

业生产经营有一点妨碍的经开区企业比不在经开区企业多近一倍，这是否与土耳其经开区的相关管制较为严格有关，有待今后深入调查。总体看来，在土耳其经开区企业的生产经营较容易受到政府管制与审批的影响。

二 按企业所属行业进行的调查

税率对不同行业企业生产经营影响程度的调查结果如图 11 - 28 所示。表示受税率影响较中等的服务业企业稍多，而在认为税率严重妨碍企业生产经营的企业中，工业企业占比为 13.04%，比服务业企业多出近 10 个百分点，除此之外，税率对于服务业企业生产经营的妨碍较为明显。

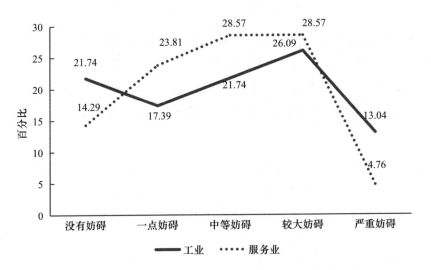

图 11 - 28 按行业划分的税率妨碍企业生产经营的程度

关于税收征收对不同行业企业的影响情况如图 11 - 29 所示。在工业企业中，大部分企业表示税收征收没有对企业造成较大的妨碍，另有三成左右表示对企业生产经营造成了较为明显的妨碍，另有极少数工业企业表示该因素严重妨碍了企业的生产经营。而在服务业企业中，有一半的企业认为该因素没有妨碍到企业生产经营，也没有企业认为该因素严重妨碍企业相关活动，而持相同态度的工业企业仅占不到四成。由此推论，税收征收对工业企业生产经营造成的妨碍要比服务业企业更为显著。

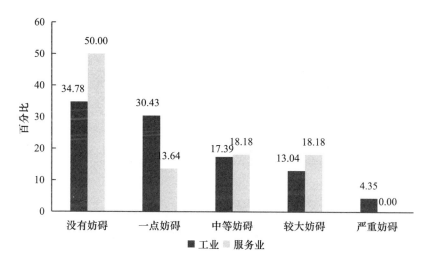

图 11 - 29　按行业划分的税收征收妨碍企业生产经营的程度

　　图 11 - 30 呈现了不同行业企业对于工商许可相关因素影响其生产经营的评价情况。结果显示，均有六成左右受访企业表示工商许可相关因素没有妨碍到其生产经营，认为该因素对企业生产经营有较大妨碍的服务业企业比工业企业多出一倍，另有极少数工业企业认为该因素严重妨碍到企业生产经营。总体看来，工商许可对大多数企业的生产经营是没有影响的，仅对少部分服务业企业和工业企业造成较显著妨碍。

　　调查也探讨了土耳其当地政治不稳定对企业生产经营的妨碍程度，如图 11 - 31 所示。有高达 52.17% 的工业企业认为政治不稳定对其生产经营造成较大妨碍，而持相同态度的服务业企业仅占 36.36%，但认为该因素严重妨碍到企业生产经营的服务业企业比工业企业多出近 10 个百分点。总体看来，认为政治不稳定因素对企业生产经营仅有较小程度妨碍的企业总体较少，大部分企业都认为政治不稳定因素会较明显地妨碍其生产经营。

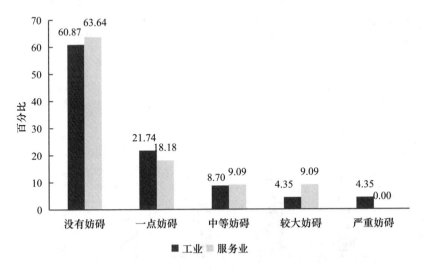

图 11 – 30　按行业划分的工商许可妨碍企业生产经营的程度

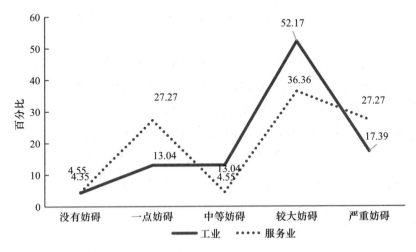

图 11 – 31　按行业划分的政治不稳定妨碍企业生产经营的程度

土耳其当地的腐败情况对不同行业企业的影响如图 11 – 32 所示。

调查显示，有45.45％的服务业企业认为当地腐败并没有对企业生产经营造成妨碍，而持相同态度的工业企业仅占27.27％。认为腐败对企业生产经营有一点妨碍的工业企业占比40.91％，比服务业企业多近一倍。没有企业认为腐败对其生产经营造成严重妨碍。结合图中数据趋势可以得出，腐败对工业企业生产经营产生的妨碍程度比服务业企业稍许严重。

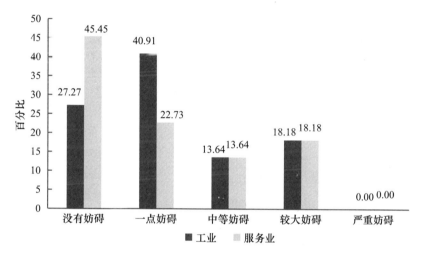

图11-32　按行业划分的腐败妨碍企业生产经营的程度

图11-33呈现的是土地许可对不同行业企业造成妨碍的不同程度分布情况。有高达90.48％的服务业企业认为土地许可相关因素没有对其生产经营产生妨碍，也有56.52％的工业企业持相同态度。其余工业企业均认为土地许可对其生产经营有产生不同程度妨碍。另有4.76％的服务业企业认为土地许可对其生产经营造成严重妨碍。综合来看，土地许可没有对在土中资企业的生产经营造成较为严重的妨碍，但对工业企业的影响要比服务业企业更为严重一些，可以推测是由于工业企业土地使用量远超过服务业企业所需程度，所以在土地许可的申请过程中会比服务业企业稍困难。

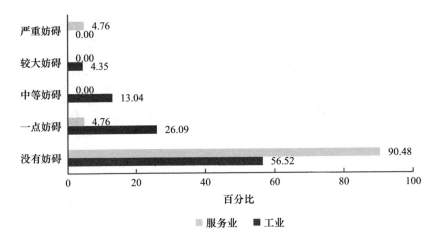

图 11 - 33　按行业划分的土地许可妨碍企业生产经营的程度

政府管制与审批对不同行业企业生产经营的妨碍程度，如图 11 - 34 所示。有 47.62% 的服务业企业认为该因素没有妨碍到其生产经营，比工业企业多出 20 个百分点，另有 9.52% 的服务业企业认为该因素严重妨碍到企业的生产经营，但没有工业企业持相同态度。总体来看，较多工业企业认为政府管制对其生产经营造成了不同

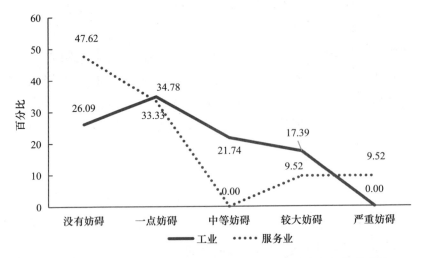

图 11 - 34　按行业划分的政府管制与审批妨碍企业生产经营的程度

程度的妨碍。与图 11 - 33 的推论相结合，可以得出，土耳其政府对于工业企业生产经营所需相关资源的审批更为严格。

第四节　在土中资企业投资风险分析

本章最后一节将针对企业做出的土耳其投资可行性考察、企业安全生产额外支付和偷盗损失情况、企业对土耳其政治环境的评价等方面的调查结果进行分析，从而得出较为完整全面的在土中资企业投资风险的相关分析结论。

首先，从不同维度调查了不同企业是否进行过可行性投资考察的情况，如表 11 - 11 所示。绝大部分的企业均进行了投资可行性考察，仅有少数服务业企业、不在经开区企业和有女性高管的企业表示没有进行过相关考察。总体来看，绝大多数企业都认为在进入土耳其之前进行投资可行性考察是非常有必要的。

表 11 - 11　　　企业是否进行过土耳其投资的可行性考察状况　　　（单位：%）

	有可行性考察	无可行性考察
工业	100.00	0.00
服务业	95.45	4.55
不在经开区	97.30	2.70
土耳其经开区	100.00	0.00
其他	100.00	0.00
有女性高管	95.24	4.76
无女性高管	100.00	0.00

调查也统计了不同类型企业进行投资前考察的主要类型，如表 11 - 12 所示。横向来看，市场竞争调查、土耳其投资相关法律法规调查是受访企业较多选择进行的考察类型，均有九成左右的受访企

业表示进行过相关调查。也有大量企业选择进行关于宗教文化和劳动力素质的调查，平均占比近七成到八成。特别地，服务业企业更少进行关于宗教文化生活习惯以及当地劳动力素质的相关调查。而在土耳其经开区的企业则较少进行相关投资法律法规和劳动力素质的调查。而有女性高管的企业则较少进行市场竞争调查。

表 11 - 12 企业投资前对土耳其进行考察类型 （单位：%）

	市场竞争调查		土耳其外国直接投资法律法规		土耳其宗教、文化和生活习惯		土耳其劳动力素质		其他方面	
	否	是	否	是	否	是	否	是	否	是
工业	4.17	95.83	4.17	95.83	16.67	83.33	20.83	79.17	83.33	16.67
服务业	9.52	90.48	9.52	90.48	33.33	66.67	38.10	61.90	95.24	4.76
不在经开区	8.33	91.67	2.78	97.22	22.22	77.78	25.00	75.00	91.67	8.33
土耳其经开区	0.00	100.00	14.29	85.71	28.57	71.43	42.86	57.14	85.71	14.29
其他	0.00	100.00	50.00	50.00	50.00	50.00	50.00	50.00	50.00	50.00
有女性高管	0.00	100.00	5.00	95.00	20.00	80.00	30.00	70.00	80.00	20.00
无女性高管	12.00	88.00	8.00	92.00	28.00	72.00	28.00	72.00	96.00	4.00

表 11 - 13 呈现了不同类别企业为实现调查年份内安全生产所支付额外支付的情况。工业企业进行过额外支付的企业相比服务业企业稍多；进行过额外支付的有女性高管企业比没有女性高管的企业稍多，特别地，处在土耳其经开区的企业完全没有进行过额外支付。总体看来，所有企业类别中，均只有不到三成的企业为安全生产进行过额外支付。可以推测，在土耳其生产经营的企业为安全生产而需要进行额外支付的情况较少。

表 11 - 13 2017 年企业安全生产额外支付 （单位：%）

	安全生产有额外支付	安全生产无额外支付
工业	25.00	75.00
服务业	22.73	77.27

	安全生产有额外支付	安全生产无额外支付
不在经开区	27.03	72.97
土耳其经开区	0.00	100.00
其他	50.00	50.00
有女性高管	28.57	71.43
无女性高管	20.00	80.00

　　表 11 - 14 呈现的是不同维度下各受访企业 2017 年内发生的偷盗损失情况。从表中看出，工业企业的发生率要比服务业企业稍高；有女性高管的企业发生偷盗损失的情况比没有女性高管的企业稍高，而在土耳其经开区的企业则没有发生过偷盗损失。均只有不到三成的在土中资企业发生过偷盗损失，针对中资企业的偷盗发生率总体不高，土耳其的营商环境较为安全。

表 11 - 14　　　　　　　　**2017 年企业偷盗损失状况**　　　　　（单位：%）

	发生过偷盗损失	未发生偷盗损失
工业	25.00	75.00
服务业	22.73	77.27
不在经开区	27.03	72.97
土耳其经开区	0.00	100.00
其他	50.00	50.00
有女性高管	28.57	71.43
无女性高管	20.00	80.00

　　调查还统计了受访企业对 2017 年土耳其政治环境基本状况的评价分布，如图 11 - 35 所示。大部分企业认为土耳其政治环境不够稳定，有 39.13% 的受访企业认为土耳其政治环境不稳定，需要比较小心，另有 32.61% 的企业表示土耳其政治环境存在不稳定的风险，有 2.17% 的企业表示当地会经常发生政治冲突。仅有不到三成企业认为

当地政治环境较为安全，21.74%的企业认为较稳定，仅有4.35%的企业认为投资风险较小。

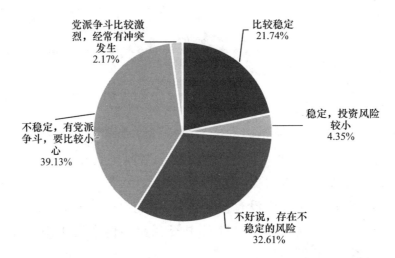

图 11 - 35　中资企业管理层认为 2017 年土耳其政治环境情况

最后，调查综合统计了各类型企业认为的未来一年主要面对的各类风险所占比重，如表 11 - 15 所示。工业企业更为担心中资企业增多、优惠政策效用降低或到期以及研发后劲不足相关的风险，而服务业企业则认为员工工资增长、市场竞争上升、政策限制加强和政治环境变化会是未来一年的主要风险。

表 11 - 15　　　　　　　企业未来一年经营风险主要方面及比重　　　　　（单位：%）

	员工工资增长	市场竞争上升	资源获取难度增加	研发后劲不足	政策限制加强	优惠政策效用降低或到期	政治环境变化	中资企业增多	产品或服务无话语权	其他方面
工业	16.67	79.17	8.33	4.17	45.83	8.33	66.67	41.67	8.33	20.83
服务业	31.82	81.82	9.09	0.00	59.09	4.55	77.27	0.00	0.00	22.73
不在经开区	21.62	83.78	5.41	2.70	48.65	5.41	72.97	27.03	5.41	18.92
土耳其经开区	28.57	71.43	28.57	0.00	71.43	0.00	71.43	0.00	0.00	28.57

续表

	员工工资增长	市场竞争上升	资源获取难度增加	研发后劲不足	政策限制加强	优惠政策效用降低或到期	政治环境变化	中资企业增多	产品或服务无话语权	其他方面
其他	50.00	50.00	0.00	0.00	50.00	50.00	50.00	0.00	0.00	50.00
有女性高管	28.57	85.71	9.52	0.00	42.86	4.76	71.43	19.05	4.76	19.05
无女性高管	20.00	76.00	8.00	4.00	60.00	8.00	72.00	24.00	4.00	24.00

对于不在经开区的企业来说，市场竞争上升、中资企业增多是其认为会在未来一年主要面对的经营风险。而在经开区的企业则认为员工工资增长、资源获取难度增加、政策限制加强等方面的风险会更为严重。

对于有女性高管的企业来说，员工工资增长、市场竞争上升是其未来一年会主要面对的经营风险，而无女性高管企业则认为政策限制加强和中资企业增多会是其经营风险。

总体看来，受访企业认为市场竞争上升和政治环境变化是其未来一年将要面对的主要经营风险，政策限制加强和员工工资增长次之。

小　结

首先，调查分析了土耳其当地对中资企业的基础设施供给情况。土耳其对中资企业的互联网准入管理较其他基础设施严格，超过一半的受访中资企业需申请使用网络相关基础设施。在其他基础设施供给方面，处在土耳其经开区的企业更多地需要做建筑使用许可的申请，服务业企业在水电设施的使用方面需进行相关申请。另外，调查也统计了在申请使用相关基础设施过程中企业支付非正规支付的情况，除部分企业在申请水资源的使用时进行过非正规支付外，没有企业在申请基础设施使用过程中进行过非正规支付。

　　其次，调查统计了土耳其当地公共服务的基本情况。在税务和进出口许可方面，较少工业企业接受过相关机构的走访调查，接受税务机构走访和需进行进出口许可申请的服务业企业和不在经开区企业稍多，极少有企业在相关走访和申请过程中进行过非正规支付。

　　调查还统计了受访企业对土耳其公共服务治理的评价情况。当地政治不稳定成为受访企业认为会对其生产经营造成较大妨碍的首要因素，税率因素也在一定程度上对部分企业的生产经营造成了妨碍。

　　最后，相关调查结果也反映了土耳其中资企业的投资风险状况。分析统计了不同类型企业进行投资前考察的主要类型，市场竞争调查、土耳其投资相关法律法规调查是受访企业较多选择进行的考察。在企业发生偷盗损失的情况方面，绝大部分企业没有发生过偷盗损失的情况，土耳其整体营商环境是较为安全的。绝大部分企业在调查中均表示，当地政治局势不稳定是其在土耳其生产经营面临的首要风险。

第十二章

土耳其中资企业雇佣行为与
劳动风险分析

土耳其地处"丝绸之路经济带"和"21世纪海上丝绸之路"的交汇点，是中国推进"一带一路"建设的重要支点国家，其优越的区位优势、较为完善的工业体系和丰富的劳动力资源成为"一带一路"沿线的重要合作国家。截至 2016 年底，已有 870 多家中国企业赴土耳其投资，投资总额达 22 亿美元，其中超过七成投资都是 2014 年以来结出的"果实"。中国企业投资土耳其出现了三大变化：一是中国工商银行、中国银行等金融机构入驻土耳其，为中国企业提供融资服务，担当一些重大投资项目的"开路先锋"；二是一些从事基础设施建设的中国企业从做单一项目转变为在土设立公司，同时带来其原有的商业合作伙伴，显示出扎根土耳其、长期拓展的决心；三是随着一批以通信、核电、高铁、新能源为代表的中国高科技企业落户，正在改变过去在土中国企业以贸易型公司为主的局面。^① 中国企业越来越多在土耳其投资经营，但是无论哪种企业都需要聘用大量的劳动力来发展业务，而对当地员工或者是外派员工的使用和管理成为海外企业面临的现实问题。本章从土耳其中资企业聘用的劳动力构成、企业雇员情况及企业劳资纠纷及处理等方面了解土耳其中资企业的雇佣

---

① 《"一带一路"倡议成中国企业投资土耳其"分水岭"》，2017 年 10 月 24 日，http://business. sohu. com/20171024/n519578108. shtml。

行为概况。

第一节　土耳其中资企业员工构成分析

近年来，在"一带一路"倡议的引领下，我国对外承包工程、对外劳务合作、对外投资合作等业务稳步发展，广大经营企业在开展对外经济合作业务的过程中，中资企业在带出国内劳务人员的同时，大量雇用所在国和第三国劳务人员，为带动区域经济发展、推动实现民心相通、促进多元文化融合发挥了积极作用。海外员工在中资企业"走出去"和落实"一带一路"倡议的过程中发挥着非常重要的基础支撑作用，加强海外用工管理关系到我国对外经济合作走深走实，已成为所有中资企业共同面临的课题。本节主要分析土耳其中资企业员工的具体构成情况。

表 12 - 1 显示了土耳其中资企业员工构成情况。如表所示，女性员工占总体的比例均值为 23.03%，标准差为 20.63%，由此可以推测出，土耳其中资企业员工构成具有明显的性别差异。从表中还可以看到，土耳其员工占总体的比例均值最高，达 50.39%，其次是中国员工占总体的比例均值为 48.45%，而其他国家员工占总体的比例均值仅为 1.15%。同时，土耳其员工占比和中国员工占比两者标准差较相近，并且均较高，而其他国家员工占比标准差仅有 6.72%。可见整体上土耳其中资企业员工构成中土耳其员工和中国员工占绝大多数，这符合近几年我国境外中资企业使用外籍员工的数量和比例持续增大、部分中资企业在项目所在国招收的当地员工的人数超过本国员工人数的趋势。但需要注意的是企业之间的差别非常大，最大值与最小值之间相差超过 95 个百分点。

一线员工或生产员工是企业生产的主力军，是企业利润的直接创造者，但同时一线员工也大都从事的是低端生产。表 12 - 2 显示了企业一线工人或生产员工构成情况。从表中可以看到，一线员工或生产

表 12 –1 企业员工构成 （单位：%）

各类员工占比	均值	标准差	最大值	最小值
女性员工占比	23.03	20.63	66.67	0.00
土耳其员工占比	50.39	31.42	97.50	0.00
中国员工占比	48.45	31.64	100.00	2.50
其他国家员工占比	1.15	6.72	45.00	0.00

员工占总体均值为 16.09%，标准差为 29.70%，这说明土耳其中资企业一线员工总体上偏少。通过进一步分析，可以看到，一线员工或生产员工中土耳其员工占比均值最高，达 56.38%，其次是中国员工占比均值为 36.33%，土耳其员工占比均值比中国员工占比均值高出了 20.05 个百分点；而中国员工占比和土耳其员工占比的标准差较接近，说明在一线员工或生产员工占比中土耳其员工占比较多。而对于其他国家员工占比均值则相对较低，甚至比一线员工或生产员工占比还要低。

表 12 –2 企业一线工人或生产员工构成 （单位：%）

	均值	标准差	最大值	最小值
一线员工或生产员工占比	16.09	29.70	100.00	0.00
一线员工或生产员工中土耳其员工占比	56.38	44.04	100.00	0.00
一线员工或生产员工中中国员工占比	36.33	43.35	100.00	0.00
一线员工或生产员工中其他国家员工占比	7.29	25.26	87.50	0.00

表 12 –3 显示了企业中高层管理员工构成情况。一般来讲企业中高层管理人员决定着企业发展方向、管理体系、经营战略等，对企业生存、发展至关重要。从表中可以看到，中高层管理员工占比均值为 33.77%，标准差为 31.73%。其中在中高层管理人员中，中国员工占比均值（86.21%）最高，比土耳其员工占比均值（13.79%）多了 72.42 个百分点，说明在中资企业中，中国员工占据中高层管理人

员的绝大多数。同时值得注意的是，二者的标准差都较高，均近乎25%，从某种程度上说明了在中资企业中高层管理人员中，中国员工和土耳其员工分布差异性大致相同。

表 12 –3 企业中高层管理员工构成 （单位：%）

	均值	标准差	最大值	最小值
中高层管理员工占比	33.77	31.73	100.00	0.00
中高层管理人员中土耳其员工占比	13.79	24.99	95.65	0.00
中高层管理人员中中国员工占比	86.21	24.99	100.00	4.34

表 12 –4 显示了企业技术人员和设计人员构成情况。从表中可以看到，技术人员和设计人员占比均值为 18.25%，标准差为 28.93%，这说明土耳其中资企业为技术型的较少，因为土耳其处于高度建设期，是一个承包工程大国，需要大量的人力资源参与建设。其中在技术人员和设计人员中，中国员工占比均值最大，比土耳其员工占比均值高近 19 个百分点，这说明中资企业的技术和设计人员中，中国员工仍旧占据主要地位。但值得注意的是，中国员工占比和土耳其员工占比的标准差是一致的，这说明了中国员工和土耳其员工在技术人员和设计人员中分布差异性大致相同。

表 12 –4 企业技术人员和设计人员构成 （单位：%）

	均值	标准差	最大值	最小值
技术人员和设计人员占比	18.25	28.93	100.00	0.00
技术人员和设计人员中土耳其员工占比	40.51	35.33	100.00	0.00
技术人员和设计人员中中国员工占比	59.49	35.33	100.00	0.00

表 12 –5 显示了企业非生产员工构成。从表中可以看出非生产员工占比均值为 27.26%，标准差为 28.07%，这也再次印证土耳其中资企业中生产员工占绝大多数，符合土耳其建设市场需求。在非生产

员工中,土耳其员工占比均值最高,达71.14%,比中国员工占比均值高出42.28个百分点。但在表12-3中显示在土中企的中高层管理人员中中国员工占绝大多数。这说明在非生产性员工中,土耳其员工虽占绝大多数,但可能只是一般的工作人员,并无多大的管理权限。同时从表中可以看出,土耳其员工占比和中国员工占比的标准差是一致的,说明了在企业非生产员工中,土耳其员工和中国员工的分布差异性大致相同。

表12-5	企业非生产员工构成			（单位：%）
	均值	标准差	最大值	最小值
非生产员工占比	27.26	28.07	100.00	0.00
非生产员工中土耳其员工占比	71.14	36.09	100.00	0.00
非生产员工中中国员工占比	28.86	36.09	100.00	0.00

表12-6展示的是不同企业规模的企业员工构成,包括性别、中高管理层、技术人员与设计人员及非生产员工占比等。从性别看,小型企业中,女性员工占比均值为23.14%,占比标准差为21.23%。中型企业中,女性员工占比均值为24.62%,占比标准差为20.94%。大型企业中,女性员工占比均值为12.39%,占比标准差为10.76%。上述数据表明,女性员工在大型企业的均值最低,标准差也最低,可见大型企业的女性员工人数较少,并且波动幅度远远低于中小型企业。中小型企业的女性员工在占比均值、标准差、最大值、最小值上差距很小,均值均为近大型企业一倍,一方面说明中小型企业中不同的企业之间女性员工数量差距较大,另一方面说明中小型企业女性员工数量均多于大型企业。

从中高管理层占比情况看,小型企业中高管理层占比均值为41.88%,占比标准差为31.23%,占比最大值为100%,最小值为0。中型企业中高管理层占比均值为18.45%,标准差为27.59%,占比最大值为100%,最小值为0。大型企业中高管理层占比均值为3.35%,

表 12 - 6　　　　　　　　　　按企业规模大小划分的企业员工构成　　　　　　（单位：%）

	企业规模类型	均值	标准差	最大值	最小值
女性员工占比	小型企业	23. 14	21. 23	66. 67	0. 00
	中型企业	24. 62	20. 94	65. 22	0. 00
	大型企业	12. 39	10. 76	20. 00	4. 78
中高管理层占比	小型企业	41. 88	31. 23	100. 00	0. 00
	中型企业	18. 45	27. 59	100. 00	0. 00
	大型企业	3. 35	2. 35	5. 83	1. 16
技术人员和设计人员占比	小型企业	15. 87	26. 78	100. 00	0. 00
	中型企业	29. 79	35. 92	100. 00	0. 00
	大型企业	1. 30	2. 26	3. 91	0. 00
非生产员工占比	小型企业	33. 15	29. 22	100. 00	0. 00
	中型企业	17. 65	22. 29	66. 67	0. 00
	大型企业	1. 59	2. 76	4. 78	0. 00

标准差为 2.35%，占比最大值为 5.83%，最小值为 1.16%。可见，企业规模越大，中高管理层占比均值越小，并且差值较大。中小型企业在占比标准差上差值较小，但是占比均值上小型企业远高于中型企业，一方面说明中小型企业中中高管理层数量差别较大，另一方面小型企业中中高管理层数量较多。这也是可以理解的，企业越小，员工数量也越少，中高层管理人员占比自然就大。但需要注意的是，大型企业中高层最大值占比远远低于中小企业。

从技术人员和设计人员占比情况看，小型企业技术人员和设计人员占比均值为 15.87%，占比标准差为 26.78%，占比最大值为 100%，占比最小值为 0。中型企业技术人员和设计人员占比均值为 29.79%，占比标准差为 35.92%，占比最大值为 100%，最小值为 0。大型企业技术人员和设计人员占比均值为 1.30%，占比标准差为 2.26%，占比最大值为 3.91%，最小值为 0。可见，大型企业技术人员和设计人员占比均值最小，并且在占比标准差上也最小，说明大型企业中技术人员和设计人员数量较少。中型企业技术人员和设计人员占比均值最高，同时占比标准差也最高，说明技术人员和设计人员数量在中型企业中的差别较大，但数量最高。

从非生产员工占比情况看，小型企业非生产员工占比均值为33.15%，占比标准差为29.22%，占比最大值为100%，最小值为0。中型企业非生产员工占比均值为17.65%，占比标准差为22.29%，占比最大值为66.67%，最小值为0。大型企业非生产员工占比均值为1.59%，占比标准差为2.76%，占比最大值为4.78%，占比最小值为0。可见，企业规模越大，非生产员工占比均值就越低，同时占比标准差也越低，说明大型企业中非生产员工数量较少。

表12-7展示的不同类型企业全部员工流动情况。从新增雇佣人员来看，小型企业新增雇佣人员均值为1.52，标准差为2.85，最大值为15，最小值为0。中型企业新增雇佣人员均值为8.45，标准差为13.37，最大值为44，最小值为0。大型企业新增雇佣人员均值为36.67，标准差为55.08，最大值为100，最小值为0。可见，无论是新增雇佣人员均值、标准差，还是最大值都是随着企业规模变大而递增。但是大型企业新增雇佣人员在标准差上明显偏高，所以大型企业新增雇佣人员数量最多，但是企业之间的差别也是最大的。

表12-7　　　　　　　　　企业全部人员流动情况

	企业规模类型	均值	标准差	最大值	最小值
新增雇佣人员	小型企业	1.52	2.85	15	0
	中型企业	8.45	13.37	44	0
	大型企业	36.67	55.08	100	0
辞职人员	小型企业	0.87	1.50	7	0
	中型企业	5.73	12.17	42	0
	大型企业	10.00	10.00	20	0
净流入人员	小型企业	0.65	1.84	8	-2
	中型企业	2.73	6.17	18	-5
	大型企业	26.67	46.19	80	0

　　从辞职人员看，小型企业辞职人员均值为0.87，标准差为1.50，最大值为7。中型企业辞职人员均值为5.73，标准差为12.17，最大值为42。大型企业辞职人员均值与标准差均为10，最大值为20，最小值为0。可见，随着企业规模越大，辞职人员均值也越高，但即使大型企业辞职人员均值最高，但体量较小。需要注意的是中型企业，虽然辞职人员均值较小，但是辞职人员最大值最高，是小型企业的6倍，大型企业的2倍。

　　从净流入人员看，小型企业净流入人员均值为0.65，标准差为1.84，最大值为8，最小值为-2。中型企业净流入人员均值为2.73，标准差为6.17，最大值为18，最小值-5。大型企业净流入人员均值为26.67，标准差为46.19，最大值为80，最小值为0。可见，企业规模越大，净流入人员均值递增，但需注意的是企业规模越大，净流入人员标准差也越大，特别是大型企业标准差远远高于中小企业。在净流入人员上，小型企业最稳定，中型企业居中，大型企业很不稳定。

　　表12-8展示的是企业土耳其人员的流动情况。从新增雇佣人员看，小型企业新增土耳其雇员的均值为1.26，标准差为2.35，最大值为12，最小值为0。中型企业新增土耳其雇员均值为7.27，标准差为11.73，最大值为38，最小值为0。大型企业新增土耳其雇员均值为36.67，标准差为55.08，最大值为100，最小值为0。可见，企业规模越大，新增土耳其雇员均值越大，但是新增土耳其雇员标准差随着企业规模变大，标准差也越大。特别是大型企业，新增土耳其雇员标准差远远超过中小型企业。一方面说明大型企业新增土耳其雇员人数多，另一方面也说明大型企业在选择土耳其雇员上差别较大。

　　从辞职人员看，小型企业辞职员工为土耳其人的均值为0.68，标准差为1.40。中型企业土耳其职工辞职的均值为5.55，标准差为11.58，最大值为40，最小值为0。大型企业土耳其职工辞职的均值与标准差均为10，最大值为20，最小值为0。以上数据说明，企业规模越大，辞职人员均值越高。但就最大值来看，中型企业辞职人数最

表12-8 企业土耳其人员流动情况

	企业规模类型	均值	标准差	最大值	最小值
新增雇佣人员	小型企业	1.26	2.35	12	0
	中型企业	7.27	11.73	38	0
	大型企业	36.67	55.08	100	0
辞职人员	小型企业	0.68	1.40	7	0
	中型企业	5.55	11.58	40	0
	大型企业	10.00	10.00	20	0
净流入人员	小型企业	0.58	1.36	5	-2
	中型企业	1.73	5.75	16	-5
	大型企业	26.67	46.19	80	0

大值最高。

从净流入人员看，小型企业土耳其职工净流入的均值为0.58，标准差为1.36，最大值为5，最小值为-2。中型企业土耳其职工净流入的均值为1.73，标准差为5.75，最大值为16，最小值为-5。大型企业土耳其职工净流入的均值为26.67，标准差为46.19，最大值为80，最小值为0。可见，企业规模越大，土耳其职工净流入均值越大，但同时标准差也越大。需要注意的是中小型企业中最小值均为负数，说明土耳其员工不仅没有流入反而流出，再来对比其均值皆偏向最小值，说明中小型企业土耳其员工净流入很少。

表12-9展示了企业中国员工流动情况。从新增雇佣人员看，小型企业新增中国雇员的均值为0.26，标准差为68.16；中型企业新增中国雇员的均值为1.18，标准差为1.78；大型企业新增中国雇员在均值、标准差、最大值、最小值上均为0。从表12-7、表12-8综合来看，无论企业规模大小，企业新增雇佣人员基本都是土耳其或外国籍员工，很少有中国员工而且数量也很少。值得注意的是，大型企业中流动人员数量最大，但却没有中国员工。

表 12 - 9   **企业中国人员流动情况**

	企业规模类型	均值	标准差	最大值	最小值
新增雇佣人员	小型企业	0.26	68.16	3	0
	中型企业	1.18	1.78	6	0
	大型企业	0.00	0.00	0	0
辞职人员	小型企业	0.19	0.54	2	0
	中型企业	0.18	0.60	2	0
	大型企业	0.00	0.00	0	0
净流入人员	小型企业	0.06	0.77	3	- 2
	中型企业	1.00	1.26	4	0
	大型企业	0.00	0.00	0	0

从辞职人员看，无论企业规模大小，企业中国员工流动的均值和标准差均小于1，而且最大值都不超过2。这说明土耳其中资企业中中国员工基本不会辞职。

从净流入人员看，同样无论企业规模大小，很少有中国员工流入，甚至对于小型企业来说，可能流出；对于大型企业来讲就没有中国员工净流入。

从表 12 - 7、表 12 - 8、表 12 - 9 综合来看，土耳其中资企业中流动人员基本都是土耳其籍员工，新增雇佣人员数量多于辞职人员数量，同时随着企业规模越大，土耳其籍员工在新增人员、辞职人员数量上都逐渐增多，说明土耳其籍员工具有一定的流动性。

第二节　土耳其中资企业的雇佣行为分析

随着中国跨国企业进军海外市场步伐的加快，人力资源管理越来越被企业所重视，"人"已成为影响企业发展的一个至关重要的因素，而高效的人力资源管理对于企业绩效的显著促进作用也已被大量的研究所证实。[①]与此同时，境外投资力度的不断加大，原有的人力资源管理也随之遇到一些新的挑战，比如跨国企业面临着对国外员工进行招聘、培训、绩效考核、福利薪酬及工会协调等方面的特殊的人力资源管理实践问题，企业采用的人力资源管理模式受到东道国政治、文化和经济差异化的影响等问题与挑战。为了了解土耳其中资企业人力资源管理概况，本节主要从高管、培训、招聘等方面进行分析。

图 12 - 1 显示了中国派到土耳其高管的平均派遣时间。从图中可以看到，中国派到土耳其高管的平均派遣时间为一至三年的占比最大，约为 59%，占总体的一半以上。紧接着是四至六年 23.08%、未满一年 15.39%，派遣时间为六年以上的占比最低，仅为 2.56%。之所以如此，可能外派高管是以项目为导向，因为土耳其是一个承包工程大国，项目完成也意味着高管的使命完成。

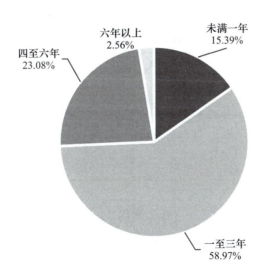

图 12 - 1　中国派到土耳其高管的平均派遣时间

---

①　林肇宏、张锐：《中国跨国企业人力资源管理模式及实践研究——基于深圳 5 家高科技企业的案例分析》，《宏观经济研究》2013 年第 2 期。

表 12 - 10 显示了企业高管英语流利程度情况。从不同行业看，工业型企业高管英语流利程度为流利的占比最高，为 41.67%，非常流利 29.17%，两者相加为 70.84%；其次可以交流 25%、会一点 4.17%，没有完全不会英语的。而在服务业中，高管英语流利程度为非常流利的占比最高，为 45.45%，流利占比为 27.27%，两者相加为 72.72%；可以交流 13.64%，会一点 13.64%，同样没有完全不会英语的。可见，无论是工业型企业还是服务型企业，高管都有比较好的英语水平。但通过对比工业和服务业还可以发现，服务业高管在英语非常流利的占比上比工业企业高管高 16.28 个百分点。可能是由于行业性质的不一致导致的，相较于工业来说，服务业更需要提供直接的服务，与客户面对面地沟通。同时值得注意的是，无论是工业还是服务业，没有完全不会英语的高管。这与英语的世界地位相关，与英语在世界各国的普遍普及相关。

表 12 - 10	企业高管英语流利程度				（单位：%）
	完全不会	会一点	可以交流	流利	非常流利
工业	0.00	4.17	25.00	41.67	29.17
服务业	0.00	13.64	13.64	27.27	45.45
不在经开区	0.00	5.41	18.92	37.84	37.84
土耳其经开区	0.00	28.57	28.57	14.29	28.57
其他	0.00	0.00	0.00	50.00	50.00

从企业所在地区来看，不在经开区的企业高管表示英语流利或非常流利的比例均为 37.84%，两者相加为 75.68%。土耳其经开区的企业高管表示英语流利、非常流利的比例分别为 14.29%、28.57%，两者相加为 42.86%。可见不在经开区的企业高管英语流利程度远高于土耳其经开区的企业高管，这可能是因为不在经开区的企业高管面临的环境更加多样，需要更多地与外界交流沟通业务，对高管自身要求更高同时也有更多的机会予以锻炼。对于其他地区的企业高管英语

均较好。

表 12-11 展示了企业高管土耳其语流利程度。从企业类型看，工业型企业高管表示会一点、可以交流的比例分别为 62.50%、8.33%，两者相加为 70.83%；服务型企业高管表示会一点、可以交流的比例分别为 31.82%、36.36%，两者相加为 68.18%。在非常流利上，服务型企业高管占比为 13.64%，比工业型企业高管高 9.47 个百分点。可见，整体上无论是工业型企业还是服务型企业高管土耳其语只能满足于基本交流，但服务业高管土耳其语流利程度略高于工业型企业。

表 12-11　　　　　　　　企业高管土耳其语流利程度　　　　（单位：%）

	完全不会	会一点	可以交流	流利	非常流利
工业	16.67	62.50	8.33	8.33	4.17
服务业	13.64	31.82	36.36	4.55	13.64
不在经开区	13.51	51.35	18.92	5.41	10.81
土耳其经开区	28.57	42.86	28.57	0.00	0.00
其他	0.00	0.00	50.00	50.00	0.00

从企业所在地区看，不在经开区的企业高管，土耳其语流利程度为会一点的占比最高，达到 51.35%，占比最低的是流利 5.41%，而完全不会的占比达到了 13.51%。在土耳其经开区的企业高管，土耳其语流利程度为会一点占比最高 42.86%，其次是完全不会 28.57% 和可以交流 28.57%，流利和非常流利占比均为 0。可见不在经开区和土耳其经开区的企业高管土耳其语也是基本满足于交流，但不在经开区企业高管流利程度略高于土耳其经开区企业高管。在其他地区企业的高管表示土耳其语都可以交流。

企业培训反映了企业对员工的重视程度，为帮助改善和提高员工的知识、技能、工作方法、工作态度以及工作的价值观，激发出员工的最大潜力，从而提高个人和企业的业绩，推动企业和个人的不断进步，实现企业和个人的双重发展，企业会不定期地对员工开展形式多样的员工培训。表 12 - 12 展示了土耳其中资企业培训规模与次数。从表中可以看到，2018 年企业培训土耳其员工人员的均值为 23.85，标准差为 42.46。说明了 2018 年土耳其中资企业培训土耳其员工人员较少，均值偏向最小值，同时不同企业之间培训土耳其员工数量的差别较大，培训最多的达到 200 人，而最少的才 1 人。2018 年企业培训次数的均值为 19.64，偏向培训次数最小值 1，而其培训次数标准差为 53.93，最大值为 300。可见 2018 年企业培训的次数偏少，而且各企业之间的培训次数相差较大。

表 12 - 12　　　　　　　　　　企业培训人员规模与次数

	均值	标准差	最大值	最小值
2018 年培训的土耳其员工人数	23.85	42.46	200	1
2018 年培训的次数	19.64	53.93	300	1
工业企业员工培训次数	15.71	26.64	99	1
服务业企业员工培训次数	22.53	68.09	300	1
不在任何经济开发区的企业员工培训次数	20.52	59.56	300	1
土耳其经济开发区的企业员工培训次数	无	无	无	无
其他企业员工培训次数	20.00	38.90	99	1
有自身工会的企业员工培训次数	4.00	0.00	4	4
没有自身工会的企业员工培训次数	20.65	55.54	300	1

从企业类型看，工业企业员工培训次数均值为 15.71，比服务型企业低 7.82；工业型企业标准差为 26.64，比服务型企业低 41.45；工业型企业最大值为 99，比服务型企业最大值低 201，最小值均为 1。可见工业型企业与服务型企业员工培训次数均不高，但服务型企业略高于工业型企业；其次不同服务型企业在培训员工次数上相差极大。

从不同地区企业来看，土耳其经济开发区的企业培训员工次数在均值、标准差、最大值、最小值上均为 0。不在任何经济开发区的企业员工培训次数均值为 20.52，标准差为 59.56，最大值为 300，最小值为1。其他企业员工培训次数均值为20，标准差为38.90，最大值为99，最小值为1。不在任何经济开发区的企业与其他企业在员工培训次数均值上相近，但是在标准差和最大值上相差较大，尤其在培训次数最大值上，不在任何经开区企业培训次数是其他企业次数的近2倍。

从有无工会上看，有工会的企业培训员工次数在均值、最大值、最小值上均为4。这可能是有工会的企业制度性安排，培训员工次数比较固定。没有工会的企业员工培训次数的均值为20.65，标准差为55.54，最大值为300，最小值为1。可见没有工会企业员工培训次数虽然比有工会企业的培训次数多，但是没有工会企业在培训员工次数上具有较大的波动性，不同企业之间差别较大。

表12-13展示的是企业对员工培训的类型。从不同行业类型看，无论是工业还是服务业中，企业对员工培训的类型中排在前三位的依次均是：工作专用技能、安全生产技能和职业道德与责任心，其中工作专用技能培训的比例均在90%以上，说明了不论何种企业对员工专用技能培训都给予了高度重视，因为专用技能关乎员工和企业工作绩效，关乎企业发展。同时值得注意的是，在工业行业中，对安全生产培训的比例比服务业中的高出了35.23个百分点，对职业道德与责任心培训的比例比服务业中高出了15.23个百分点。而在工业中对其他能力培训比例最低仅为6.67%，服务业中对写作能力培训比例为0。

表12-13　　　　　　　　　企业对员工培训的类型　　　　　　　（单位：%）

	管理与领导能力	人际交往与沟通技能	写作能力	职业道德与责任心	计算机或一般IT使用技能	工作专用技能	英文读写	安全生产	其他能力
工业	26.67	26.67	20.00	53.33	33.33	93.33	20.00	73.33	6.67
服务业	23.81	28.57	0.00	38.10	9.52	90.48	19.05	38.10	19.05
不在经开区	25.00	28.57	10.71	42.86	17.86	92.86	25.00	50.00	17.86

	管理与领导能力	人际交往与沟通技能	写作能力	职业道德与责任心	计算机或一般IT使用技能	工作专用技能	英文读写	安全生产	其他能力
土耳其经开区	33.33	33.33	0.00	50.00	33.33	83.33	0.00	50.00	0.00
其他	0.00	0.00	0.00	50.00	0.00	100.00	0.00	100.00	0.00
有自身工会	66.67	66.67	33.33	33.33	33.33	100.00	100.00	33.33	0.00
无自身工会	21.21	24.24	6.06	45.45	18.18	90.91	12.12	54.55	15.15

从是否在经开区来看，无论是不在经开区、在土耳其经开区还是其他地区，企业对员工培训的类型中排在前三位的依次均是：工作专用技能、安全生产技能和职业道德与责任心，其中工作专用技能培训的比例均在80%以上，说明了不论企业在何地对员工专用技能培训都是很重视的。其中，其他地区对员工培训出现了较极端的现象，即对工作专用技能培训和安全生产培训比例达到了100%，对职业道德与责任心培训比例达到了50%，而对除此三项培训类型外，其他形式的培训类型比例均为0。在土耳其经开区中，也出现了对写作能力、英文读写和其他能力这三项的培训比例均为0的现象。

从有无自身工会角度看，有自身工会，企业对员工培训类型中，对工作专用技能和英文读写培训比例为最高，均为100%，其次是管理与领导能力和人际交往与沟通技能，均为66.67%，最低的是其他能力0。无自身工会，企业对员工培训类型中，对工作专用技能培训的比例是90.91%，其次是安全生产54.55%，最低的是英文读写12.12%。通过对比分析可以发现，无论有无自身工会，企业对员工工作专用技能培训都是极为重视的。不过值得注意的是，有自身工会企业对英文读写的培训重视程度要远远超过无自身工会企业。

图12-2展示了公司没有正规培训的原因。从图中可以看到，认为不需要正规培训的比例为80%，还有20%不知道有正规培训。数据分析表明，绝大多数受访企业没有对正规培训的地位和作用给予充

分重视，没有充分认识到正规培训对员工个人能力的发展，对企业未来发展的重要性，所以认为不需要有正规培训。同时，有一部分企业由于信息闭塞，交流沟通不够等原因，导致对正规培训的不了解，不知道有正规培训。无论是认为不需要正规培训还是对正规培训不知道，导致企业没有正规培训，都需要加强改进，增大对公司的正规培训。

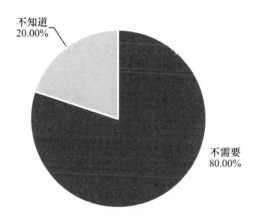

图 12 - 2　公司没有正规培训的原因

企业招聘过程中会遇到各种类型的问题，如求职者过少、缺乏所需技能、期望薪酬过高、对工作条件不满和交流困难，等等。表 12 - 14 显示了 2018 年企业招聘遇到的问题类型。具体情况如下：

表 12 - 14	2018 年企业招聘遇到的问题类型				（单位：%）
	求职者过少	缺乏所需技能	期望薪酬过高	对工作条件不满	交流困难
工业	12. 50	56. 52	39. 13	20. 83	25. 00
服务业	31. 82	72. 73	63. 64	45. 45	27. 27
不在经开区	24. 32	66. 67	47. 22	27. 03	24. 32
土耳其经开区	0. 00	57. 14	71. 43	57. 14	28. 57
其他	50. 00	50. 00	50. 00	50. 00	50. 00

	求职者过少	缺乏所需技能	期望薪酬过高	对工作条件不满	交流困难
有自身工会	0.00	0.00	33.33	0.00	0.00
无自身工会	23.26	69.05	52.38	34.88	27.91

从不同行业类型看，工业中，招聘遇到的问题类型排在前三位的依次是：缺乏所需技能 56.52%、期望薪酬过高 39.13% 和交流困难 25%，排在最后的是求职者过少 12.50%。服务业中，招聘遇到的问题类型排在前三位的依次是：缺乏所需技能 72.73%、期望薪酬过高 63.64% 和对工作条件不满 45.45%。值得注意的是，工业和服务业中，交流困难的比例均在 25% 及以上。通过对比还可以发现，无论是工业还是服务业，缺乏所需技能是招聘遇到的最大问题类型，而期望薪酬过高是招聘遇到的第二大问题类型，但对于服务型企业来说此类问题更大。

从不同地区来看，不在经开区，招聘遇到的问题类型排在前三位的依次是：缺乏所需技能 66.67%、期望薪酬过高 47.22% 和对工作条件不满 27.03%，排在最后的是交流困难 24.32% 和求职者过少 24.32%。在土耳其经开区，招聘遇到的问题类型排在前三位的依次是：期望薪酬过高 71.43%、缺乏所需技能 57.14% 和对工作条件不满 57.14%，排在最后的是求职者过少 0。在其他地区，招聘遇到的问题类型呈现出一种均衡的状态，即各种问题类型出现的比例是一样的，均为 50%。

从有无自身工会角度看，有自身工会，企业招聘遇到的最大问题类型是期望薪酬过高 33.33%，其余问题类型遇到的比例均为 0。无自身工会，企业招聘遇到的最大问题类型是缺乏所需技能 69.05%，紧接着是期望薪酬过高 52.38% 和对工作条件不满意 34.88%。

图 12-3 展示的是企业主认为语言沟通能力的重要性的情况。从整体上看，受访企业主认为沟通能力最重要的比例达 65.22%，认为很重要的比例为 28.26%，两者相加为 93.48%。可见绝大部分企业

主都认为沟通能力很重要。从语言类型看，企业主认为中文听说能力最不重要的占比最高，达56.52%，认为不太重要的比例为15.22%，两者相加为71.74%。大部分企业主认为中文语言不重要；从英文听说能力看，认为最不重要的比例为6.52%，不太重要的比例为4.35%，两者相加为10.87%；认为最重要的比例达60.87%，认为很重要的比例为21.74%，两者相加为82.61%。可见大部分企业主认为英语听说能力的重要性高于中文，一方面自身本来就是中资企业，有相当部分的中国员工，沟通不存在什么难处。另一方面作为海外企业，周围都是外语环境，要想在当地有较好的发展，必须与地方有良好的沟通，所以企业都重视英语听说能力。

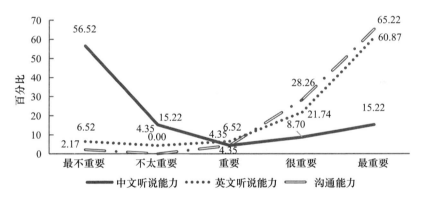

图12-3 企业主认为语言沟通能力的重要性

员工能力对企业绩效、企业未来发展具有全关重要的作用。员工能力包括有很多方面，本节主要选取了团队合作、独立工作、时间管理、问题解决和相关技能这五个方面展开分析。图12-4显示了企业主认为员工相关能力的重要性情况。除了时间管理能力外，企业主认为团队合作、独立工作、问题解决、相关技能的能力最重要的比例均超过55%，其中认为问题解决能力最重要的占比最高。但同时将很重要、最重要这两个考虑在内，企业主认为团队合作的能力最高，达93.48%，其次是问题解决能力和独立工作能力。

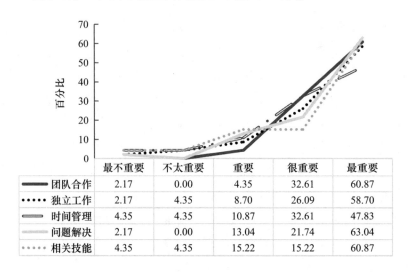

	最不重要	不太重要	重要	很重要	最重要
团队合作	2.17	0.00	4.35	32.61	60.87
独立工作	2.17	4.35	8.70	26.09	58.70
时间管理	4.35	4.35	10.87	32.61	47.83
问题解决	2.17	0.00	13.04	21.74	63.04
相关技能	4.35	4.35	15.22	15.22	60.87

图 12 - 4 企业主认为员工相关能力的重要性

第三节 土耳其中资企业劳资纠纷及 处理效果分析

中资企业海外投资涉及聘用所在国当地劳动者，因此有效调处跨境劳动关系矛盾成为中资企业的"必修课"，成为我国加快推进"一带一路"建设的重点内容。中资企业作为实施跨境战略经营的市场法人主体，既是积极参与推进"一带一路"建设的实践者，又是国际市场经营风险和劳动关系矛盾的承担者。但由于各国劳动法的规定不尽相同，加之很多企业忽视劳动法律风险的防范，一旦发生劳动纠纷争议，不仅可能承担高额的劳动赔偿，还可能对企业的生产运营带来巨大负面影响。因此，处理好劳动争议问题成为海外中资企业迫切的现实课题。本节主要讨论了土耳其中资企业劳资纠纷及处理情况，主要从最长劳动争议的持续时间、影响最大的劳动争议涉及人数、企业产生劳动争议的原因、企业近三年劳动争议解决途径四个方面开展讨论。

图 12 - 5 显示最长劳动争议的持续时间情况。从图中可以看到，中资企业最长劳动争议的持续时间，为 0 天的占比是最大的，高达 82.61%；其次是 30 天以上的，占比为 13.04%，而持续时间为 1—30 天的占比最小，仅有 4.35%。可见土耳其中资企业大部分没有劳动争议，但是有劳动争议的话一般持续时间较长。

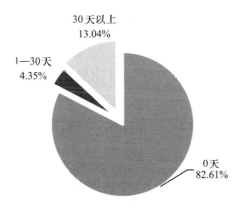

图 12 - 5　最长劳动争议的持续时间

图 12 - 6 显示了影响最大的劳动争议涉及人数情况。从图中可以看到，影响最大的劳动争议涉及人数，为 0 人的占比最大，高达 82.61%，其次是涉及人数为 1—5 人，比例为 15.22%，涉及人数为 5 人以上，占比最低，只有 2.17%。以上数据再次说明土耳其中资企

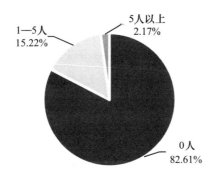

图 12 - 6　影响最大的劳动争议涉及人数

业劳动争议涉及人数较少，即使有影响最大的劳动争议，相当部分的涉及人数也在 5 人之内，这也从侧面说明土耳其中资企业能在一定程度上维护好职工的权益。

表 12 - 15 显示了企业产生劳动争议的原因。从不同行业类型看，工业中，产生劳动争议的原因主要是两个：工资纠纷和劳动合同纠纷，其中工资纠纷比例最高，达 80%，前者比例是后者的 2 倍。服务业中，产生劳动争议的原因主要集中在：劳动合同纠纷、雇用外籍员工引发冲突和其他原因。其中劳动合同纠纷和其他原因纠纷产生比例均为 66.67%，而雇用外籍员工引发冲突的比例为 33.33%。通过对比发现，无论是工业还是服务业中，劳动合同纠纷都在一定程度上存在，甚至成为引发服务业产生劳动争议的最主要原因。

表 12 - 15　　　　　　　　　企业产生的劳动争议的原因　　　　　　（单位：%）

	工资纠纷	社会保障纠纷	劳动合同纠纷	雇用外籍员工引发冲突	不满现有的安全生产条件	环境和资源保护力度不足	其他原因
工业	80.00	0.00	40.00	0.00	0.00	0.00	0.00
服务业	0.00	0.00	66.67	33.33	0.00	0.00	66.67
不在经开区	0.00	0.00	33.33	16.67	0.00	0.00	33.33
土耳其经开区	66.67	0.00	100.00	0.00	0.00	0.00	0.00
其他	0.00	0.00	100.00	0.00	0.00	0.00	0.00
有女性高管	33.33	0.00	100.00	33.33	0.00	0.00	33.33
无女性高管	60.00	0.00	20.00	0.00	0.00	0.00	20.00
有自身工会	0.00	0.00	0.00	0.00	0.00	0.00	0.00
无自身工会	50.00	0.00	50.00	12.50	0.00	0.00	25.00

从不同地区来看，不在经开区，企业产生劳动争议的原因主要集中在：劳动合同纠纷、雇用外籍员工引发冲突和其他原因纠纷。其中劳动合同纠纷和其他原因纠纷产生比例均为 33.33%，雇用外籍员工引发冲突比例为 16.67%。在土耳其经开区，企业产生劳动争议的原因主要是劳动合同纠纷，产生比例为 100%，其次是工资纠纷产生比

例为 66.67%。在其他地区，企业产生劳动争议的原因主要是劳动合同纠纷，比例为 100%。

从有无女性高管看，有女性高管企业产生劳动争议的原因主要是劳动合同纠纷，产生比例为 100%，而在无女性高管企业产生劳动争议的原因主要是工资纠纷，产生比例为 60%。可见，女性高管能够较好地处理劳资关系。但是有女性高管的企业面临的劳动争议类型更多，除了劳动合同纠纷外，还有工资、雇用外籍员工引发冲突、其他原因等方面具有劳动争议，而且比例均超过三成（33.33%）。

从有无自身工会角度看，有自身工会，企业产生劳动争议的概率为 0，这是因为工会本身为劳动争议的解决提供一个制度化的机制，能够通过协调化解矛盾。而在无自身工会企业中，产生劳动争议的原因主要有工资纠纷和劳动合同纠纷，占比均为 50%。其次是其他原因占比 25%、雇用外籍员工引发冲突占比 12.50%。在没有自身工会的企业中，员工诉求没有较好的表达渠道，最后就演变成矛盾冲突，这也是无工会企业面临的劳动争议类型较多的一方面原因。

在以上各种类型的企业中，工资纠纷和劳动合同纠纷成为企业产生劳动争议的最主要原因。这主要是土耳其国家劳动法中对于劳动合同的内容有着原则性的规定，一般而言，包括必备条款及选择性条款，这其中也包含工资、福利及其调整、计算、结算和给付时间及方法等有关事项，若在劳动合同中未包含法定必备条款，则较容易引发法律纠纷，甚至可能引发相应的处罚。[①] 同时我们需要注意的是雇用外籍员工引发的冲突占有一定的比例，这更加需要中资企业能够对外籍员工有更多更深入的了解，使不同国籍员工之间能融合相处，减少不同文化差异性带来的矛盾。

表 12－16 显示了企业近三年劳动争议解决的途径。从表中可以看到，无论是哪种类型的企业，其近三年解决劳动争议的途径主要是法律途径和采取其他途径，而与行业工会谈判解决、当地警察协助解

---

① 黄芸：《境外主要劳动争议类型探析》，《淮海工学院学报》2018 年第 3 期。

决和中国商会居中调停基本上没有使用过。由此推出，中资企业要更注重对土耳其有关劳动法方面的了解与研究，注重劳动法律风险防控机制的建立。对于企业自身来说，要采用生产守则，自觉履行社会责任，树立良好形象；积极与土耳其国家工会组织对话和谈判，明确当地劳工标准等方式方法维护自身的权益。

表12-16　　　　　　　　企业近三年劳动争议解决途径　　　　　（单位：%）

	与行业工会谈判解决		当地警察协助解决		中国商会居中调停		法律途径		其他途径	
	是	否	是	否	是	否	是	否	是	否
工业	0.00	100.00	0.00	100.00	0.00	100.00	80.00	20.00	60.00	40.00
服务业	0.00	100.00	0.00	100.00	0.00	100.00	66.67	33.33	33.33	66.67
不在经开区	0.00	100.00	0.00	100.00	0.00	100.00	66.67	33.33	50.00	50.00
土耳其经开区	0.00	100.00	0.00	100.00	0.00	100.00	100.00	0.00	0.00	100.00
其他	0.00	100.00	0.00	100.00	0.00	100.00	100.00	0.00	100.00	0.00
有女性高管	0.00	100.00	0.00	100.00	0.00	100.00	100.00	0.00	33.33	66.67
无女性高管	0.00	100.00	0.00	100.00	0.00	100.00	60.00	40.00	60.00	40.00
有自身工会	无	无	无	无	无	无	无	无	无	无
无自身工会	0.00	100.00	0.00	100.00	0.00	100.00	75.00	25.00	50.00	50.00

小　结

1. 土耳其中资企业员工构成中，中国员工和土耳其员工相差无几，各自占总员工比例均值都相近。一线员工中土耳其籍占比更大，中高层管理人员中中国员工比土耳其籍员工多，技术人员和设计人员中中国员工略多于土耳其员工，非生产员工中土耳其员工远多于中国员工。

从企业规模来看，企业规模越大，女性员工越少、中高管理层占比越少、非生产员工占比越少。

从企业人员流动看，企业规模越大，新增雇佣人员、辞职人员、净流入人员的占比越大。从企业土耳其人员流动来看，企业规模越大，新增雇佣人员、辞职人员、净流入人员的占比越大；但从企业中国人员流动来看，情况与此相反，企业规模大小与新增雇佣人员、辞职人员、净流入人员占比没有相关性，并且无论企业规模如何，中国人员流动的情况极少。

2. 土耳其中资企业具体雇员情况。中国派到土耳其高管的平均派遣时间大部分在一至三年时间，企业高管英语均较好，可以进行流利的英语交流，但是对于土耳其语来说，就很少可以进行流利的交流，大部分都只会一点点土耳其语，可见，语言成为土耳其中资企业的一大障碍。

从企业培训人员规模和次数看，整体上土耳其中资企业培训次数较少，这其中一个重要原因是大部分人认为企业根本就不需要正规培训。除土耳其经济开发区的企业员工培训次数及有自身工会的企业员工培训次数极少外，其余各种类型的企业的培训次数与当年各企业总体培训次数均值相近，说明各大企业年度培训次数都差不多。从培训的类型看，工作专用技能无疑是各大类型企业培训的首选，同时这也是与企业招聘遇到的问题类型相似，大部分企业招聘缺乏所需技能成为首要问题。从语言能力角度看，大部分企业主认为英文听说能力的重要性远远大于中文听说能力的重要性。从员工相关能力看，团队合作是企业主认为的最重要的能力，其次是问题解决能力和独立工作能力。

3. 土耳其中资企业大部分没有劳动争议，但是有劳动争议的话一般持续时间较长；同时这些劳动争议涉及人数较少，即使有影响最大的劳动争议，相当部分涉及人数也在 5 人之内，说明企业能在一定程度上维护好职工的权益。工资纠纷和劳动合同纠纷成为企业产生劳动争议的最主要原因，这些争议的解决途径主要是法律途径或其他途径，而与行业工会谈判解决、当地警察协助解决和中国商会居中调停基本上没有使用过。

第十三章

土耳其中资企业本土化与
企业国际形象分析

　　"走出去"战略尤其是"一带一路"倡议提出以来，中国企业国际化步伐加快，其海外投资、建设和经营活动迅速发展。而一个企业在海外的行为，可以归为国家形象、商业经营、社会责任三类，我国企业要在海外确立良好的国际形象不能忽视后两者的作用。我国企业在东道国的行为不可避免地被贴上"中国"的标签。对企业来说，是否意识到这一点尤为重要。企业的动机决定了企业的行为，而这一动机是出于企业单纯的商业利益，还是包含了对企业形象、国家形象的考量，决定了企业的行为方式及其形象构建。其次，跨国企业的跨国性使其"天然"地成为其母国公共外交的行为主体，公共外交是企业履行社会责任的高级表现形式，公共外交要求企业在生产经营过程中既要处理好企业与人（不同国别的人）之间的关系，也要处理好企业与环境（东道国自然环境、社会环境）之间的关系。这符合当代企业社会责任体系所要求的所有内容，公共外交是企业履行社会责任的高级表现形式之一。为了了解土耳其中资企业的行为，本章从商业经营中重要内容之本土化经营程度、企业社会责任、企业形象传播及企业公共外交等方面进行调查研究，从而整体上把握土耳其中资企业的行为概况。

第一节　本土化经营程度

企业本土化经营主要是指跨国公司在全球经济活动中针对地方性的特殊的市场竞争和消费需求，由其某一子公司自主作出的资源配置决策。本土化经营主要包含生产本土化、营销本土化、人力资源本土化、研发本土化、企业文化本土化、复合本土化等几个方面。其本质是跨国公司将生产、经营、管理等方面全面融入到东道国经济、社会、文化之中，这样有利于跨国公司降低海外派遣人员和跨国经营的费用，减少当地社会对外来资本的抵制情绪，有利于东道国增加就业机会，特别是对于当今经济全球化背景下，跨国公司若想提高企业竞争力，顺利打开东道国的目标市场，就一定要实行本土化经营管理。

供应商是为企业生产原材料的来源、经销商是企业产品和服务的销售渠道，供应商和经销商的本土化程度能够直接反映企业供销本土化水平。表13－1展示的是土耳其供应商、销售商更换数量情况。供应商更换过的企业（12个）是经销商（4个）更换过的企业的3倍，更换数量（86个）是经销商（44个）的近两倍。供应商和经销商虽然在最大值和最小值上一样，分别为30个和1个，但是在平均值和标准差上，供应商均低于经销商。可见，土耳其本地供应商无论是在更换过的企业还是更换数量上都高于经销商。

表13－1　　　　　　　　土耳其供应商、销售商更换数量　　　　（单位：个）

	更换过的企业	更换数量	平均值	标准差	最大值	最小值
供应商	12	86	7.17	9.15	30	1
经销商	4	44	11.00	13.24	30	1

表13－2展示的是非土耳其供应商、销售商来源国情况。在来源国数量上，供应商和经销商来源都比较广泛，其数量都有上百个，其

中经销商数量高于供应商数量；从整体上说，平均每个企业在供应商和经销商的数量上均比较少，供应商平均值接近 5 个，经销商为 6 个。但是从单个企业来看，个别企业在非土耳其经销商来源数量远远多于供应商，其中经销商最大值为 99 个，供应商最大值为 30 个，比供应商 3 倍还要多；同时不同的土耳其中资企业在经销商来源国上的变化比供应商大得多，供应商标准差为 6.37，经销商的标准差为 21.41。

表 13 - 2　　　　　　　非土耳其供应商、销售商来源国　　　　（单位：个）

	来源国数量	平均值	标准差	最大值	最小值
供应商	123	4.92	6.37	30	1
经销商	142	6.45	21.41	99	0

表 13 - 3 展示的是土耳其中资企业中国的供应商、销售商数量情况，从数量上看，中国的供应商的数量远高于经销商的数量，其中供应商有 301 个，经销商有 117 个，两者相差 184 个。从平均值上看，都超过 10 个，但经销商略比供应商高；从标准差看，无论是供应商还是经销商标准差都较大，说明中国供应商和经销商数量在不同的企业之间差别很大。

表 13 - 3　　　　　　　　中国的供应商、销售商数量　　　　（单位：个）

	中国的供应商、销售商数量	平均值	标准差	最大值	最小值
供应商	301	12.54	27.83	99	1
经销商	117	16.71	36.43	99	1

从以上三个表（表 13 - 1、表 13 - 2、表 13 - 3）中可以看出：土耳其中资企业在经销商和供应商上来源广泛，但来自中国的数量较多，特别是供应商。说明了土耳其中资企业的原材料大部分来自国内，而土耳其本国也是一个重要的销售地，这一点从土耳其供应商、

销售商的更换数量上也可以看出，选择更换的企业较少，特别是销售商。

　　表13－4展示的是城市类型与经济纠纷情况，本书将城市类型分为首都城市和商业城市。从首都城市看，受访企业很少会与供应商和经销商发生经济纠纷，其中会与供应商产生经济纠纷的比例仅为20％，与经销商产生经济纠纷的占比为0。从商业城市看，绝大部分受访企业也不会与供应商和经销商发生经济纠纷，其中表示会与供应商产生经济纠纷的比例近两成，与经销商产生经济纠纷的比例近三成。不同城市之间比较来看，无论是首都城市还是商业城市都在一定程度上会与供应商发生矛盾，但是在与经销商矛盾纠纷上，商业城市所占比例高于首都城市，高出近33个百分点。

表13－4　　　　　　　　　城市类型与经济纠纷情况　　　　　　　（单位：％）

	与供应商经济纠纷		与经销商经济纠纷	
	是	否	是	否
首都城市	20.00	80.00	0.00	100.00
商业城市	18.75	81.25	33.33	66.67

　　表13－5展示的是企业高管性别与经济纠纷解决及其途径的情况。有女性高管的受访企业表示，与供应商产生经济纠纷的比例比较低，仅为6.67％，其解决途径都是以商业合同的方式加以解决；与经销商产生经济纠纷的比例为33.33％，其解决途径也都是靠商业合同的方式解决。在没有女性高管的受访企业表示，与供应商产生经济纠纷的比例为三成，其解决途径中有60％是公司负责解决，剩余40％的是按商业合同和诉诸土耳其法律机构的方式解决；与经销商产生经济纠纷的比例为20％，其解决途径都是靠公司负责。可见，有女性高管的企业与供应商经济纠纷的比例比没有女性高管的企业低24.58个百分点，而在与经销商经济纠纷的比例上高出13.33个百分点。但是无论是与供应商经济纠纷还是与经销商经济纠纷，有女性高

管的企业更主要的是通过商业合同的形式解决，而没有女性高管的企业更主要的是通过公司负责解决，并且其解决的形式更加多样。

表13-5　　　　　　企业高管性别与经济纠纷解决及其途径　　　　（单位：%）

| | 与供应商经济纠纷 | | | | | 与经销商经济纠纷 | | | |
| | 是 | 否 | 途径 | | | 是 | 否 | 途径 | |
			公司负责	按商业合同	诉诸土耳其法律机构			公司负责	按商业合同
有女性高管	6.67	93.33	0.00	100.00	0.00	33.33	66.67	0.00	100.00
无女性高管	31.25	68.75	60.00	20.00	20.00	20.00	80.00	100.00	0.00

表13-6展示的是企业工会、全国工会与经济纠纷解决及其途径的情况。有自身工会的企业，在与供应商和经销商经济上都没有纠纷。对于没有工会的企业，产生的纠纷则较多，解决问题方式也更多样。其中与供应商的经济纠纷的比例为20.69%，解决途径包括公司、按商业合同、诉诸土耳其法律机构等，但主要的还是靠公司负责人解决；与经销商经济纠纷的比例为25%，其解决途径包含公司负责和按商业合同，比例分别各占一半。一方面说明有工会的企业比没有工会的企业产生更少的矛盾纠纷，另一方面也在一定程度上说明有工会的企业可以在企业内部对矛盾纠纷予以解决或在升级为矛盾纠纷前就已经化解，而没有工会的企业就得通过外部予以解决，并且主要是通过公司负责人来解决，在与供应商和经销商的经济纠纷上，此种

表13-6　　　　企业工会、全国工会与经济纠纷解决及其途径　　（单位：%）

| | 与供应商经济纠纷 | | | | | 与经销商经济纠纷 | | | |
| | 是 | 否 | 途径 | | | 是 | 否 | 途径 | |
			公司负责	按商业合同	诉诸土耳其法律机构			公司负责	按商业合同
有自身工会	0.00	100.00	无	无	无	无	无	无	无
无自身工会	20.69	79.31	50.00	33.33	16.67	25.00	75.00	50.00	50.00

解决方式占了一半。

　　表13－7展示的是中资企业供销商本土化程度。从整体上看，土耳其供应商和经销商数量均值较低，其中土耳其供应商的数量均值为5.52，土耳其经销商的数量均值为3.96；非土耳其供应商和经销商数量均值较高，但是具有一定差别，其供应商数量均值为21.09，而经销商数量均值为6.45，两者均值相差近15。同时需要注意的是非土耳其供应商和经销商标准差均比较大，表明不同企业在非土耳其供应商和经销商本土化程度差别较大。可见中资企业无论是在经销商还是在供应商上，本土化程度均较低。

表13－7　　　　　　　　　中资企业供销商本土化程度

		数量均值	标准差	最大值	最小值
土耳其	供应商	5.52	8.81	35	0
	经销商	3.96	12.27	59	0
非土耳其	供应商	21.09	36.09	99	0
	经销商	6.45	21.41	99	0

　　图13－1展示的是中资企业供应商数量及类别情况。如图所示，有相当一部分中资企业根本就没有土耳其供应商，受访企业回答土耳其供应商为零的比例最高，占比达43.48%，受访企业回答有1至10个土耳其供应商的比例为39.13%，回答有10个以上的比例为17.39%。可见土耳其供应商数量为10的是一个分水岭，10个以上的比例下降较快。非土耳其供应商数量主要集中在10个以内，但是回答没有非土耳其供应商的比例也是最高的，达39.13%，同时也有相当数量的企业有10个以上的非土耳其供应商（26.08%）。可见，有相当数量的土耳其中资企业根本就没有自己的供应商，即使有自己的供应商大部分集中在10个以内，只有少数企业有10个以上的供应商，并且非土耳其的供应商要多于土耳其的供应商。

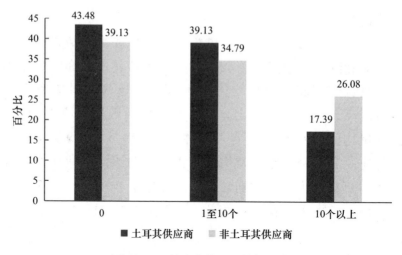

图 13 - 1 供应商数量百分比分布

图 13 - 2 展示的是中资企业经销商的情况。如图所示，大部分中资企业没有土耳其销售商或者非土耳其销售商，受访企业回答没有的比例均超过半数，并且达到六成以上。如果受访企业有销售商，该销售商是否为土耳其的差别不大，受访企业回答有 1 至 10 个土耳销售商的比例为 25%，非土耳其销售商的比例为 22.73%；回答有 10 个以上土耳其经销商的比例为 8.33%，非土耳其经销商的比例为 9%。可见，一方面大部分土耳其中资企业没有经销商，另一方面即使有经

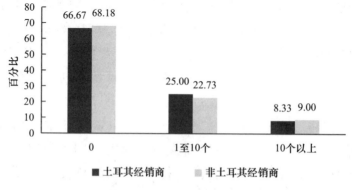

图 13 - 2 土耳其及非土耳其经销商数量的百分比

销商，土耳其与非土耳其之间差别不大。

图 13－3 展示了土耳其供销商合作开始时间。从供应商角度看，中资企业与土耳其供应商的合作时间主要是从 2011—2015 年之间开始的，在 2011—2015 年间与本地供应商开始合作的比例超过半数，达到 52%；当然也有相当一部分中资企业是在 2016 年之后开始合作的，其所占比例为 28%。从经销商角度看，中资企业与土耳其经销商合作时间主要是从 2016 年开始，其比例占到一半，同时也有相当部分企业的合作时间是从 2011—2015 年开始的，其所占比例为 37.50%。需要注意的是 2006 年至 2010 年间，没有受访企业表示与土耳其经销商合作。

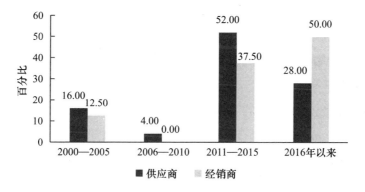

图 13－3　土耳其供销商合作开始时间

固定资产来源在一定程度上反映了企业采购本土化的情况，对于本地企业来说既是商机也是挑战，是对本地企业标准化程度、管理水平、服务理念、技术水平等因素的一个反映。图 13－4 展示的是中资企业固定资产的来源情况，大部分受访企业表示没有新增机器，达56.52%，固定资产来源中国和东道国的比例为 8.70%，来源中国和非东道国的比例为 10.87%，只来源于东道国和只来源于非东道国的比例较低，均为 2.17%，还有相当部分的企业固定资产来源较广泛，中国、东道国、非中国和东道国都有。这个从侧面反映出作为劳务外包大国的土耳其，中资企业更多的是人力资源投入，而非固定资产。

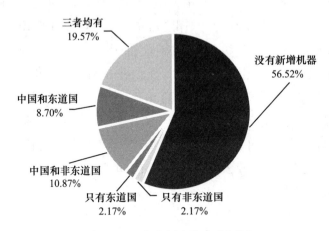

三者均有
19.57%

没有新增机器
56.52%

中国和东道国
8.70%

中国和非东道国
10.87%

只有东道国
2.17%

只有非东道国
2.17%

图 13 - 4　企业固定资产来源国

人才本土化是跨国企业本土化策略的一种，是指跨国企业雇用当地的人才从事生产经营。它可以降低因人员外派带来的过高管理费用、获得当地较为廉价的劳动力、树立跨国企业形象减少经营风险等。表 13 - 8 展示的是不同条件下的土耳其员工占总体比例的情况，从总体来看，受访企业中土耳其员工占比均值为 50.39%，标准差较大，超过 30%，可见受访企业中土耳其本地员工占比在不同企业之间的差别较大，甚至有的企业土耳其员工占比最大值为 97.50%，而有的最小值为 0，即一个土耳其员工也没有。

表 13 - 8　　　　不同条件下的土耳其员工占总体的比例　　　　（单位：%）

	均值	标准差	最大值	最小值
土耳其员工占比	50.39	31.42	97.50	0.00
中高层管理员工中的土耳其员工占员工总人数的比例	4.85	16.09	95.65	0.00
技术人员和设计人员中的土耳其员工占员工总人数的比例	8.04	18.43	96.43	0.00
非生产员工中的土耳其员工占员工总人数的比例	17.26	20.91	71.43	0.00
一线员工或生产员工中的土耳其员工占员工总人数的比例	8.67	20.53	80.43	0.00

续表

	均值	标准差	最大值	最小值
初等教育及以下的土耳其员工占员工总人数的比例	1.58	6.35	32.00	0.00
中等教育的土耳其员工占员工总人数的比例	9.94	19.70	75.00	0.00
大学本科及以上的土耳其员工占员工总人数的比例	37.97	32.56	97.50	0.00

从职工类别看，中高层管理员工中的土耳其籍的比较少，其土耳其员工占总员工数比例均值仅为4.85%，标准差为16.09%。同时技术人员和设计人员中的土耳其员工也较少，其占员工总人数的比例均值为8.04%，标准差为18.43%。非生产员工中的土耳其员工占员工总人数的比例均值为17.26%，标准差为20.91%，最大值为71.43%。一线员工或生产员工中的土耳其员工占员工总人数的比例均值为8.67%，标准差为20.53%，最大值为80.43%。非生产员工占比与一线员工或生产员工占比的标准差相近，但是比例均值上，非生产员工比一线员工或生产员工要高出8.59个百分点。

初等教育及以下的土耳其员工占员工总数比例均值为1.58%，标准差为6.35%，最大值为32%。中等教育的土耳其员工占员工总人数的比例均值为9.94%，标准差为19.70%，最大值为75%。大学本科及以上的土耳其员工占员工总人数的比例均值为37.97%，标准差为32.56%，最大值为97.50%。可见，受教育程度越高，土耳其员工占比均值、标准差、最大值也越高。这说明土耳其中资企业中初等教育以下的员工是非常少的，但是三种教育程度中的土耳其员工占比都没有过半，即使大学本科及以上员工占比较高，但是标准差也是最高的。

第二节　社会责任履行程度

一个企业在创造利润、对股东利益负责的同时，还需要承担对员工、消费者、供应商、社区和环境等的社会责任，包括遵守法规和商业道德、保障生产安全和职业健康、支持慈善公益、保护弱势群体等。本节主要分析了土耳其中资企业社会责任履行程度情况。

图13-5展示的是企业各项社会责任履行程度的情况。受访企业履行社会责任的方式从高到低依次是教育援助、直接捐钱、文化体育交流和实物捐赠、社会服务设施、培训项目和基础设施援助、文化体育设施、卫生援助和水利设施、修建寺庙。可见，教育和直接捐钱是中资企业履行社会责任的主要方式，但是在以上所有社会责任履行方式中，没有一项超过半数，从整体说明大部分企业在社会责任履行方面存在一定的缺位。需要注意的是修建寺庙的比例为0，这可能是因为土耳其是伊斯兰教国家，而一般中国人信奉的是佛教。

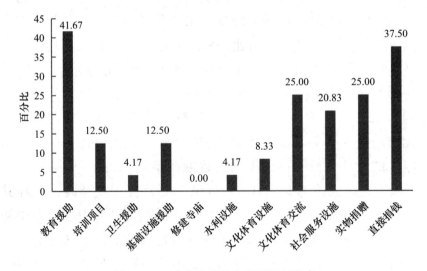

图13-5 企业各项社会责任履行程度

表13-9展示的是企业社会责任履行制度体系和组织架构。从是否参与国际标准化制定来看，在参与国际标准化制定的受访企业中，没有一个设置专门社会责任办公室或相应主管，三分之二以上的企业没有建立社会责任、企业公益行为准则的规章制度，没有在公司年度

计划中制订年度公益计划，2015—2017 年企业社会责任支出没有变化。没有参与国际标准化制定的受访企业中，设置专门社会责任办公室或相应主管的企业极少，只有 5%，有规章制度和年度公益计划的比例比参与国际标准化制定的企业略少，但是大部分企业在 2015—2017 年企业社会责任支出上都有所增加，达 80%。

表 13-9　　　　　　　　　企业社会责任履行程度　　　　　　（单位：%）

	设置专门社会责任办公室或相应主管		建立了社会责任、企业公益行为准则的规章制度		是否在公司年度计划中制订年度公益计划		2015—2017 年企业社会责任支出变化		
	是	否	是	否	是	否	减少	不变	增加
参与国际标准化制定	0.00	100.00	33.33	66.67	33.33	66.67	0.00	100.00	0.00
没有国际标准化制定	5.00	95.00	30.00	70.00	25.00	75.00	20.00	0.00	80.00
工业	8.33	91.67	29.17	70.83	25.00	75.00	16.67	16.67	66.67
服务业	22.73	77.27	28.57	71.43	45.45	54.55	0.00	66.67	33.33
不在经开区	16.22	83.78	27.78	72.22	35.14	64.86	8.33	58.33	33.33
土耳其经开区	0.00	100.00	28.57	71.43	28.57	71.43	0.00	0.00	100.00
其他	50.00	50.00	50.00	50.00	50.00	50.00	0.00	0.00	100.00
有自身工会	23.81	76.19	33.33	66.67	38.10	61.90	0.00	42.86	57.14
无自身工会	8.00	92.00	25.00	75.00	32.00	68.00	12.50	50.00	37.50

从企业类型来看，无论是工业和服务业类型的企业大部分都没有设置专门社会责任办公室或相应主管，并且工业型企业比服务型企业高出 14.4 个百分点。对于企业社会责任和社会公益行为准则的规章制度，两种类型的企业大部分都没有，均超过 70%。制订年度公益计划两种类型的企业差别较大，服务型企业回答是的比例占 45.45%，比工业型企业高出 20.45 个百分点。在 2015—2017 年的企业社会责任支出变化上，工业型企业变化最大，回答增加的企业占比为 66.67%，而服务型企业支出不变的比例就达 66.67%。

从企业所在地区来看，不在经开区的企业设置专门社会责任办公室或相应主管的比例占比为 16.22%，而在土耳其经开区的企业没有设置该办公室或相应主管的。在规章制度上，两个地区的受访企业回答是的比例均低于 30%。在年度公益计划上，不在经开区的企业回答有的比例为 35.14%，比在土耳其经开区的企业高 6.51 个百分点。在 2015—2017 年的企业社会责任支出上，土耳其经开区的企业增加支出的比例为 100%，而不在经开区的企业增加的比例为 33.33%，相差 66.67 个百分点。对于在其他地区的企业来看，除了都增加了企业社会责任支出外，设置专门社会责任办公室或相应主管、建立规章制度、制订年度公益计划上的企业均只占一半。

从有无工会来看，有工会的企业在设置专门社会责任办公室或相应主管、建立规章制度、制订年度计划、增加支出等方面的比例均高于没有工会的企业。

表 13-10 反映的是企业福利待遇的比较情况。从加班情况看，无论是哪种类型的企业，绝大部分都存在加班情况，其中所有参与国际标准化制定的企业都有加班，比没有国际标准化制定的企业高 15 个百分点；工业型企业加班比例为 87.50%，比服务型企业的比例高出 19.32 个百分点；其他地区企业都存在加班，土耳其经开区的企业加班的比例为 85.71%，比不在经开区的企业高近 10 个百分点；无自身工会的企业加班的比例为 79.07%，比有自身工会的企业的比例高 12.4 个百分点。

表 13-10　　　　　　　　　　**企业福利待遇比较**　　　　　　（单位：%）

	是否有加班		是否有员工食堂或午餐安排		是否提供员工宿舍		是否有员工文体活动中心	
	是	否	是	否	是	否	是	否
参与国际标准化制定	100.00	0.00	66.67	33.33	100.00	0.00	33.33	66.67
没有国际标准化制定	85.00	15.00	70.00	30.00	70.00	30.00	55.00	45.00
工业	87.50	12.50	66.67	33.33	70.83	29.17	50.00	50.00
服务业	68.18	31.82	63.64	36.36	45.45	54.55	22.73	77.27

续表

	是否有加班		是否有员工食堂或午餐安排		是否提供员工宿舍		是否有员工文体活动中心	
	是	否	是	否	是	否	是	否
不在经开区	75.68	24.32	64.86	35.14	56.76	43.24	37.84	62.16
土耳其经开区	85.71	14.29	57.14	42.86	71.43	28.57	14.29	85.71
其他	100.00	0.00	100.00	0.00	50.00	50.00	100.00	0.00
有自身工会	66.67	33.33	33.33	66.67	66.67	33.33	0.00	100.00
无自身工会	79.07	20.93	67.44	32.56	58.14	41.86	39.53	60.47

从是否有员工食堂或午餐安排看，不管该企业是否参与国际标准化制定，有超过65%的企业都有员工食堂或午餐安排；无论是工业型企业还是服务型企业，有超过60%的企业都有员工食堂或午餐安排；从企业所在地区来说，虽然各地区的企业有超过半数以上都有自己的员工食堂或午餐安排，但是其他地区的企业所占比例为100%，比土耳其经开区的企业高42.86个百分点，比不在经开区的企业高35.14个百分点。有无自身工会的企业相差较大，有自身工会的企业有员工食堂或午餐安排的比例为33.33%，比无自身工会企业的比例低34.11个百分点。

从是否提供员工宿舍看，参与国际标准化制定的企业都提供员工宿舍，比没有参与国际标准化制定的企业高30个百分点。服务型企业提供员工宿舍的比例为45.45%，比工业型企业低25.38个百分点。从企业所在地区看，土耳其经开区的企业提供员工宿舍的比例最高，为71.43%，比不在经开区的企业高14.67个百分点，比其他地区的企业高21.43个百分点。

从是否有文体活动中心看，参与国际标准化制定的企业有员工文体活动中心的比例为33.33%，比没有参与国际标准化制定的企业低21.67个百分点；工业型企业有员工文体活动中心的占一半比例，比服务型企业的比例高27.27个百分点。土耳其经开区的企业有员工文体活动中心的比例较低，为14.29%，比不在经开区企业的比例低

23.55 个百分点，比其他地区的企业低 85.71 个百分点。有自身工会的企业没有员工文体活动中心，而无自身工会的企业有员工文体活动中心的比例为 39.53%。

表 13-11 展示的是企业与土耳其员工聚餐的情况。从是否参与国际标准化制定来看，参与国际标准化制定的企业与土耳其员工聚餐的比例为 100%，比没有参与国家标准化制定的企业高 25 个百分点，但是不管企业是否参与国际标准化制定，大部分企业都与土耳其员工聚餐。

表 13-11 企业与土耳其员工聚餐情况比较 （单位：%）

	与土耳其员工聚餐	未与土耳其员工聚餐
参与国际标准化制定	100.00	0.00
没有国际标准化制定	75.00	25.00
工业	75.00	25.00
服务业	95.45	4.55
不在经开区	83.78	16.22
土耳其经开区	85.71	14.29
其他	100.00	0.00
有自身工会	66.67	33.33
无自身工会	86.05	13.95

从企业类型看，工业型企业与土耳其员工聚餐的比例为 75%，而服务型企业与土耳其员工聚餐的比例为 95.45%，两者相差 20.45 个百分点。可见大部分工业型企业和服务型企业都与土耳其员工聚餐，但是工业型企业所占比例更高。

从企业所在地区看，所有地区的企业大部分都与土耳其员工聚餐，其比例均在 80% 以上，其中其他地区的企业的比例为 100%。从有无工会看，无自身工会的企业与员工聚餐的比例为 86.05%，有自身工会的企业的比例为 66.67%，两者相差 19.38 个百分点。

从整体上看，企业是否与土耳其员工聚餐与企业自身类型、地区、有无工会等联系不大。

表 13-12 展示的是企业对社会责任进行海外宣传的对比情况。从整体上看，各类型的企业中，只有参与国际标准化制定的企业百分百地对企业社会责任海外宣传过，没有国际标准化制定的企业有过宣传的比例只有 35%。可能是由于参与国际标准化制定的企业本身就具有一定的影响力，有更多的实力、市场对企业社会责任进行海外宣传。工业型和服务型企业有过海外宣传的比例均在 40% 左右，两者相差不大。从企业所在地区看，其他地区的企业进行过海外宣传的比例占一半，不在经开区的比例为 44.44%，而土耳其经开区的比例只有 28.57%，这可能是因为经开区的企业本身就处在一个国际化的地区，进入经开区本身就是对自己的一种宣传。无自身工会的企业进行过海外宣传的比例为 42.86%，比有自身工会企业的比例高 9.53 个百分点。通过分析可以发现，以上四个变量中，是否参与国际标准化制定对企业社会责任海外宣传具有一定的影响。

表 13-12　　　　　**企业对社会责任进行过海外宣传比较**　　　　（单位：%）

	对企业社会责任海外宣传过	对企业社会责任未海外宣传
参与国际标准化制定	100.00	0.00
没有国际标准化制定	35.00	65.00
工业	43.48	56.52
服务业	40.91	59.09
不在经开区	44.44	55.56
土耳其经开区	28.57	71.43
其他	50.00	50.00
有自身工会	33.33	66.67
无自身工会	42.86	57.14

图 13-6 展示的是各个国家社会责任履行效果的对比情况。如图

所示，社会责任履行效果从高到低的顺序依次为：德国、日本、法国、英国、中国、美国、俄罗斯、印度。可见，在以上 8 个国家中，中国企业社会责任履行效果排在中等水平。

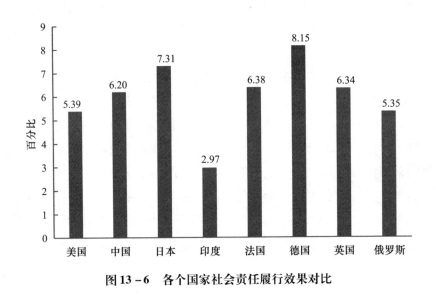

图 13-6　各个国家社会责任履行效果对比

第三节　形象传播及土耳其认可度分析

随着全球化进程的加快和"一带一路"倡议的推进，越来越多的中国企业走出去，参与国际市场竞争。在海外，企业的产品是企业硬实力，企业的形象是企业软实力，两者共同构成企业竞争力。研究表明：随着经济全球化趋势的日益显著，跨国企业的竞争开始集中在形象和品牌塑造领域。[1] 企业在东道国形象的形成过程是：企业采取了某种行为，该行为经过东道国公众亲眼所见、口耳相传、媒体报道等途径在东道国传播开来，继而在公众大脑中产生了一个对于该企业的

---

[1]　彤新春、王亚娜：《跨国企业形象建设新趋势及我国的应对》，《社会科学家》2018 年第 2 期。

认识，或是对已有认识进行修正，最终得到一个新的认识。当这一认识成为具体言论，被媒体报道，或者通过民意调查等体现出来后，将成为一种结论性的、一段时间内较为稳定的、得到大多数人认可的看法和印象，这就是该企业在当地公众心目中的形象。这个过程中主要受到内外四个方面的影响：传播者、讯息、接受的自身因素、外部环境。本节主要从企业形象宣传载体、产品或品牌认可度、投资态度等方面了解土耳其中资企业形象传播情况。

图13－7展示的是企业形象宣传手段对比情况，如图所示受访企业利用土耳其本国媒体宣传的比例为34.78%，其次是只做不说，其比例高达32.61%；利用新媒体如推特或脸书的比例为30.43%；利用新媒体如微信公众号的比例为21.74%；利用土耳其华人媒体的比例为10.87%。由此可以看出，受访企业在形象传播上有以下几个特点：一是突出互联网传播。互联网作为一个虚拟的交往平台，已经被越来越多的人接受。每天都有数以亿计的网民通过网络平台来获得自己想要的信息，由此可见，互联网对于企业形象传播影响力也是非常有作用的。土耳其中资企业在利用互联网新媒体上比利用土耳其华人媒体的比例还高。二是利用本地媒体增多。中国企业走出去的一大障碍就是语言不通，我们的传播对方可能不能正确理解，其中原因有二，一方面是我们的方式、方法可能没有用对，自己没做好；另一方面是没有按照对方的语境和思维方式说话，导致沟通上出现障碍，所有企业在走出去的过程中要学会利用国外媒体，主动接触，如此才能顺利地开展工作。土耳其中资企业传播的首要手段就是利用土耳其媒体。三是相当部分企业不注重企业宣传。土耳其中资企业选择只做不说的比例排第二，中国企业海外传播可以说整体上都不太理想。根据美通社发布的《中国企业海外传播白皮书》显示，58%的中国企业向海外发布内容是不定期的。内容发布的持续性和稳定性是传播工作保持健康的一项重要基础，但从调研结果来看，大部分中国企业对于海外传播发布内容还是缺乏整体规划，

更多只是"蜻蜓点水"式的传播。①

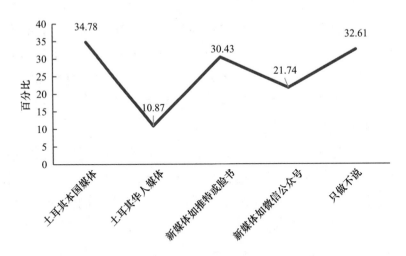

图 13 - 7　企业形象宣传手段对比

　　图 13 - 8 展示的是土耳其中资企业社交媒体公众号数量比较情况。如图所示，有近一半的受访企业没有社交媒体公众账号，拥有 1—3 个公众账号的企业所占比例为 36.37%，拥有 3 个以上公众账号的企业所占比例为 15.90%。可见，土耳其中资企业在社交媒体上数量就很欠缺，更不用说利用社交媒体去传播、塑造企业形象了。社交媒体由于具有简洁性、互动性、实时性和移动性，已被众多企业用于对外宣传、形象构建和客户服务。据统计，2016 年财富世界 500 强企业中，86% 开设了官方推特账号，84% 开通了脸书账号。② 通过社交媒体公众号企业可以和消费者、客户、投资人、媒体、社区、政府

　　① 美通社：《用传播塑造影响力：美通社正式发布首个中国企业海外传播白皮书》，2017 年 12 月 13 日。

　　② Barnes, N. G. & Griswold, J. (2016). Use of popular tools remains constant as use of Instagram expands quickly among the 2016 Fortune 500. Retrieved from http://www.umassd.edu/cmr/so-cialmediaresearch/2016fortune500/.

进行双向交流并建立长期良好的稳固关系，从而提升自身的公共形象。① 这也在一定程度上提醒着土耳其中资企业要增强对社交媒体的利用，以达到对自身企业形象的传播作用。

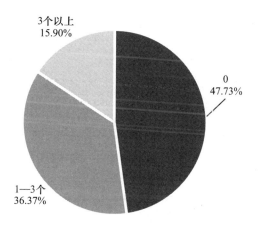

图 13 - 8　土耳其中资企业社交媒体公众账号数量比较

　　表 13 - 13 展示的是中资企业产品或品牌在土耳其的认可度比较情况。从整体上看，表中所展示的各种类型中，除了在其他地区的企业外，企业的产品或品牌在土耳其的认可度的平均值均在 7 以上，说明土耳其民众总体上还是比较认可的。我们还可以发现，企业的产品或品牌认可度最小值超过 5 的仅有 3 种类型的企业：参与国际标准化制定的企业，高达 8，其次是有自身工会的企业 6，最后是土耳其经开区的企业 5，说明土耳其中资企业产品或品牌的认可度在土耳其群众中还是不够理想。其中一个原因可能是土耳其中资企业没有很好地利用社交媒体，加上其拥有的社交媒体账号数量较少，更无法对外有效宣传企业自身产品或品牌。

---

　　①　袁胜、张景云：《中韩跨国公司特推、脸书传播战略对比研究》，《当代传播》2018 年第 3 期。

表 13 – 13 中资企业产品或品牌在土耳其的认可度对比

	均值	标准差	最大值	最小值
注册超过五年	7.35	1.70	10	3
注册低于五年	7.23	1.95	10	2
参与国际标准化制定	8.33	0.58	9	8
没有国际标准化制定	7.05	1.88	9	2
工业	7.25	1.78	9	2
服务业	7.33	1.88	10	4
不在经开区	7.28	1.73	10	2
土耳其经开区	7.71	1.60	10	5
其他	6.00	4.24	9	3
有自身工会	7.33	1.15	8	6
无自身工会	7.29	1.85	10	2

　　国家作为国际关系中最主要的行为主体，其形象的自塑与他塑对国际格局构建有着不可忽视的意义。表 13 – 14 展示的是不同国家的国家形象对比情况。如表所示，各国国家形象平均值从高到低依次是德国、日本、英国、法国、中国、美国、印度。其中国家形象平均值超过 5 分的有 5 个国家，在 5 分以下的只有两个国家，分别为美国和印度。2007 年 4 月，美国《时代》周刊公布了一项调查，27 个国家不到 3 万民众评估 12 个主要国家的形象，结果显示日本的国家形象位居世界第一。另一份来自英国广播公司 2008 年的调查结果显示，德国排名第一，同时日本也是当年形象最正面的国家。① 可见，日本与德国的国家形象一直都名列前茅。而中国在这七个国家中处于中等偏后的位置，一部分原因可能是以美国为首的西方国家从政要到学者，再到媒体，总是想方设法地制造舆论诋毁、丑化中国，如夸大中国实力，煽动中国威胁论；放大中国问题，宣扬中国崩溃论；高举人

---

① 陈宗权：《日本与德国的国家形象建设比较》，《当代世界与社会主义》2011 年第 1 期。

权大旗，鼓吹中国人权倒退论等抹黑、攻击中国。[①] 以上这些因素毫无疑问必定会影响中国民众对美国国家形象的认知，也反映出美国国家形象分值较低的原因，美国在以上七个国家中的国家形象排倒数第二，仅高于印度。

表 13 - 14　　　　　　　　　国家形象打分对比

	均值	标准差	最大值	最小值
美国	4.95	2.20	9	1
中国	6.81	1.33	9	5
日本	7.74	1.00	10	5
印度	3.61	1.73	8	1
法国	6.98	1.39	9	3
德国	8.36	0.94	10	5
英国	7.37	1.22	9	4

图 13 - 9 展示的是当地居民对于公司在土耳其投资的态度。对中资企业持欢迎态度的比例超过一半以上，达 55.81%，比较欢迎的比例达 20.93%，两者相加为 76.74%；持不欢迎、排斥和拒绝的比例均为 2.33%，两者相加为 4.66%。可见，土耳其当地居民对中资企业还是比较欢迎的。因为土耳其处于一个高度建设期，有许多国家工程项目，而中国的投资能增加就业、带动经济发展，这对于本地居民的态度具有重要影响作用。但需要注意的是持无所谓的受众比例达 18.60%，说明本地居民存在一定程度的"冷漠"主义，同时也给中国企业带来挑战和机遇，有效履行企业的社会责任，争取这一类公众的支持，对企业今后在土耳其的持续发展具有重大的支撑。

---

① 李群山：《中国国家形象塑造的困境及其应对之策》，《吉首大学学报》（社会科学版）2018 年第 4 期。

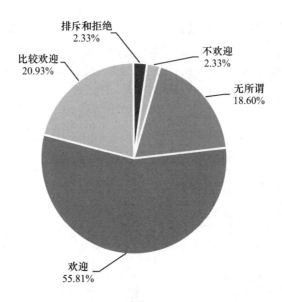

排斥和拒绝
2.33%

不欢迎
2.33%

比较欢迎
20.93%

无所谓
18.60%

欢迎
55.81%

图13-9 当地居民对于公司在土耳其投资的态度

第四节 公共外交分析

在全球化条件下，公共外交中非政府行为体发挥着越来越关键的作用。企业在海外经营管理中的公共外交职能对于弥补政府公共外交的不足，推进国家战略的实施和国家利益的实现日益重要。尤其是"一带一路"倡议的大力实施，中国对外投资正处于急剧增长的过程，企业较好地实施公共外交也利于自身利益的实现。在对中国国内五个城市几十个"走出去"的企业实地调研的基础上，全国政协常委、外事委员会主任赵启正指出："实践表明，公共外交开展得好的企业，其'走出去'就较为顺利，成功的概率就大，反之，企业遭受挫折和失败的可能性就越高。"

企业公共外交就是企业作为行为主体开展的公共外交。从广义而言，公共外交就是以该企业在东道国和国际社会中的非市场利益相关者为交往对象的一切交流、沟通、传播、交往和合作行为。① 本书主要从中资企业与土耳其本地企业、行政官员、政党的联系密度来描述土耳其中资企业公共外交的情况。但我们需要注意的是，公共外交的目标具有多重性，企业权益保护或风险规避为根本目标、提升国家形象为主要目标、民心相通为核心目标，本文更侧重的是交往密度上，而不是交往效果上。

　　表 13 - 15 展示的是企业与土耳其同类企业的高层管理者的往来情况。从不同类型的企业来看，工业型企业表示没有往来的比例为12.50%，较少往来的比例为 8.33%，两者相加为 20.83%；表示有往来的比例为 37.50%，往来频繁的比例为 41.67%，两者相加为79.17%。服务型企业表示没有往来的比例为 27.27%，较少往来的比例为 4.55%，两者相加为 31.82%；表示有往来的比例为 31.82%，往来频繁的比例为 36.36%，两者相加为 68.18%。可见无论是工业型企业还是服务型企业与同类企业的高层管理者往来较多。但是工业型企业高于服务型企业，这可能是因为工业型企业的关联更复杂，上游连接企业较多所导致的。

表 13 - 15　　　　企业与土耳其同类企业的高层管理者的往来情况　　　（单位：%）

	没有往来	较少往来	有往来	往来频繁
工业	12.50	8.33	37.50	41.67
服务业	27.27	4.55	31.82	36.36
不在经开区	18.92	0.00	35.14	45.95
土耳其经开区	14.29	42.86	28.57	14.29
其他	50.00	0.00	50.00	0.00

---

　　① 柯银斌、翟崑、林子薇：《公共外交：中国企业的"新课程"》，https：//mp. weixin. qq. com/s? src = 11&timestamp = 1565404768&ver = 1781&signature = XgOWj-G0lP7nGHGfEXLPzam-d6KQFtVo70ryMx3ZK3b973gGS00NuOWfb3Fw * fqFDzLowLlHZvIndbg-dT7Xzphy6vUTWRrdp * PbvD * 3CkzbYosaC-9FkSO4qQG47wct-&new = 1。

从不同地区的企业看，企业是否在经开区与同类企业高层管理者往来区别很大，从整体上看不在经开区的企业与同类企业高层管理者往来的比例最高，特别是在往来频繁上就接近半数。在表示较少往来上，在土耳其经开区的比例比不在经开区企业的比例高，达42.86%。对于其他地区的企业，没有往来和有往来各占一半。这可能是因为不在经开区的企业面临的环境更加复杂，需要与更多的企业进行合作来生存、盈利。而对于经开区的企业，在同一片区域与同类型企业之间的竞争程度更激烈，合作关系强度低于竞争强度。

表13-16展示的是企业与所在地的行政长官的往来情况。从企业类型看。工业型企业表示没有往来的比例为20.83%，较少往来的比例为25%，两者相加为45.83%；表示有往来的比例为41.67%，往来频繁的比例为12.50%，两者相加为54.17%。服务型企业表示没有往来的比例为31.82%，较少往来的比例为13.64%，两者相加为45.46%；表示有往来的比例为50%，往来频繁的比例为4.55%，两者相加为54.55%。两种类型的企业虽然总体上与所在地行政长官往来的比例相差较小，但是工业型企业在往来频繁上比服务型企业高7.95个百分点。这可能因为一般工业型企业占地面积大、企业人数多、财税高，涉及更多的法律法规、政策问题，所以与当地行政长官的来往更加频繁些。

表13-16	企业与所在地的行政长官的往来情况			（单位：%）
	没有往来	较少往来	有往来	往来频繁
工业	20.83	25.00	41.67	12.50
服务业	31.82	13.64	50.00	4.55
不在经开区	18.92	18.92	54.05	8.11
土耳其经开区	71.43	0.00	14.29	14.29
其他	0.00	100.00	0.00	0.00

从企业区域来看，不在经开区的企业表示较少往来和没有往来的

比例均为 18.92%，两者相加为 37.84%；表示有往来的比例为 54.05%，表示往来频繁的比例为 8.11%，两者相加为 62.16%。土耳其经开区的企业表示没有往来的比例就高达 71.43%，表示有往来和往来频繁的比例均为 14.29%，两者相加为 28.58%。可见，不在经开区的企业与所在地行政长官往来的比例远远高于在经开区的企业，这可能是因为经开区的各种配套设施、政策支持都比较齐全，减少了与当地行政长官往来的可能。对于其他企业来说，所有的企业都表示较少往来。

表 13 - 17 展示的是企业与土耳其行业部门的政府领导的往来情况。从企业类型看，工业型企业表示没有往来的比例为 25%，表示较少往来的比例为 20.83%，两者相加为 45.83%；表示有往来的比例为 45.83%，往来频繁的比例为 8.33%，两者相加为 54.16%。服务业企业表示没有往来的比例为 19.05%，较少往来的比例为 4.76%，两者相加为 23.81%；表示有往来的比例为 61.90%，表示往来频繁的比例为 14.29%，两者相加的比例为 76.19%。总体上两种类型的企业大部分都与行业部门的领导有过交往，但相对来说，服务业企业交往更加频繁。

表 13 - 17　　　企业与土耳其行业部门的政府领导的往来情况　　　（单位：%）

	没有往来	较少往来	有往来	往来频繁
工业	25.00	20.83	45.83	8.33
服务业	19.05	4.76	61.90	14.29
不在经开区	16.67	13.89	61.11	8.33
土耳其经开区	42.86	0.00	28.57	28.57
其他	50.00	50.00	0.00	0.00

从企业所在区域看，不在经开区的企业表示没有往来的比例为 16.67%，表示较少往来的比例为 13.89%，两者相加为 30.56%；表示有往来的比例高达 61.11%，往来频繁的比例为 8.33%，两者相加

为 69.44%。土耳其经开区的企业表示没有往来的比例为 42.86%，远远高于不在经开区的企业；表示有往来和往来频繁的比例均为 28.57%，两者相加为 57.14%。不在经开区的企业虽然与行业部门领导有往来的更多，但是没有土耳其经开区企业往来得频繁。对于其他企业来说，没有企业表示与行业部门领导有过往来。

表 13-18 展示的是企业与当地规制或行政管理部门的主要领导往来情况。从企业类型看，工业型企业表示没有往来的比例为 37.50%，较少往来的比例为 33.33%，两者相加为 70.83%；表示有往来的比例为 20.83%，往来频繁的比例为 8.33%，两者相加为 29.16%。服务型企业表示没有往来的比例为 33.33%，较少往来的比例为 9.52%，两者相加为 42.85%；表示有往来的比例为 47.62%，往来频繁的比例为 9.52%，两者相加为 57.14%。总体上两种类型的企业都与行业部门的领导有过交往，但相对来说，服务业企业来往多于工业企业，服务业企业交往更加频繁。

表 13-18　企业与当地规制或行政管理部门的主要领导的往来情况 （单位：%）

	没有往来	较少往来	有往来	往来频繁
工业	37.50	33.33	20.83	8.33
服务业	33.33	9.52	47.62	9.52
不在经开区	25.00	27.78	38.89	8.33
土耳其经开区	71.43	0.00	14.29	14.29
其他	100.00	0.00	0.00	0.00

从企业所在区域看，无论是不在经开区还是在土耳其经开区企业，均有一半以上的企业表示与当地规制或行政管理部门的主要领导较少往来甚至没有往来。其他地区企业表示与当地规制或行政管理部门的主要领导没有往来的比例达到 100%。

图 13-10 展示的是企业管理层认为土耳其政治环境情况。受访企业认为土耳其不稳定，有党派争斗，要比较小心的比例最高，达

39.13%，认为党派斗争比较激烈，经常有冲突发生的比例为2.17%，两者相加为41.3%。受访企业认为土耳其政治环境比较稳定的比例为21.74%，认为稳定，投资风险较小的比例为4.35%，两者相加为26.09%。可见，企业管理层认为土耳其政治环境不稳定的比例高于稳定的比例；但同时需要注意，有相当一部分企业认为不好说，存在不稳定的风险。这与土耳其国内恐怖事件频发不无关系，这类事件加大了不安全因素。自2015年10月安卡拉火车站的爆炸案，到2016年1月苏丹艾哈迈德广场的恐怖分子自杀性袭击和安卡拉市中心的汽车爆炸案，再到2016年12月伊斯坦布尔贝西克塔什体育场和附近公园遭连环恐怖袭击，以及2017年新年夜伊斯坦布尔一家夜总会遭到恐怖袭击。不安全的国内环境为土耳其经济发展前景蒙上了阴影。[①]

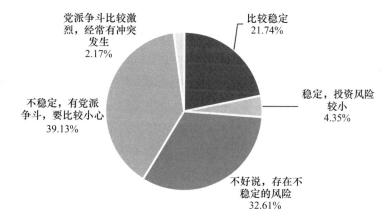

图13-10 企业管理层认为土耳其政治环境情况

图13-11展示的是按行业划分的企业与该政党的领导交往程度对比情况。如图所示，工业型企业绝大部分表示从来没有与该政党的

---

① 魏敏：《"一带一路"背景下中国—土耳其国际产能合作的风险及对策》，《国际经济合作》2017年第5期。

领导交往，其比例超过半数，达 61.11%。同样服务型企业绝大部分也表示从来没有与该政党的领导交往，达 72.22%。相对来说，工业企业与政党领导有往来的比例要多于服务业企业。

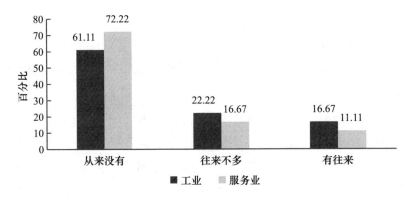

图 13-11　按行业划分的企业与该政党的领导交往程度对比

图 13-12 展示的是不同区域企业与该政党的领导交往程度的对比情况。如图所示，对于其他地区的企业来说，根本就没有与该政党的领导交往。不在经开区的企业，表示从来没有与该政党的领导交往的比例高达 70.97%。在土耳其经开区的企业，表示与该政党的领导

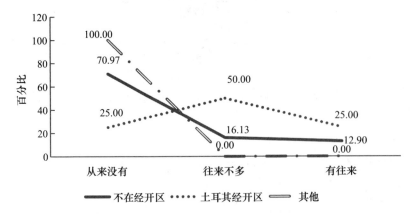

图 13-12　按是否在经济开发区划分的企业与该政党的领导交往程度对比

往来不多的比例为 50%，表示从来没有或有往来的比例均为 25%。可见，从企业所在地区来看，大部分企业很少与该政党的领导交往。

小　结

1. 土耳其中资企业供应商和经销商本土化程度较低，一方面是土耳其供应商和经销商数量少，另一方面企业在与供应商和经销商发生经济纠纷时，较少诉诸土耳其法律机构，大部分是通过商业合同来解决。从员工情况看，总体上土耳其员工占总体比例的一半，但是具体到不同条件下的土耳其员工占比则不一致，如中高层管理员工、技术人员和设计人员、一线员工或生产员工、初等教育以下员工、中等教育员工等中土耳其籍的占比均值均不到一成，非生产员工中的土耳其员工占比均值不到两成，仅大学本科及以上的土耳其员工占比均值高些，近四成。

2. 教育和直接捐钱是中资企业履行社会责任的主要方式，但是在其他社会责任履行方式中，如卫生援助、修建寺庙、水利设施、文化体育设施、培训项目等均较少，从整体说明土耳其中资企业社会责任履行方面存在结构不均衡的情况。在企业自身履行社会责任的组织制度方面，绝大部分企业均没有设置专门社会责任办公室或相应的主管，大部分企业没有建立社会责任、企业公益行为准则的规章制度以及在公司年度计划中制订年度公益计划，这些说明土耳其中资企业在履行社会责任上并没有常态化、制度化的机制，具有一种随机性。在企业社会责任支出上，不同类型的企业在 2015 年至 2017 年企业社会责任支出上具有较大差别，是否参与国际标准化制定、工业型还是服务业型、是否在经开区、是否有自身工会等都与支出具有一定的关系。在企业福利待遇上，所有类型的企业大部分都有加班，都有员工食堂和午餐安排，也有员工宿舍。但是否有员工文体活动中心，各企业之间差别较大，参与国际标准化制定、工业型企业、土耳其经开区等企业大部分有员工文体活动中心。

3. 与其他国家相比，中国国家形象属于中等。对于土耳其中资企业而言，有相当部分企业没有对自身企业形象进行宣传，同时一部分企业是通过土耳其本国媒体或新媒体进行宣传，但是这种宣传媒体数量并不多。在其品牌或产品上，土耳其民众对其还是比较认可的，同时也比较欢迎公司在土耳其的投资。

4. 从不同企业类型看，无论是工业型企业还是服务型企业与同类企业的高层管理者往来较多，但工业型企业高于服务型企业；从不同地区的企业看，企业是否在经开区与同类企业高层管理者往来区别很大，从整体上看不在经开区的企业与同类企业高层管理者往来的比例最高。企业管理层认为土耳其政治环境不稳定的比例高于稳定的比例；但同时需要注意，有相当一部分的企业认为不好说，存在不稳定的风险。

参考文献

一　中文文献

（一）著作

郭长刚、刘义主编：《土耳其发展报告》（2016），社会科学文献出版社 2017 年版。

郭长刚主编：《列国志·土耳其》，社会科学文献出版社 2015 年版。

黄维民、慕怀琴：《土耳其史话》，中国书籍出版社 2014 年版。

黄维民：《中东国家通史·土耳其卷》，商务印书馆 2002 年版。

李红杰：《国家利益与中国中东政策》，中央编译出版社 2009 年版。

厉声：《中国新疆："东突厥斯坦"分裂主义的由来与发展》，新疆人民出版社 2009 年版。

刘明：《奥斯曼帝国》，商务印书馆 1990 年版。

刘中民、朱威烈主编：《中东地区发展报告：聚焦中东热点问题（2014 年卷）》，时事出版社 2015 年版。

马大正、许建英：《"东突厥斯坦国"迷梦的幻灭》，新疆人民出版社 2006 年版。

马丽蓉等：《丝路学研究：基于中国人文外交的阐释框架》，时事出版社 2014 年版。

马丽蓉：《一带一路软环境建设与中国中东人文外交》，社会科学文献出版社 2016 年版。

潘志平、王鸣野、石岚：《"东突"的历史与现状》，民族出版社2008年版。

王联：《中东政治与社会》，北京大学出版社2009年版。

肖宪：《当代中国—中东关系》，中国书籍出版社2018年版。

肖宪等：《土耳其与美国关系研究》，时事出版社2006年版。

肖宪主编：《1945年以来的中东》，中国社会科学出版社2004年版。

肖宪主编：《世纪之交看中东》，时事出版社1998年版。

杨兆钧编著：《土耳其现代史》，云南大学出版社1990年版。

［美］伯纳德·刘易斯：《现代土耳其的兴起》，范中廉译，商务印书馆1982年版。

［英］诺曼·斯通：《土耳其简史》，刘昌鑫译，中信出版社2017年版。

（二）论文

卜爱华：《土耳其的投资环境与政策》，《国际贸易》1995年第8期。

程珊、贾国栋：《埃尔多安胜选总统的原因及其政府面临的挑战分析》，《商丘职业技术学院学报》2015年第3期。

陈宗权：《日本与德国的国家形象建设比较》，《当代世界与社会主义》2011年第1期。

董漫远：《中国与土耳其关系的历史与未来》，《阿拉伯世界研究》2010年第4期。

郭亚敏：《令人关注的土耳其正义与发展党》，《当代世界》2003年第11期。

黄芸：《境外主要劳动争议类型探析》，《淮海工学院学报》2018年第3期。

昝涛：《中土关系及土耳其对中国崛起的看法》，《阿拉伯世界研究》2010年第4期。

昝涛：《历史视野下的"土耳其梦"——兼谈一带一路下的中土合作》，《西亚非洲》2016年第2期。

李秉忠、涂斌：《埃尔多安时代土耳其外交的转型及其限度》，《西亚非洲》2018 年第 2 期。

李秉忠、尼科斯·克里斯托菲斯：《土耳其近期地方选举及其政治影响》，《福建师范大学学报》2019 年第 3 期。

李群山：《中国国家形象塑造的困境及其应对之策》，《吉首大学学报》（社会科学版）2018 年第 4 期。

李艳枝：《试论正义与发展党执政以来的土耳其修宪公投》，《外国问题研究》2017 年第 3 期。

李游、韩隽：《土耳其修宪转向总统制的动因及影响》，《国际论坛》2018 年第 6 期。

林肇宏、张锐：《中国跨国企业人力资源管理模式及实践研究——基于深圳 5 家高科技企业的案例分析》，《宏观经济研究》2013 年第 2 期。

彭树智：《凯末尔和凯末尔主义》，《历史研究》1981 年第 5 期。

肜新春、王亚娜：《跨国企业形象建设新趋势及我国的应对》，《社会科学家》2018 年第 2 期。

苏春雨：《土耳其中亚战略与"丝绸之路经济带"建设》，《亚非纵横》2015 年第 1 期。

［土耳其］库塔·卡拉卡：《土耳其与中国间的认知分析》，《阿拉伯世界研究》2014 年第 2 期。

唐志超、张瑞华：《迷失在中东漩涡中的大国梦——土耳其内政外交的现实困境》，《当代世界》2015 年第 12 期。

王勇、希望、罗洋：《"一带一路"倡议下中国与土耳其的战略合作》，《西亚非洲》2015 年第 6 期。

魏敏：《"一带一路"背景下中国—土耳其国际产能合作的风险及对策》，《国际经济合作》2017 年第 5 期。

徐鹍：《"一带一路"在土耳其》，《湘潮》2018 年第 6 期。

严天钦、石坚：《土耳其伊斯兰复兴与现代认同》，《宗教学研究》2012 年第 3 期。

严天钦：《修宪公投对土耳其外交政策走向的影响》，《国际论坛》
    2018 年第 6 期。

袁胜、张景云：《中韩跨国公司特推、脸书传播战略对比研究》，《当
    代传播》2018 年第 3 期。

（三）报刊

《人民日报》社论：《美帝国主义从土耳其滚出去》，1960 年 5 月 4 日
    第 1 版。

《人民日报》社论：《支持土耳其人民》，1960 年 5 月 5 日第 4 版。

《温家宝会见土耳其总理特别代表、国务部长恰拉扬》，《人民日报》
    2009 年 9 月 1 日第 1 版。

［土耳其］雷杰普·塔伊普·埃尔多安：《土耳其与中国：共享历史，
    共创未来》，《环球时报》2017 年 5 月 12 日。

美通社：《用传播塑造影响力：美通社正式发布首个中国企业海外传
    播白皮书》，2017 年 12 月 13 日。

《土耳其外交部涉新疆言论颠倒黑白，我使馆强硬回应》，《环球时
    报》2019 年 2 月 11 日第 4 版。

梅新育：《土耳其地方选举或成 2019 新兴市场危机起点》，《第一财
    经日报》2019 年 4 月 9 日第 A11 版。

刘毓骅：《丝路两端携手进，中土合作谱新编》，《国际商报》2019 年
    4 月 25 日。

（四）网络文献

《邓励大使出席土耳其中资企业总商会揭牌仪式》，2019 年 7 月 11
    日，中华人民共和国驻土耳其共和国大使馆官网。

《俄公布土耳其买 IS 黑油证据》，2019 年 1 月 2 日，http：//war. 163.
    com/15/1204/08/B9VQ0FT600014OMD. html。

《2012 土耳其中国文化年》，2019 年 2 月 1 日，http：//gb. cri. cn/
    2012turkey/home. htm。

《2018 年四季度土耳其生产总值环比下滑 2.4%》，2019 年 5 月 30

日，http：//www. guannews. com/xinwen/124875. html。

《高铁之后中国又一大工程要出口》，http：//www. sohu. com/a/

246146502_ 652261。

国际货币基金组织；土耳其统计研究所；世界银行统计数据，

https：//www. eiu. com/public/signup. aspx，2019 年 6 月 12 日。

柯银斌、翟崑、林子薇：《公共外交：中国企业的"新课程"》，2019

年 5 月 7 日，https：//mp. weixin. qq. com/s？src＝11&timestamp＝1

565404768&ver＝1781&signature＝XgOWj-G0lP7nGHGfEXLPzam-d6K

QFtVo70ryMx3ZK3b973gGS00NuOWfb3Fw＊fqFDzLowLlHZvIndbgdT7

Xzphy6vUTWRrdp＊PbvD＊3CkzbYosaC-9FkSO4qQG47wct-&new＝1。

《土耳其缉捕千余名参与 2016 年未遂政变的嫌疑人》，2019 年 5 月 20

日，https：//www. chinacourt. org/article/detail/2019/02/id/3727377.

shtml。

《土耳其里拉为何暴跌》，2019 年 5 月 20 日，http：//finance. sina.

com. cn/stock/usstock/c/2018－08－13/doc-ihhqtawx5841142. shtml。

土耳其外交部：《土—中商务和经济关系》，2019 年 5 月 6 日，http://

www. mfa. gov. tr/turkey's-commercial-and-economic-relations-with-china.

en. mfa（15. 08. 2009）。

《土耳其政变完整经过及其时间轴（图）》，2019 年 6 月 1 日，http://

news. ifeng. com/a/20160717/49367225_ 0. shtml？_ zbs_ baidu_

bk。

土耳其中央银行统计数据：https：//www. eiu. com/public/signup. aspx，

2019 年 6 月 12 日。

《瓦良格号回国始末》，2019 年 3 月 3 日，http：//war. news. 163.

com/09/1016/18/5LP23APR00011MSF. html。

《央视—土耳其的大戏》，2019 年 1 月 2 日，https：//www. youtube.

com/watch？v＝rFuE3q7A5x0。

《央视—俄土走近》，2019 年 1 月 2 日，http：//tv. cctv. com/2017/

09/29/VIDExXQQbO D6bt7WC5KCvMSB170929. shtml。

《"一带一路"倡议成中国企业投资土耳其"分水岭"》（2017 年 10 月 24 日），2019 年 5 月 8 日，http：//business. sohu. com/2017 1024/n519578108. shtml。

张跃然：《土耳其政变一周年—昔日的"中东之光"如何一步步走到今天?》，2019 年 6 月 20 日，澎湃新闻，https：//www. thepaper. cn/ne- wsDetail_ forward_ 1733400。

中华人民共和国商务部：《中国土耳其经贸合作简况》，2019 年 5 月 8 日，http：//www. mofcom. gov. cn/article/jiguanzx/201902/201902028 36073. shtml。

《中国赴土旅游人数》，2019 年 5 月 4 日，http：//news. cthy. com/All- news/16689. html。

（五）档案文献

毛泽东：《接见伊拉克、伊朗、塞浦路斯三国代表团时的谈话》（1960 年 5 月 9 日），载《建国以来毛泽东文稿》（第 9 册），中央文献出版社 1996 年版。

二 外文文献

（一）著作

Ahmad，Ferenca，*The Young Turks*：*The Committee of Union and Progress in Turkish Polities*：1908 – 1914，Oxford：Oxford University Press，1969.

Aksakal，Mustafa，*The Ottoman Road to war in* 1914，Cambridge：Cambridge University Press，2008.

Davison，Roderic，*Essays in Ottoman and Turkish History*，1774 – 1923 – *The Impact of West*，Texas University Press，1990.

Fleet, Kate, *The Cambridge History of Turkey*, Cambridge: Cambridge University Press, 2009.

Freedman, David, Myers, Allen & Beck, Astrid, *Eerdmans Dictionary of the Bible*, Grand Rapids, MI: Wm. B. Eerdmans Publishing, 2011.

Georgeon, François, *Abdülhamid II. Le sultan calife* (1876 – 1909), Paris: Fayard, 2003.

Gökay, Bülent, *Soviet Eastern Policy and Turkey, 1920 – 1991: Soviet foreign policy, Turkey and communism*, New York: Routledge, 2006.

Gürpinar, Dogan, *Ottoman/Turkish Visions of the Nation, 1860 – 1950*, Berlin: Springer, 2013.

Hanioğlu, M. Şükrü, *A Brief History of the Late Ottoman Empire*, Princeton: Princeton University Press, 2008.

Howard, Douglas Arthur, *The History of Turkey*, New York: Greenwood Publishing Group, 2001.

Kasaba, Reşat, *The Cambridge History of Turkey Volume Turkey in the Modern World*, New York: Cambridge University Press, 2008.

Köprülü, Mehmet & Leiser, Gary, *The origins of the Ottoman Empire*, New York: SUNY Press, 1992.

Masters, Bruce, *The Arabs of the Ottoman Empire, 1516 – 1918: A Social and Cultural History*, Cambridge: Cambridge University Press, 2013.

National Geography edt. : *National Geographic Atlas of the World* (7th ed.), Washington, DC: National Geographic Press, 1999.

Shaw, Stanford, *History of the Ottoman Empire and Modern Turkey*, Cambridge: Cambridge University Press, 1976.

Shichor, Yitzhak, Ethno-Diplomacy: the Uyghur Hitch in Sino-Turkey Relations, Honolulu: The East-West Center, 2009.

Steadman, Sharon & McMahon, Gregory, *The Oxford Handbook of Ancient Anatolia: (10, 000 – 323 BC)*, Oxford: Oxford University Press, 2011.

Somel, Selcuk, *The A to Z of the Ottoman Empire*, Scarecrow Press, 2013.

Tuğal, Cihan, *The Fall of the Turkish Model*, *How the Arab Uprisings Brought Down Islamic Liberalism*, New York: Verso, 2016.

Weissman, George, & Williams, Duncan, *The Balkan wars*, 1912 – 1913: *The War Correspondence of Leon Trotsky*, New York, 1980.

Yazıcı, Serap & Sistemleri, Başkanlık ve Yarı-Başkanlık: *Türkiye İçin Bir Değerlendirme* [*Presidential and semi-presidential systems: An assessment for Turkey*], Istanbul: İstanbul Bilgi Üniversitesi Yayınları, 2002.

（二）论文

Aras, Bülent, Kenan Dağcı, Kenan & Çaman, M. Efe, "Turkey's New Activism in Asia", in *Turkish Journal of International Relations*, Volume8, Number 2, 2009 Summer.

Davison, Roderic, Review, "From Paris to Sèvres: The Partition of the Ottoman Empire at the Peace Conference of 1919 – 1920", by Paul C. Helmreich in *Slavic Review*, Vol. 34, No. 1, March 1975.

Eisenstadt, S. N., "The Kemalist Regime and Modernization: Some Comparative and Analytical Remarks", in J. Landau, ed., *Atatürk and the Modernization of Turkey*, *Boulder*, Colorado: Westview Press, 1984.

Furtun, Fatih, "Turkish-Chinese Relations in the Shadow of the Uyghur Problem", *Policy Brief*, January 2010, Global Political Trends Center, Istanbul Kultur University.

Marushiakova, Elena & Popov, Veselin, "Centre de recherches tsiganes (Université René, 2001)", *Gypsies in the Ottoman Empire: A Contribution to the History of the Balkans*, University of Hertfordshire Press, 2001.

Schaller, Dominik & Zimmerer, Jürgen, "Late Ottoman genocides: the dissolution of the Ottoman Empire and Young Turkish population and extermination policies—introduction", *Journal of Genocide Research*, Vol. 10, No. 1, 2008.

Yavuz, M. Hakan, "Review Secularism and Muslim, Democracy in Turkey", *International Journal Middle East Studies*, Vol. 42, No. 2, Jan. 2010.

(三) 报刊

Özbudun, Ergun, "Cumhurbaşkanı Seçimi ve Anayasa" [The presidential election and the Constitution], *Zaman* (*daily*), 17 January 2007.

Özbudun, Ergun, "Anayasa Mahkemesi ve Demokrasi" [The Constitutional Court and democracy], *Zaman* (*daily*), 3 May 2007.

Özbudun, Ergun, "Why the Crisis over the Presidency", *Private View*, No. 22 (Autumn 2007).

(四) 网络文献

Barnes, N. G. & Griswold, J. (2016), "Use of popular tools remains constant as use of Instagram expands quickly among the 2016 Fortune 500", Retrieved from http://www.umassd.edu/cmr/so-cialmediaresearch/2016fortune500/, 2019 – 5 – 7.

Casson, Lionel, "The Thracians", The Metropolitan Museum of Art Bulletin, 35 (1): 2 – 6, 1977, https://www.jstor.org/stable/3258667, 2019 – 8 – 9.

"Chronology of Turkey-EU relations", Turkish Secretariat of European Union Affairs, Archived from the original on 15 May 2007, https://web.archive.org/web/20070515022203/http://www.abgs.gov.tr/en/tur-eu_ relations_ dosyalar/chronology. htm, 2019 – 6 – 5.

CNN, Erdogan likes to say "whoever wins Istanbul, wins Turkey." His party's defeat is a crushing blow, https://edition.cnn.com/2019/06/23/europe/istanbul-election-analysis-intl/index. html, 2019 – 6 – 24.

Elliot Ackerman，"Atatürk Versus Erdogan：Turkey's Long Struggle"，The New Yorker，16 July 2016，https：//www. newyorker. com/news/news-desk/ataturk-versus-erdogan-turkeys-long-struggle，2019 - 2 - 4.

Muddassir quamar，"The Turkish Referendum and ItsImpact on Turkey's Foreign Policy"，May 22，2017，http：//www. e-ir. info/2017/05/22/theturkish-referendum-and-itsimpact-on-turkeys-foreign-policy/，2019 - 6 - 1.

"The Results of Address Based Population Registration System，2018". Turkish Statistical Institute，http：//www. tuik. gov. tr/Start. do；jsessionid = y1xhcJTNnwHwghhJn71hm0M1yxwbr6kLTVQNSfwQvL5bVpRh1h6c！298425837，2019 - 2 - 1.

"World Economic Outlook Database，April 2019". IMF. org. International Monetary Fund，https：//www. imf. org/external/pubs/ft/weo/2019/01/weodata/weorept. aspx？pr. x = 79&pr. y = 14&sy = 2017&ey = 2021&scsm = 1&ssd = 1&sort = country&ds = . &br = 1&c = 186&s = NGDPD%2CPPPGDP%2CNGDPDPC%2CPPPPC&grp = 0&a = ，2019 - 4 - 10.

"Toplumsal Yapı Araştırması 2006"，KONDA Research and Consultancy，2006，http：//www. konda. com. tr/tr/raporlar/2006_ 09_ KONDA_ Toplumsal_ Yapi. pdf，2019 - 2 - 1.

"Turkey"，The World Factbook，Central Intelligence Agency，https：//www. cia. gov/library/publications/the-world-factbook/geos/tu. html，2019 - 3 - 10.

"Turkey，Mustafa Kemal and the Turkish War of Independence，1919 - 23"，Encyclopædia Britannica，2007，https：//www. britannica. com/place/Turkey，2019 - 5 - 6.

Rod Nordland，"Turkey's Free Press Withers as Erdogan Jails 120 Journalists"，The New York Times，17 November 2016，https：//www. nytimes. com/2016/11/18/world/europe/turkey-press-erdogan-coup. html，2019 - 8 - 1.

（五）档案文献

Sezer's statement, 25 May 2007, 3/1281, Minutes of the GNAT, Period 22, Legislative Year 5, Vol. 159, Session 113, 26 May 2007.

Sezer's statement, Session 118, 31 May 2007.

Constitutional Court decision, E. 2007/72, K. 2007/68, 5 July 2007, Resmi Gazete [Official Gazette], 7 August 2007, No. 26606.

Constitutional Court decision, Period 23, Legislative Year 1, Session 6, 28 August 2007.

后　记

　　土耳其是"一带一路"沿线国家，又是欧亚交通的枢纽，自"一带一路"倡议提出以来，中土两国于2015年签署关于对接"一带一路"和"中间走廊"的谅解备忘录。过去几年里，两国先后在各个方面加强经贸交流，促进了土耳其在相关领域，尤其是高速铁路、光伏发电、褐煤发电、风电、5G通信网络和电子商务的发展，提升了相应技术能力和产业水平，为当地经济社会发展和人民福祉提升做出了贡献。

　　云南大学"一带一路"沿线国家中资企业与东道国员工综合调查项目将土耳其纳入重点调研国家之一，派出一支由11名师生组成的团队前往土耳其开展实地数据采集工作。本调研团队专业背景合理，团队精神突出，工作态度热情，体现了"团结、紧张、严肃、活泼"的精神。该组师生严格遵守外事纪律，时刻牢记调研目标，吃苦耐劳，团结协作，群策群力，最终在土耳其国内政治经济局势因整肃与地方选举事宜日趋紧张，中资企业在土经营缩小，且本地化程度较低，样本总量不足的不利条件下，完成了47家企业及近400份个人问卷的调查工作。

　　本报告具体的写作分工为：

　　第一部分肖宪、张庶、罗冠男、刘学军；

　　第二部分刘学军、张庶、李岩、杨雨；

　　第三部分刘学军、张庶、罗冠男；

　　全书成书后由肖宪、刘学军、张庶审校，其中张庶在审校过程中做出了非凡贡献。

　　此外，作为访员队队长，本组还特聘了当时在（安卡拉）中东科技大学攻读博士学位的马积廉女士全程参与本组调研。

　　在调研前的准备阶段、调研期间与本书的撰写工作中，我们得到了许多热情的帮助。首先我们要感谢土耳其调研组的学术总顾问肖宪教授，他在调研前给予我们诸多有建设性的指导建议，在本书撰写中，积极为本书撰写一部分章节，并对本书的结构等给予诸多修改建议。同时，我们也要衷心感谢中国驻欧盟使团团长张明同志、中国驻土耳其大使邓励同志、中国驻土耳其大使馆秘书刘金石同志，以及云南大学国际关系研究院博士生张瑾同学。正是在以上人员的协助下，调研组才得以与设在安卡拉的"土耳其中资企业商会"取得了联系。我们也要感谢安卡拉中资企业商会周延泉会长、周仕礼秘书长以及中车土耳其秦波经理。中资企业商会的周秘书长事先为本组物色到了足够的当地访员，他们对当地情况较为了解，会说汉语，对我们的调研活动帮助很大。同样，马积廉博士也在伊斯坦布尔联系好了相应的当地访员，时刻准备协助我们在伊斯坦布尔的采访。10 多天下来，本组成员与当地访员建立起了良好的工作关系和亲密的个人友谊。这些有汉语基础的土耳其青年们非常向往到中国来学习和工作，分别时依依不舍，体现了公共外交的强大力量。在伊斯坦布尔的调研工作中，我们得到了中国工商银行（土耳其）股份有限公司高向阳董事长、伊斯坦布尔中资企业协会秘书长刘龙先生、中国驻伊斯坦布尔总领事馆商务领事黄松峰先生及蓝莓旅行社总经理伊凡·卡斯勒先生的大力帮助。我们也要感谢长期致力于中土两国学术与民间交流的伊斯坦布尔大学中文系的 Eyup Saritas 教授，我们在伊斯坦布尔调研的土方访员，正是从伊斯坦布尔大学中文系的学生中招募的。

　　尽管本次调研还存在这样那样的不足，在调查企业深度与广度与分析方法上都有待进一步改善，但本调研组成员勤勤恳恳，不抛弃，不放弃。相信这一报告能为读者更加深入了解中土关系提供一定的参考。同时，不足与疏漏之处我们也恳请专家读者给以指正。

　　在调研过程中，在土中资企业的企业家们给我们留下了深刻的影响，我们对其崇敬之情油然而生。在此，谨引用邓励大使（现外交部部长助理）的评价来表达我们亲历调研的感受："中国海外企业的企业家大多专业，敬业，开拓，取进。若在公平公正的环境中竞争，他们胜出的几率最大，是国家建设的栋梁"。

刘学军

2020 年 9 月